Meeresfische der Welt

Tetra

Meeresfische der Welt

— Groß-Indopazifische Region —

von Hajime Masuda und Gerald Allen

Deutsche Übersetzung

der englischen Version von T. Takagi

von Dr. Monika Niehaus-Osterloh und Rüdiger Schulz-Ehlert

Wissenschaftliche Beratung: Dr. Rüdiger Riehl

Tetra

Vorwort zur deutschen Ausgabe von Dr. Rüdiger Riehl

In den letzten zwanzig Jahren haben sowohl der Tauchsport als auch die Meerwasseraquaristisk einen großen Aufschwung erlebt. Taucher und Aquarianer können, dank immer besserer Verbindungen, die entlegendsten Fleckchen unserer Erde bereisen, um dort zu tauchen, unter Wasser zu fotografieren und sogar lebende Fische mit nach Hause zu bringen und sie dann im Aquarium zu halten und zu pflegen.

Viele Taucher und Aquarianer möchten deshalb die gesehenen, fotografierten oder gefangenen Tiere auch bestimmen können, um dann weitere Informationen über ihren Lebensraum und ihre Pflege zu erhalten. Bei etwa 25.000 weltweit beschrieben Fischarten ist dieses Unterfangen aber oft nicht ganz einfach.

Aus diesem Grund ist es sehr hilfreich, daß es das Werk von H. Masuda und G. R. Allen gibt. Ihre „Meeresfische der Welt (Indopazifische Region)“ gehört zu den Büchern, die einen repräsentativen Überblick über die Fischfauna eines bestimmten Gebietes geben und somit Wissenschaftlern wie auch Sporttauchern und Meeresaquarianern ausgezeichnet bei der Identifikation unbekannter Fische dienlich sein kann. Das Buch ist ursprünglich in Japanisch erschienen und wurde vom Tetra-Verlag in Übersetzung für den deutschsprachigen Markt vorbereitet.

Es werden ca. 2000 verschiedene marine Fische des Indopazifiks in Wort und besonders in Bild dargestellt. Gerade die sehr guten Farbfotos sind es, die Taucher und Aquarianer gleichermaßen begeistern werden und ihnen helfen sollen, den Fischen aus diesem Raum näherzukommen. Das Buch umfaßt Fische von der Ostküste Afrikas bis zur Westküste Amerikas und bietet auch dem ichthyologisch Reisenden einen Überblick, unabhängig davon, ob er die Seychellen, Malediven, Fiji-Inseln oder Hawaii als Ziel auserwählt hat.

Verantwortlich für dieses Buch sind zwei bekannte Wissenschaftler, der Japaner Hajima Masuda und der Australier Dr. Gerald R. Allen. H. Masuda gehört zu den besten Unterwasserfotografen Japans. Er hat unter anderem das monumentale Werk „The Fishes of the Japanese Archipelago“ mitverfaßt und bebildert. Von entsprechend sehr guter Qualität sind seine professionellen Farbfotos auch in dem hier vorliegenden Band. Sicher wird es Sie begeistern, daß viele der Arten in ihrem natürlichen Biotop fotografiert wurden, ein enormer Aufwand, der diesem Buch sicher eine ganz besondere Note verleiht.

Über den anderen Autor hat Konrad Lorenz einmal geschrieben: „Gerald R. Allen ist einer der wenigen Naturforscher, die sowohl die Freilandbeobachtung als auch das Studium in Gefangenschaft lebender Tiere als Wissensquelle nutzen.“ Dieser Aussage ist nur wenig hinzuzufügen. Gerald R. Allen ist ein renommierter Ichthyologe und ausgezeichneter Kenner der indopazifischen Fischfauna. Er ist durch eine Reihe von Büchern, wie seine Werke über Anemonenfische, Falter- und Kaiserfische und die Riffbarsche der Welt, und zahlreiche Zeitschriften-Artikel international bekannt geworden. Zudem ist Dr. Allen ein erfahrener Taucher und ein exzellenter Unterwasserfotograf, wie seine im Buch veröffentlichten Bilder belegen.

Mit diesem Buch ist es den Autoren eindrucksvoll gelungen, allen fischkundlich Interessierten, Profis und Nichtprofis gleichermaßen, ein Werk zu präsentieren, das durch seine vielen guten Farbfotos und die knappen, präzisen Texte einen ausgezeichneten Einblick in die indopazifische Fischfauna gibt. Die Schönheit der abgebildeten Fische wird hoffentlich so manchen überwältigen und auch ein wenig dazu beitragen, daß wir Menschen dieser faszinierenden Welt noch mehr Respekt und Verständnis entgegenbringen werden und ihr ein eigenes Recht auf Existenz zugestehen.

Dr. Rüdiger Riehl
Institut für Zoologie der Universität Düsseldorf

Vorwort von Hajime Matsuda

Heutzutage werden auf japanischen Märkten viele importierte Meeresfische angeboten; sie stellen auch die Mehrheit aller Fische, die man in den Meerwasserbecken der Aquarianer findet. Zudem gewinnt das Sporttauchen weltweit mehr und mehr Freunde. Viele Japaner reisen nach Übersee, um in den Meeren dort zu fischen und zu tauchen, und Taucher aus Übersee besuchen in zunehmendem Maße unsere einheimischen Gewässer, um die japanische Fischfauna kennenzulernen.

Der vorliegende Leitfaden stellt einen neuen Typ von Bestimmungsbuch dar, der diesem weltweit zunehmenden Interesse an Fischen entgegenzukommen versucht.

Glücklicherweise leben die Autoren in dem Teil der indopazifischen Region, der den größten Artenreichtum an Fischen birgt. Da wir beide in diesem Gebiet ausgiebig getaucht sind und dabei zahlreiche Fische bestimmt und Aufnahmen gemacht haben, können wir nicht nur die Fischfauna des Gebietes abdecken, in dem wir leben (Japan und Westaustralien), sondern den ganzen Indopazifik von Afrika bis zu den Westküsten der beiden amerikanischen Kontinente. Im allgemeinen hat mein Coautor die Einführung zu jedem Kapitel verfaßt, während ich die einzelnen Arten beschrieben habe.

Besonders der Abschnitt über Pomacentriden hat durch die Zusammenarbeit mit Dr. Gerald R. Allen sehr gewonnen. Er hat neben Beiträgen in vielen Tauchmagazinen über 150 wissenschaftliche Arbeiten veröffentlicht, die ihm in der ganzen Welt bekannt gemacht haben. Seine Erfahrungen als Taucher und Unterwasserfotograf sind enorm, und er darf sich wohl zu den aktivsten Ichthyologen der Welt zählen. Es war eine Freude und eine Ehre, mit ihm an diesem Buch zu arbeiten, von dem ich glaube, daß wir beide stolz darauf sein können.

Ein Buch wie dieses kommt nicht ohne die Hilfe vieler Leute zustande. Ich möchte besonders Dr. Teruya Uyeno, Dr. John E. Randall sowie Chuichi Araga und Tetsuo Yoshino meinen Dank aussprechen.

Hajime Masuda

Vorwort von Gerald R. Allen

Die Welt unter Wasser fasziniert uns stärker als irgendein anderer Lebensraum. Im unserem Zeitalter voller komplexer Technologie bietet uns das Meer die Möglichkeit, in eine stille Welt voller Ursprünglichkeit zu flüchten, in der sich das Gefüge des Lebens seit Jahrmillionen kaum geändert hat. Hier ist das ewige Thema: Fressen oder gefressen werden, sich fortpflanzen oder aussterben. Ausgehend von diesen einfachen Regeln haben sich komplexe Nahrungsnetze und Fortpflanzungsstrategien in einem dreidimensionalen Lebensraum entwickelt, der gleichzeitig rauh und wundervoll ist. Zu den auffälligsten Mitgliedern mariner Lebensgemeinschaften gehören die Myriaden von Fischen in ihrer schier unüberschaubaren Größen-, Formen- und Farbenvielfalt.

Erst in den letzten Jahrzehnten ist es uns möglich geworden, die enorme Bandbreite des Fischlebens richtig einzuschätzen. Die technischen Fortschritte beim Gerätetauchen und bei der Unterwasserfotografie erlauben uns Zugang zu dieser faszinierenden Unterwasserwelt und gestatten es uns, viele ihrer bisher eifersüchtig gewahrten Geheimnisse zu enträtseln.

Hajime Masuda hat in dieser Hinsicht sowohl als Tauchlehrer als auch als vorzüglicher Fotograf wichtige Beiträge geleistet. International ist er durch die Werke „Coastal Fishes of Southern Japan" und „Fishes of the Japanese Archipelago" bekannt geworden; beides sind Standardwerke für das Studium indopazifischer Fische. Es ist daher eine Freude und ein Privileg, mit Hajime Masuda zusammenzuarbeiten.

Wir hoffen, daß unsere Leser ebensoviel Freude und neue Erkenntnisse aus diesem Buch ziehen, wie wir als Autoren bei der Vorbereitung.

Gerald R. Allen

Inhalt

Vorwort von Dr. John E. Randall

Nur wenige Ichthyologen können es wagen, über die Meeresfische der Welt zu schreiben. Hajime Masuda und Gerald R. Allen gehören dazu. Ihr Fachwissen und ihr Können als Unterwasserfotografen prädestinieren sie für solch ein gigantisches Projekt. Beide gehören zu den besten Fischfotografen der Welt und besitzen eine riesige Sammlung an Farbbildern. Masuda ist Herausgeber des herrlichen Buches „Fishes of the Japanese Archipelago" (1985), zu dem er einen Großteil der Fotos beisteuerte. Seine wundervollen Unterwasserfotografien finden sich auch in seinem „Field Pictorial Dictionary of Marine Fishes" (1984, in Japanisch). Von Allens größeren Werken sei an dieser Stelle auf „Damselfishes of the South Seas" (1975) und „Fishes of Western Australia" (1985) hingewiesen.

Die meisten Ichthyologen spezialisieren sich heute bei ihrer Forschung auf eine oder einige wenige Fischgruppen. Allen begann seine Studien an Anemonenfischen *(Amphiprion* und *Premnas)* (Doktorarbeit, Universität von Hawaii, 1971), dehnte seine Untersuchungen aber bald auf alle Pomacentridae und später auf viele weitere Gruppen aus. Eine seiner wichtigen neueren Arbeiten ist eine Monographie über die Schnappergattung *Lutjanus* in der indopazifischen Region (1985, zusammen mit Talbot, in „Indo-Pacific Fishes"). Masuda kam auf einem anderen Weg zur Ichthyologie. Als Japans bedeutendster Gerätetaucher und Unterwasserfotograf machte er sich auf seinen Tauchexkursionen mit einer breiten Palette von Meeresfischen und ihrem Lebensraum vertraut – erst in den Gewässern rund um Japan, dann aber auch in allen anderen Ozeanen, besonders in den tropischen Regionen, wo die größte Artenvielfalt mariner Fische anzutreffen ist. Er begann bald, über Fische zu publizieren, doch sein größtes Verdienst liegt darin, viele japanische Ichthyologen zur Mitarbeit an den „Coastal Fishes of Southern Japan" (1975) und „Fishes of the Japanese Archipelago" zu gewinnen. „Meeresfische der Welt" ist ein Klassiker, den sich jeder Fischfreund, sei er Meeresbiologe, Aquarianer, Taucher oder Angler für seine Bibliothek wünschen wird.

Dr. John E. Randall
Leitender Ichthyologe
am Bernice P. Bishop Museum,
Honolulu

Einleitung

Fische und ihr Lebensraum

Von den schätzungsweise 20.000 Arten leben etwa 12.000 oder 60 % aller Fische im Salz- bzw. Brackwasser. Beinahe zwei Drittel dieser Fische bewohnen tropische oder subtropische Meeresgewässer; das zeigt den außerordentlich großen Artenreichtum, der in diesen Breitengraden herrscht. Innerhalb dieser Globalzone nimmt die indopazifische Region bei weitem den größten Raum ein; sie umfaßt das gesamte Meeresgebiet zwischen Ostafrika und der Westküste der beiden amerikanischen Kontinente. Im Mittelpunkt des vorliegenden Buches steht die indo-westliche Pazifikregion; diese Subregion beherbergt die reichste Fischfauna der Welt und weist einige der schönsten tropischen Landschaften auf – sei es über oder unter der Meeresoberfläche.

Obwohl Fische (von einigen Ausnahmen abgesehen) offensichtlich höchst mobile Tiere sind, bewohnen die meisten innerhalb ihres Lebensraumes ganz bestimmte Zonen. Die dauernd lichtlose Tiefsee (abyssale Zone), die bis 10.000 m hinabreicht, und die darüberliegende lichtreiche Oberflächenschicht der Hochsee (pelagische Zone) sind zwei der wichtigsten typischen Lebensräume für Meeresfische. Im Vergleich zu Riffen sind diese beiden Zonen relativ dünn besiedelt.

Tiefseefische sind oft bizarre Gestalten mit dunkler Körperfärbung, dolchartigen Zähnen und Leuchtorganen. Hochseefische sind im allgemeinen ausgezeichnete Schwimmer mit schlanken, stromlinienförmigen Körpern. Sie weisen zudem häufig eine „Gegenschattierung" auf: Die Rückenregion ist dunkel (blau oder schwarz), die Bauchregion hingegen hell (silbrig oder weiß) gefärbt, so daß die Fische unabhängig davon, ob sie von oben gegen einen dunklen Hintergrund oder von unten gegen einen hellen Hintergrund betrachtet werden, möglichst wenig auffallen.

Den größten Artenreichtum findet man in den Küstenregionen, d. h. in den Meeresgebieten, die den Kontinentalsockel bedecken. Die meisten Arten leben relativ nahe an der Küste, in der Litoralzone, die auch von Anglern und Tauchern stark frequentiert wird. Dieser Lebensraum läßt sich weiter in Habitate wie Felsenriffe, Buchten und Ästuarien, sandige Böden und – in tropischen Breiten – Korallenriffe unterteilen.

Felsige Küsten bieten ein breites Spektrum verschiedener Habitate für Fische. Küstenlinien, die einer starken Brandung oder großen Gezeitenfluktuationen ausgesetzt sind, sind häufig durch Gezeiten- oder Spritzwassertümpel charakterisiert, in denen Meergrundeln, Schleimfische und die Jungen anderer Riff-Fischarten leben. In tieferem Wasser bieten Felsblöcke Schutz und sind oft mit Riesentang (Kelp) und anderen Tangformen bedeckt, die herbivoren (pflanzenfressenden) Fischen wie Pilotbarschen (Kyphosidae) und Straßenkehrern (Lethrinidae) als Nahrung dienen. Derartige Lebensräume sind längs der japanischen und der südaustralischen Küste häufig anzutreffen, und viele der in diesem Buch abgebildeten Fische stammen aus solchen Gebieten.

Häfen, schlammige Küstenriffe und brackige Ästuarien (Mündungsgebiete großer Flüsse) weisen im Vergleich zu den meisten anderen Lebensräumen generell weniger Fischarten auf. Diese Habitate zeichnen sich durch schlechte Sichtverhältnisse, geringes oder kein Korallenwachstum, Schwankungen in der Salinität (Salzgehalt) und einen weichen, schlammigen Boden aus. Schutz bieten lediglich das Wurzelwerk der Mangroven und menschliche Konstruktionen (wie Kaianlagen, Brücken etc.) oder Schutt. Die Primärproduktion kann in Ästuarien aufgrund des ständigen Nährstoffzustroms mit dem Flußwasser recht hoch sein. Solche Mündungsgebiete dienen vielen Riff-Fischen, wie z. B. Schnappern und Stachelmakrelen, als Kinderstuben; häufig findet man auch Schulen heringsartiger Fische.

Ausgedehnte Sandbodenstreifen scheinen auf den ersten Blick weitgehend frei von Fischen zu sein, doch sie beherbergen eine reiche Nahrungsquelle in Form von eingegrabenen Würmern und Muscheln. Diese Bereiche werden gern von Kaiserfischen, Meerbarben und Rochen aufgesucht, um nur ein paar Gruppen zu nennen. Andere Fische, die hier häufig vorkommen, sind Plattfische, Sandtaucher, Meergrundeln und eine Unzahl von grabenden Aalen.

Die abwechslungsreichste Fischfauna auf der ganzen Welt findet man in Korallenriffen. Die Anzahl der Arten in einem bestimmten Riff oder in einem kleinen Riffbereich ist außerordentlich variabel und spiegelt direkt die Menge der zur Verfügung stehenden Habitate und den Nahrungsreichtum eines Riffs wider. Die meisten Korallenriff-Fische zeigen bezüglich Wassertiefe und Substrat genau definierte Habitatpräferenzen. Daher ist jede Art mehr oder weniger auf einen Teil oder eine Zone im Riff beschränkt, wo ihr die Lebensbedingungen zusagen. Die meisten Riff-Fische sind entweder territorial und besetzen ein kleines Revier im Riff, das sie gegen Eindringlinge verteidigen, oder sie haben einen begrenzten Lebensbereich von einigen hundert Metern oder mehr, den sie im allgemeinen nicht überschreiten.

Die flachen Randzonen des Riffs und die geschützt liegenden Lagunen bieten vielen Fischen einen Lebensraum, darunter Lippfischen, Schleimfischen und Riffbarschen. Interessanter sind die äußeren Riffzonen, die im allgemeinen aus Blockzone (Teil des Riffdachs), Algenrücken, Brandungskanal und Riffkante (Teil des äußeren Riffhangs) bestehen. Die seichte Blockzone und der sich daran anschließende Algenrücken sind die am wenigsten differenzierten Habitate. Der Boden besteht größtenteils aus korallenfreiem, verdichtetem Geröll. Je nach Tidenstand und vorherrschenden Windverhältnissen kann die Brandung an der Riffkante zwischen sehr schwer und leicht variieren. Zu den permanenten Bewohnern dieser Zone gehören Algen abweidende Schleimfische und Riffbarsche. Bei Flut kommen z. B. Doktorfische, Papageienfische, Pilotbarsche, Meeräschen und *Kuhlia* aus tieferen Wasserzonen zur Nahrungssuche ins Riff. Diese Fische trifft man gelegentlich auch in den Brandungskanälen an, die eine Übergangszone zwischen dem Riffdach und dem oberen Teil des äußeren Riffhangs bilden.

Die Oberkante des äußeren Riffhangs ist, was die Individuen- und Artenanzahl angeht, im allgemeinen der reichste Lebensraum. Das klare Meerwasser ist buchstäblich voll von mikroskopisch kleinen Organismen, von denen sich eine bunte Gesellschaft von Planktonfressern ernährt, darunter *Naso* und andere Doktorfische, *Chromis*-Riffbarsche und prächtig gefärbte Schulen von *Anthias*-Fahnenbarschen. Die zahlreichen, komplizierten Grotten und Höhlensysteme im Riff geben Räubern wie Aalen, Zackenbarschen, Süßlippen, Schnappern und Eichhörnchenfischen Schutz und Deckung. Lebende Korallenstöcke und Korallenschutt bieten einer Vielzahl von Arten, vor allem Lippfischen, Riffbarschen und den bunten Falterfischen, Unterschlupf.

Die tiefer gelegenen Bereiche des äußeren Riffhangs unterhalb von 20 m sind für tauchende Wissenschaftler und Fotografen vielleicht die interessantesten Zonen, in denen es noch so manches Neue zu entdecken gibt. Die Erforschung dieser Riffzone durch Gerätetaucher hat in den letzten drei Jahrzehnten zur Entdeckung einer Vielzahl bis dahin noch unbekannter Arten geführt, und es gibt sicherlich noch viele weitere zu entdecken. Oft handelt es sich um verborgen lebende Fische wie Aale, Drachenköpfe, Seenadeln, Rundköpfe und Zwergzackenbarsche, die mit chemischen Ichthyoziden aus ihren Verstecken getrieben werden müssen. Die tiefen Abschnitte des Riffs bieten auch besonders angepaßten Arten derjenigen Familien ein Zuhause, die im allgemeinen im Flachwasser häufiger sind, z.B. Riffbarsche, Lippfische, Zackenbarsche und *Anthias*.

Der Lebenszyklus von Fischen

Knorpelfische wie Haie und Rochen weisen im allgemeinen eine innere Befruchtung auf. Mit anderen Worten, das Ei wird im mütterlichen Körper durch Sperma befruchtet, das vom Männchen mit spezialisierten Organen, den Klaspern oder Pterygopodien, eingebracht wird. Das Ei wird dann eingekapselt und unter Wasser an ein geeignetes Objekt angeheftet, oder es bleibt im mütterlichen Uterus. Bei vielen Arten entwickeln sich die Eier im mütterlichen Körper so weit, daß das Weibchen schließlich lebende Junge gebärt, die bereits Miniaturversionen ihrer Eltern sind.

Die meisten Knochenfische haben eine äußere Befruchtung; dabei geben Männchen und Weibchen ihre Geschlechtsprodukte gleichzeitig ins Wasser ab. Bei der Mehrzahl aller Fische, z.B. pelagische Arten, wie Thunfische, und Riffarten, wie Lippfische und Papageienfische, sind die winzigen befruchteten Eier leichter als Wasser, steigen zur Oberfläche empor und werden von Wellen und Strömungen verdriftet. Die Zeit der Embryonalentwicklung ist im allgemeinen kurz, und bei den meisten Arten schlüpfen die Jungen innerhalb von wenigen Tagen. Die frischgeschlüpften Larven, die nur ein paar Millimeter lang sind, sind noch nicht sehr weit entwickelt, gewöhnlich durchsichtig oder silbrig gefärbt und zeigen kaum

Ähnlichkeiten mit dem Erwachsenenstadium. Sie leben weiterhin nahe der Wasseroberfläche und weisen eine hohe Mortalität auf, denn sie stellen für alle größeren räuberischen Organismen eine leichte Beute dar. Die Dauer dieses pelagischen Larvenstadiums ist unterschiedlich. Es scheint, als könnten viele Riffarten, sollten sie kein seichtes Wasser finden, ihre Metamorphose bis zu mehreren Monaten verzögern. Während dieser Zeit werden sie von der Strömung möglicherweise viele Hunderte Kilometer von ihrem Geburtsort weg verdriftet. Wenn die Larven dann zufällig in seichte Riffbereiche gelangen, siedeln sie sich rasch am Boden an und nehmen buntere Farben an, die oft denjenigen der Erwachsenen ähneln.

Einige kleine Riff-Fische wie Riffbarsche, Grundeln und Schleimfische heften ihre Eier am Boden an einer Stelle an, die von einem oder beiden Elternteilen zur Aufnahme des Geleges vorbereitet worden ist. Während der Inkubationszeit kümmern sich die Eltern sorgfältig um die Eier, jagen Eindringlinge fort und entfernen Unrat, der in das Nest driftet. Nach dem Schlüpfen führen die Larven gewöhnlich ein pelagisches Leben (wie oben beschrieben). Eine kleine Anzahl von Riff-Fischen gebärt lebende Junge, so z. B. Seepferdchen und Seenadeln. Bei beiden Gruppen legen die Weibchen die Eier in eine Bruttasche am Bauch der Männchen; diese tragen das Gelege mit sich herum, bis die Jungen schlüpfen.

Die Verteilung der Meeresfische

Die verschiedenen geographischen Regionen der Welt lassen sich durch Fischgemeinschaften charakterisieren, die mehr oder minder einzigartig und typisch für diesen Lebensraum sind. Im Laufe der Evolution hat sich jede Fischart an eine sehr enge Schwankungsbreite gewisser Umweltbedingungen – wie Temperatur, Wassertiefe und Bodenbeschaffenheit – angepaßt. Wenn daher bestimmte Regionen starke Unterschiede in bezug auf Temperatur und Bodenbeschaffenheit aufweisen, dann kann man davon ausgehen, daß die Fischgemeinschaften, die in diesen verschiedenen Regionen zuhause sind, sich ebenfalls deutlich unterscheiden. Daher sind die Fische des nördlichen Japans ganz anders als die der Philippinen. Andererseits besitzen Regionen, die auf demselben Breitengrad liegen, gewöhnlich faunistisch eine große Ähnlichkeit. So ist die Zusammensetzung von Riff-Fischgemeinschaften in allen tropischen Lokalitäten zumindest auf der Familien- und Gattungsebene sehr ähnlich.

Wie schon erwähnt, weist die indopazifische Region eine besonders reiche Fischfauna auf. Diese Artenfülle erreicht im „indomalayischen Kernland", das Indonesien, Malaysia und die Philippinen einschließt, seinen Gipfel. Man schätzt, daß in dieser Region etwa 5.000 Arten von Meeresfischen leben. Einige Zoologen halten dieses breite Spektrum an Fischen für einen Beweis, daß die indomalayische Region als Entwicklungszentrum gedient hat, aus dem andere tropische Regionen den größten Teil ihrer Fauna rekrutiert haben. Entfernt man sich von der indomalayischen Region – egal, in welche Richtung –, so nimmt die Artenzahl allmählich ab.

Die Zusammensetzung einer Fischgemeinschaft, die man an einem bestimmten Ort findet, hat verschiedene, komplexe Ursachen, die die unterschiedlichen Verbreitungsfähigkeiten der beteiligten Arten widerspiegeln. So erstreckt sich das Verbreitungsgebiet des Gelben Pinzettfalterfisches *(Forcipiger flavissimus)* von Ostafrika bis vor die Westküste des mittelamerikanischen Kontinentents. Viele andere Arten findet man zwischen Afrika und den Inselgruppen im Zentralpazifik. Da Fische mit einer derartigen Verbreitung als Erwachsene meist territoriale Bodenbewohner sind, hängt ihre Verbreitung vom pelagischen Larvenstadium ab. Es ist ihnen gelungen, sich in der ganzen Region zu verbreiten, weil sie Inselgruppen als „Zwischenstationen" benutzt haben. Die Larvenstadien anderer Arten besitzen keine derartig großen Verbreitungsfähigkeiten und weisen daher eine engere, subregionale Verteilung auf. Die Arten, die man als „endemisch" bezeichnet, besitzen schließlich die geringste Verbreitungsfähigkeit und sind auf eine einzige Insel, eine Inselgruppe oder auf eine begrenzte Provinz am Festland beschränkt.

Speisefische

Von besonderem Interesse waren für die Menschheit natürlich schon immer wohlschmeckende Fische, die den Speiseplan bereicherten. In diese Kategorie fallen zahlreiche Arten aus vielen Gruppen. Da sind zuerst einmal die vielen Thunfisch- und Makrelenarten und die nahe verwandten Schwertfischartigen zu nennen. Diese Fische sind pelagische Bewohner der Hochsee, die im Zusammenhang mit Fortpflanzung und Nahrungssuche ausgedehnte saisonale Wanderungen unternehmen.

In gemäßigten Breiten spielen Dorsche, Seezungen, Seehecht und Lachswerwandte eine ähnlich wichtige Rolle. Zur letztgenannten Gruppe gehören Lachse und Forellen, von denen viele einen diadromen Lebenszyklus aufweisen und einen Teil ihres Lebens im Süßwasser, einen anderen im Salzwasser verbringen.

In den letzten Jahrzehnten hat die Fischereitechnologie enorme Fortschritte gemacht; zwischen den 30er Jahren und 1970 steigerte sich die Fangmenge an Fischen und Muscheln von weniger als 20 Millionen Tonnen pro Jahr auf etwa 70 Millionen Tonnen pro Jahr. Leider hat sich die Fangmenge in gewissen Regionen seitdem nicht mehr erhöht, oder sie nimmt sogar ab, was bei der rapiden Vermehrung der Menschheit zu großen Sorgen Anlaß gibt.

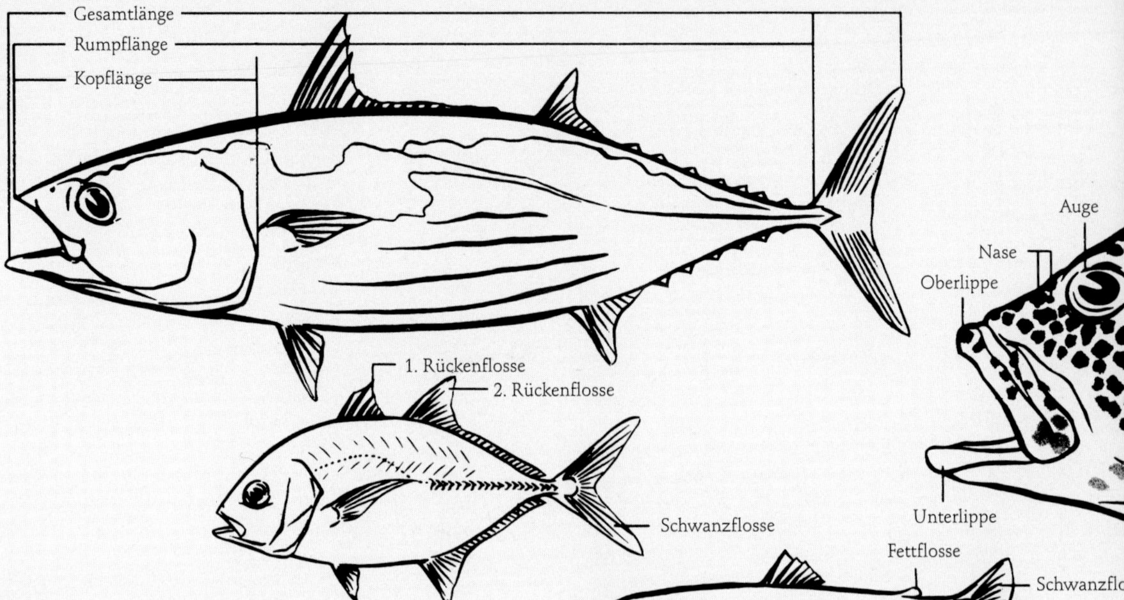

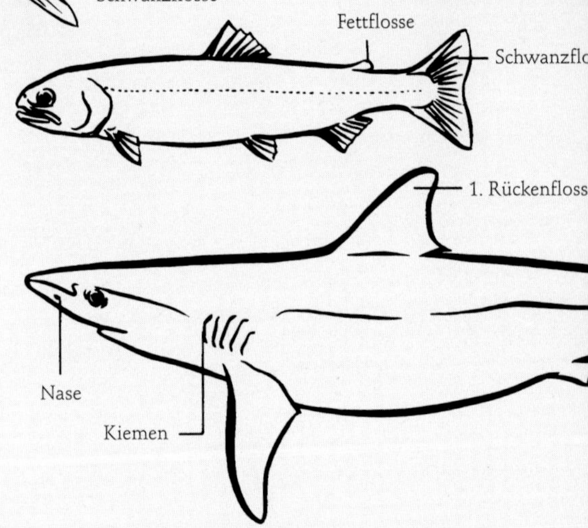

Überblick

Das vorliegende Buch ist ein Bildatlas der Meeresfische, die im Indopazifik beheimatet sind. Wir haben die Grenzen dieser Meeresregion auf den folgenden drei Seiten definiert, wobei wir uns darüber im klaren sind, daß derartige Festlegungen von Wissenschaftler zu Wissenschaftler differieren können. Zudem haben wir uns entschlossen, auch einige Fische, die außerhalb der von uns definierten Grenzen vorkommen – z. B. in den borealen, subborealen und tropischen Meeresregionen rund um Hokkaido (Japan), Seattle (USA) und Südaustralien – aufzunehmen, weil wir meinen, daß sie von besonderem kommerziellen Interesse oder auch nur interessant zu beobachten sind. In allen Fällen ist die Auswahl der Fische in diesem Buch eine gemeinsame Entscheidung gewesen. Die wissenschaftliche Identifizierung oblag allein Gerald Allen, der auch der Autor der Einleitung und der einführenden Abschnitte zu jedem Kapitel ist.

Aufbau

Die 43 Kapitel, die auf Seite 6 und 7 aufgelistet sind, sind grundsätzlich in Ordnungen unterteilt und in evolutionärer Folge – von Knorpelfischen (Haien, Rochen und Chimären) bis zu den fortschrittlichen Knochenfischen (Teleosteern) – aufgelistet. Wenn die Ordnungen sehr groß sind, wie bei den Perciformes, den Scorpaeniformes und den Tetraodontiformes (Kapitel 10–36, 37–38 und 41–43), sind sie unterteilt und aus Gründen der besseren Übersichtlichkeit in Familiengruppen zusammengefaßt.
Jedes Kapitel umfaßt eine Reihe von Unterwasserfotografien, die die Fische dieser Gruppe lebendig in ihrer natürlichen Umgebung zeigen, gefolgt von einer Einzelaufnahme des betreffenden Fisches, bei der der Hintergrund entfernt wurde. Wir hoffen, daß diese Vorgehensweise es dem Leser erlaubt, zuerst die enge Beziehung zwischen den abgebildeten Fischen und ihrer Verteilung in ihrem marinen Lebensraum zu erfassen, und ihm zusätzlich eine Basis für ein tiefergehendes Verständnis der Anmerkungen zu der jeweiligen Art liefert. In der Vergangenheit konzentrierte sich besonders in Japan das Hauptinteresse der Menschen an Meeresfischen auf kulinarische Aspekte. Heute, da unser Verständnis heranreift, erkennen wir, daß das Meer die Mutter allen Lebens ist, und wir möchten mehr über Fische wissen, nicht nur über die, die man häufig in Lebensmittelgeschäften sieht oder denen man als Sporttaucher begegnet, sondern ganz allgemein als Möglichkeit, unsere Umwelt besser zu verstehen. Das ist auch das Ziel dieses Buches.
Die Legenden unter den Fotografien geben den wissenschaftlichen und den umgangssprachlichen Namen sowie Kommentare von Hajime Masuda an. Andere Anmerkungen von ihm zu dieser Art finden sich gelegentlich auch rechts oder links des Fotos. Seine vergleichenden Kommentare (auf den weißen Seiten) umfassen (in folgender Reihenfolge) Namen (lateinisch und deutsch), Familiennamen (lateinisch und deutsch), Körperlänge, Verteilung bzw. Lebensraum, ökologische Anmerkungen, Eßbarkeit und Nahrungserwerb der abgebildeten Art.
Die Informationen auf den folgenden Seiten basieren nicht nur auf unseren persönlichen Forschungsarbeiten und Unterwasserbeobachtungen, sondern auch auf ausgedehnten Literaturstudien. Obwohl wir die verschiedenen Autoren an manchen Stellen in den Erklärungen zitiert haben, war dies in vielen Fällen vornehmlich aus Platzgründen nicht möglich. Wir möchten jedoch allen Autoren danken, auf deren Arbeiten wir aufgebaut haben und die damit dieses Unternehmen möglich gemacht haben.

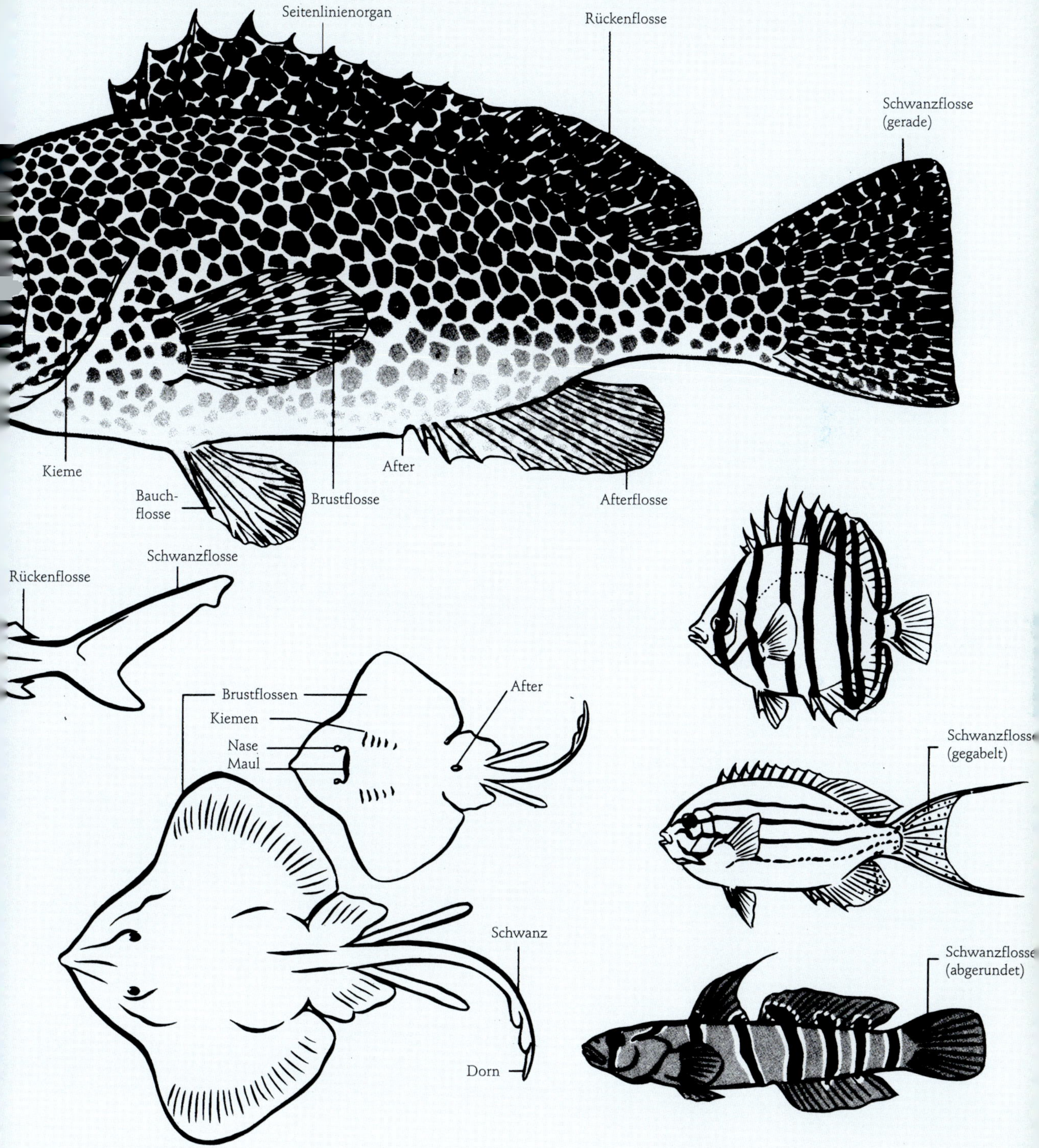

Seitenlinienorgan
Rückenflosse
Schwanzflosse (gerade)
Kieme
Bauch-flosse
Brustflosse
After
Afterflosse
Schwanzflosse
Rückenflosse
Brustflossen
Kiemen
Nase
Maul
After
Schwanz
Dorn
Schwanzflosse (gegabelt)
Schwanzflosse (abgerundet)

Die wichtigsten biogeographischen Regionen
Man kann die Erde nach den Verteilungsmustern von Tieren und Pflanzen in eine Reihe biogeographischer Regionen einteilen. Die riesige indopazifische Großregion ist vielleicht das interessanteste Meeresgebiet auf der ganzen Welt. Sie erstreckt sich von der ostafrikanischen Küste nach Osten bis zu den beiden amerikanischen Kontinenten und von Australien nordwärts bis nach Japan. In diesem Buch haben wir dieses Gebiet in mehrere, sich teilweise überlappende Unterregionen aufgeteilt, die wie folgt definiert sind:

Die indopazifische Region:

Diese gesamte Region wird im Westen von der Ostküste Afrikas, im Norden vom asiatischen Festland und einer Linie, die sich von den gemäßigten Gewässern vor Choshi (Japan) bis nördlich der Hawaii-Inseln zieht, begrenzt. Im Osten verläuft die Grenze östlich der Hawaii-Inseln südwärts zu den Osterinseln und im Süden von den Osterinseln zur Südspitze von Afrika. Die Bezeichnung Indopazifik wird häufig auf das gesamte Gebiet zwischen Ostafrika und den beiden amerikanischen Kontinenten einschließlich des östlichen Pazifik bezogen, den hier auf Seite 16 aber als eigene Region beschreiben. Die Erläuterungen weiterer Teilgebiete und Regionen finden Sie ebenfalls auf Seite 16.

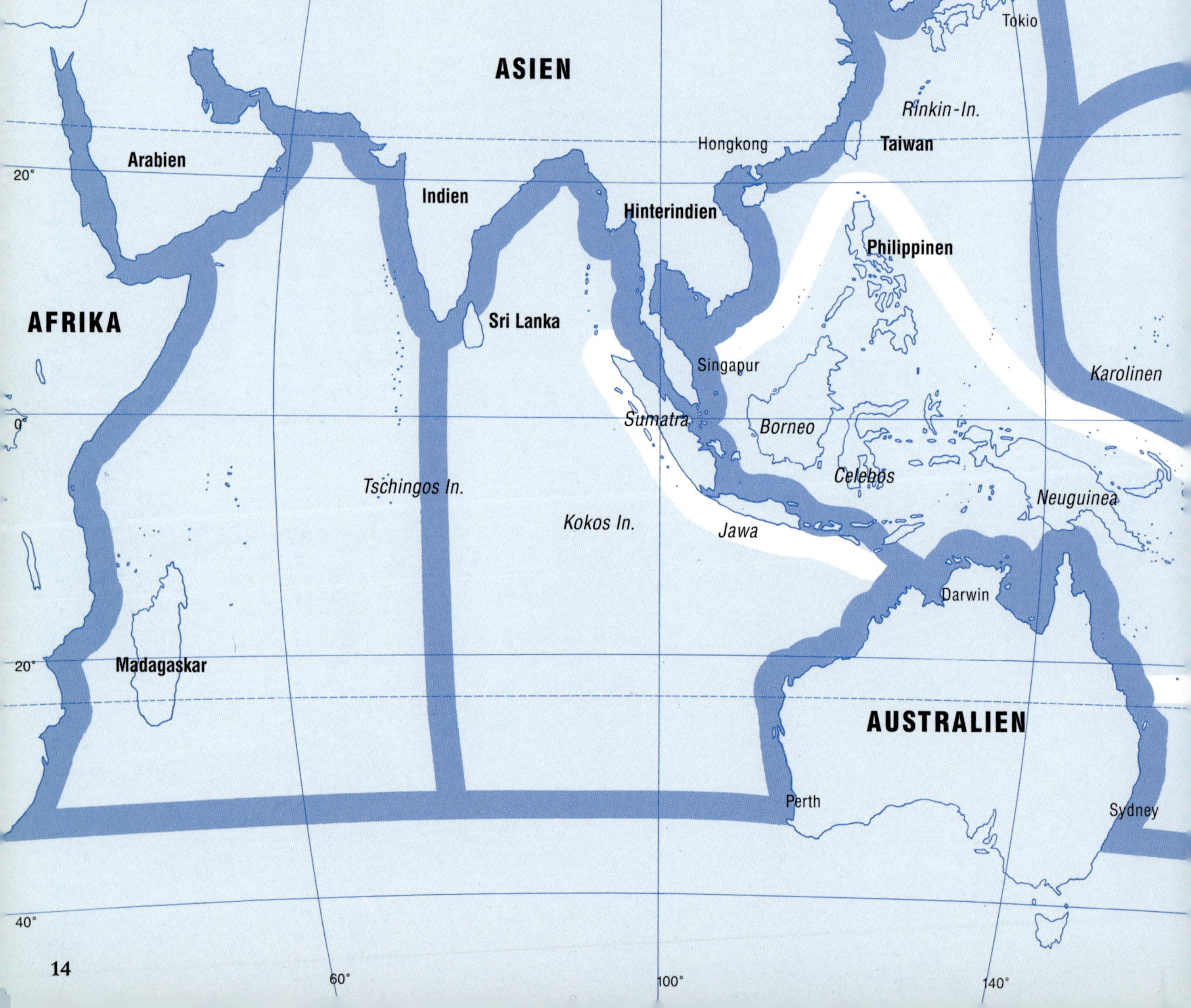

Biogeographische Regionen bei Meerwasserfischen

– Groß-Indopazifische Regionen –

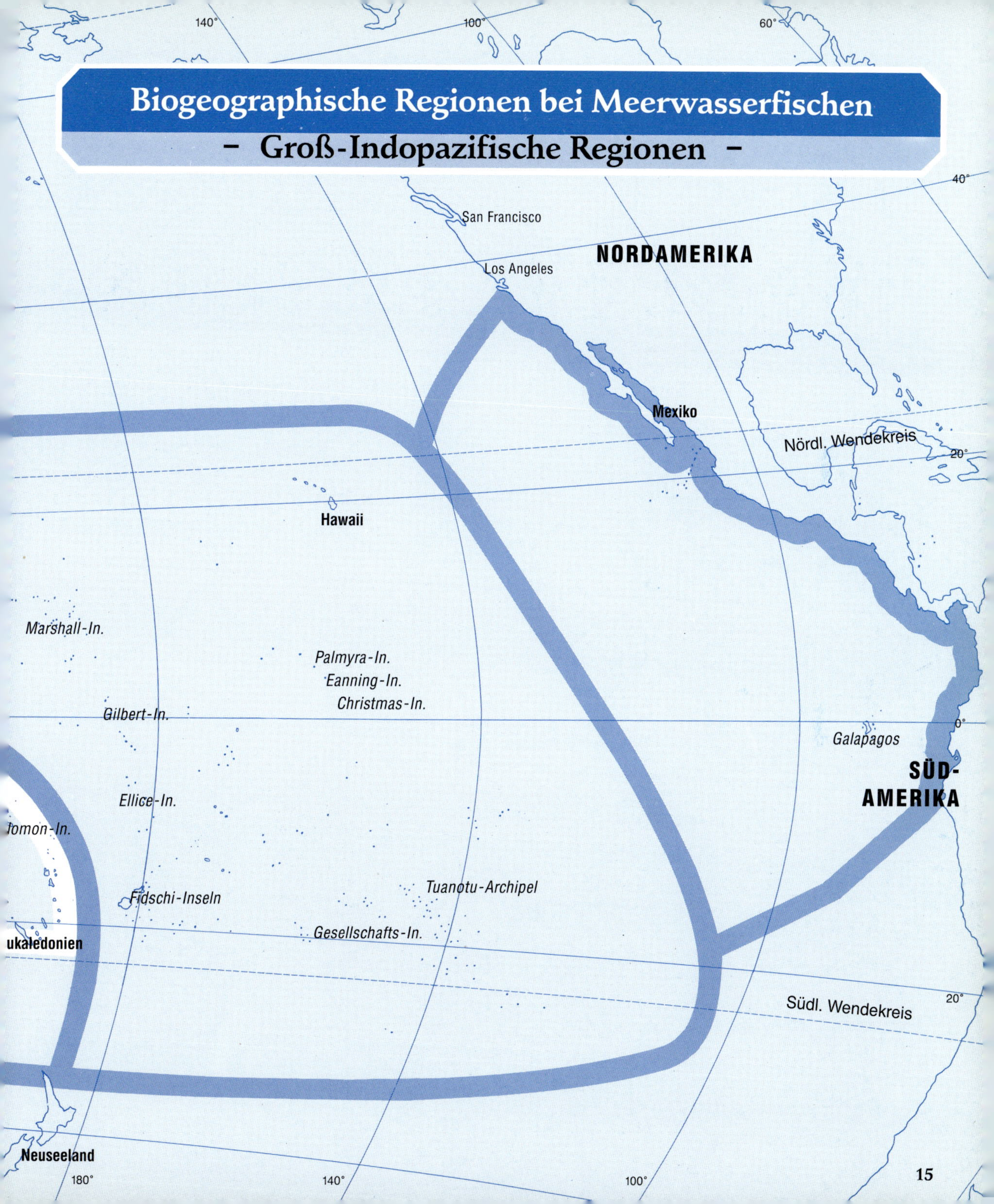

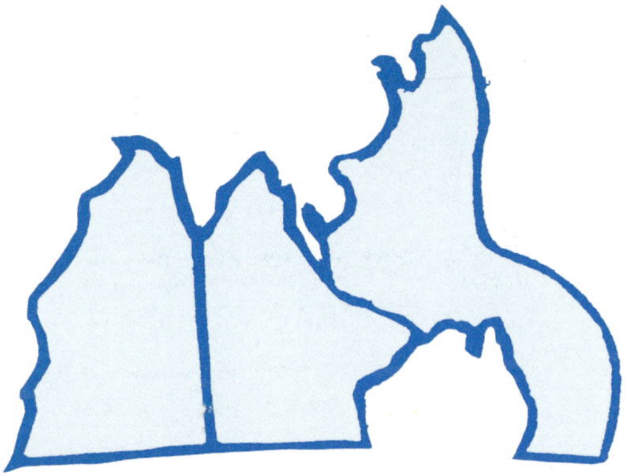

Indo-westpazifische Region

Die westpazifische Region: Die Grenze dieser Region verläuft von Japan entlang der asiatischen Küste südwärts bis Indonesien und folgt dann der nördlichen und östlichen Küsten von Australien. Die östliche Grenze erstreckt sich von Choshi und den japanischen Bonin-Inseln südwärts bis zu den Marianen-Inseln und weiter bis zu den melanesischen Inselgruppen, einschließlich der Salomon-Inseln, Vanuata und der Freundschaftsinseln, aber ausschließlich der Fidschi-Inseln. Die südliche Grenze verläuft am Wendekreis des Steinbocks und ist gleichzeitig die Grenze des tropischen Pazifiks. Die Gewässer vor der Westküste Australiens werden gelegentlich zu dieser Region gezählt, da sie die meisten Fische mit dem westlichen Pazifik teilen. Wir behandeln die westaustralischen Gewässer jedoch zusammen mit dem Indischen Ozean.

Die ostpazifische Region: Die Region zwischen der Ostgrenze des Indopazifiks (wie oben definiert) und der tropischen Westküste der beiden amerikanischen Kontinente.

Die indo-westpazifische Region: Diese Region umfaßt die tropischen Gewässer des Indischen Ozeans, des Roten Meeres und des westlichen Pazifik.

Indoaustralisches Archipel: Die Region auf der Karte, die weiß umrandet ist. Sie umfaßt die Malayische Halbinsel, das nördliche Australien und die zahlreichen philippinischen, indonesischen und melanesischen Inselgruppen (nicht dazu gehören die Fidschi-Inseln).

Andere Regionen und Subregionen: Die anderen Regionen und Subregionen, die auf der Karte verzeichnet sind, bedürfen keiner näheren Erklärung.

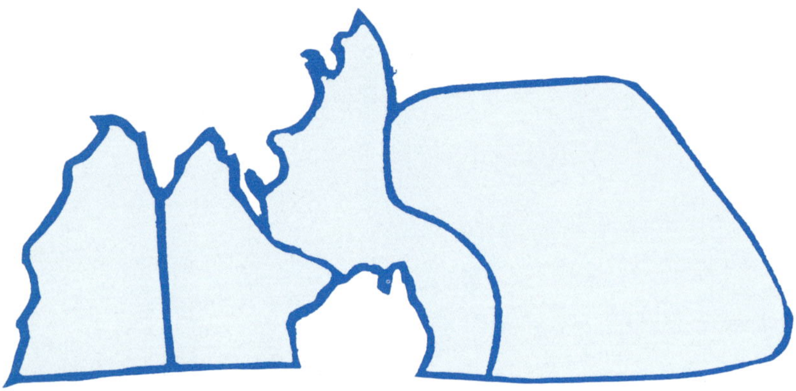

Indopazifische Region

Indoaustralisches Archipel

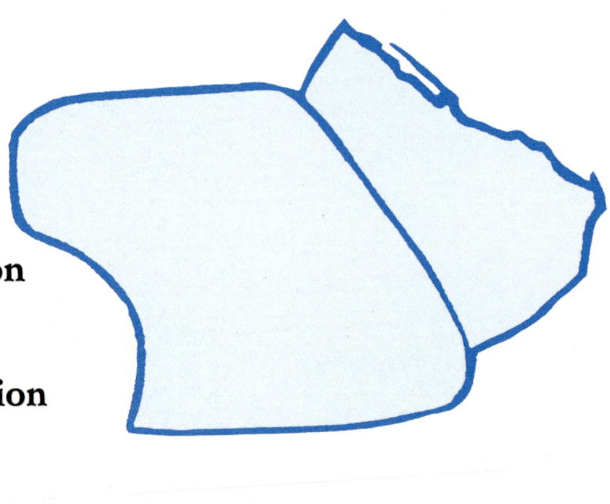

Rechts:
Ostpazifische Region

Ganz rechts:
Westpazifische Region

Haie 1

Klasse: Knorpelfische

A *Heterodontus japonicus,* Japanischer Hornhai.

Haie

Haie und ihre Verwandten, die Rochen, sind hochspezialisierte Knorpelfische, die in vielen Merkmalen dennoch ein primitives Stadium evolutionärer Entwicklung repräsentieren. Haie sind Vertreter einer außerordentlich alten Stammlinie. Sie durchkreuzten bereits vor mehr als 350 Millionen Jahren die Meere des Devon. Viele der modernen Hai- und Rochengattungen existieren schon seit mehr als 100 Millionen Jahren. Nur ein kleiner Teil von ihnen kann dem Menschen gefährlich werden. Haie stellen eine außerordentlich anpassungsfähige und vielgestaltige Gruppe dar; sie kommen in allen Meeren und in allen Tiefen vor – von seichten Gezeitentümpeln bis zu tiefen ozeanischen Gräben, Tausende von Metern unter der Wasseroberfläche. Auch ihre Größe variert beträchtlich: von kleinen Dornhaien, die z.T. ausgewachsen nur 20–30 cm Gesamtlänge erreichen, bis zu gigantischen Walhaien von 20–30 m Gesamtlänge oder Riesenhaien von 12–15 m Gesamtlänge. Zur Klassifizierung unterteilt man die Haie in neun Ordnungen mit 30 Familien. Zu den größten Familien gehören die Dornhaie (Squalidae; 67 Arten), die Katzenhaie (Scyliorhinidae; 89 Arten) und die Menschenhaie (Carcharhinidae; 48 Arten), die gelegentlich auch als Blauhaie oder Grauhaie bezeichnet werden.

◄ (S. 17) **A** *Heterodontus japonicus,* Japanischer Hornhai (Heterodontidae, Stierkopfhaie), 80 cm. Südliches Japanisches und Ostchinesisches Meer. Carnivor: Weichtiere und Krebse.

A *Heterodontus francisci,* Kalifornischer Stierkopfhai (Heterodontidae, Stierkopfhaie), 50 cm. Östlicher Pazifik. Carnivor: Weichtiere und Krebse.

B *Cephaloscyllium isabellum* (Scyliorhinidae, Katzenhaie), 80 cm. Japanisches und Ostchinesisches Meer. Carnivor: Weichtiere und Krebse.

C *Cephaloscyllium ventriosum* (Scyliorhinidae, Katzenhaie), 80 cm. Östlicher Pazifik. Kann seinen Bauch aufblasen. Carnivor: Weichtiere und Krebse.

D *Triakis scyllium,* Leopardenhai (Triakidae, Glatthaie), 100 cm. Bewohnt felsige Küstenregionen des Japanische und Ostchinesischen Meeres. Carnivor: Fische, Krebse, Tintenfische.

E *Triaenodon obesus,* Weißspitzen-Riffhai (Carcharhinidae, Blauhaie), 150 cm. Häufiger Bewohner von Korallenriffen des Indo-Pazifik. Carnivor: Fische, Krebse, Tintenfische.

F *Carcharhinus melanopterus,* Schwarzspitzen-Riffhai (Carcharhinidae, Blauhaie), 150 cm. Bewohnt Korallenriffe des Indo-Pazifik, Jungtiere leben oft in flachen Lagunen. Carnivor: Fische, Tintenfische.

A *Heterodontus francisci,* Kalifornischer Stierkopfhai.

B *Cephaloscyllium isabellum.*

C *Cephaloscyllium ventricosum.*

D *Triakis scyllium,* Leopardenhai.

E *Triaenodon obesus,* Weißspitzen-Riffhai.

F *Carcharhinus melanopterus,* Schwarzspitzen-Riffhai.

A *Odontaspis taurus,* Sandhai, auch Sandtiger genannt.

A *Rhiniodon typus,* Walhai.

A *Prionace glauca,* Blauhai.

B *Alopias pelagicus,* Pelagischer Drescherhai.

◄◄ (S. 20/21) **A** *Odontaspis taurus,* Sandhai oder Sandtiger (Odontaspidae, Sandhaie), 200 cm. Weltweit in tropischen und gemäßigten Meeren, in Höhlen und gesunkenen Schiffen anzutreffen. Carnivor: Fische.
◄ (S. 22/23) **A** *Rhincodon typus,* Walhai (Rhincodontidae, Walhaie), 500 cm. Weltweit in tropischen und gemäßigten Meeren. Der größte bekannte Fisch; wird bis zu 14 m lang. Carnivor: Zooplankton.
A *Prionace glauca,* Blauhai (Carcharhinidae, Blauhaie), 250 cm. Weltweit in tropischen und gemäßigten Meeren, Eine pelagische Art, die manchmal in Küstengewässer vordringt. Carnivor: Fische, Tintenfische.
B *Alopias pelagicus,* Pelagischer Drescherhai (Alopiidae, Drescherhaie), 150 cm. Indo-Pazifik. Spitzen der Brust- und der ersten Rückenflosse abgerundet. Eine pelagische Art, die gelegentlich in Küstengewässer vordringt. Carnivor: Fische.
C *Hemiscyllium ocellatum,* Epaulettenhai (Hemiscyllidae, Langschwänzige Ammenhaie), 100 cm. Westlicher Pazifik, häufiges Vorkommen am Großen Barriere-Riff. Carnivor: Krebse und Weichtiere.
D *Pristiophorus japonicus,* Japanischer Sägehai (Pristiophoridae, Sägehaie), 100 cm. Von Süd-Hokkaido südwärts bis zum Ostchinesischen Meer; lebt in tiefen Küstengewässern. Carnivor: Fische und Krebse.

C *Hemiscyllium ocellatum,* Epaulettenhai.

D *Pristiophorus japonicus,* Japanischer Sägehai.

A *Orectolobus japonicus,* Japanischer Ammenhai.

B *Squatina japonica,* Japanischer Engelhai.

C *Squatina californica,* Pazifischer Engelhai.

A *Orectolobus japonicus,* Japanischer Ammenhai (ORECTOLOBIDAE, AMMENHAIE), 100 cm. Westlicher Pazifik; bewohnt felsige Gegenden und Korallenriffe. Carnivor: Krebse und Fische.
B *Squatina japonica,* Japanischer Engelhai (SQUATINIDAE, ENGELHAIE), 100 cm. Lebt auf sandigen Gründen im Südlichen Japanischen und im Ostchinesischen Meer. Carnivor: benthische Tiere.
C *Squatina californica,* Pazifischer Engelhai (SQUATINIDAE, ENGELHAIE), 100 cm. Östlicher Pazifik; bewohnt Tiefen bis zu 40 m auf sandigen Böden. Carnivor: benthische Tiere.

D *Carcharhinus amblyrhynchos,* Grauer Riffhai.

A *Scyliorhinus torazame*

B *Heterodontus zebra*
Zebra-Hornhai

C *Mustelus manazo*

D *Mustelus griseus*

E *Galeocerdo cuvieri*
Tigerhai

◄ (S. 26/27) **D** *Carcharhinus amblyrhynchos,* Grauer Riffhai (CARCHARHINIDAE, BLAUHAIE), 200 cm. Weltweit in tropischen Gewässern; äußere Regionen von Korallenriffen. Carnivor: Fische.

F *Carcharhinus dussumieri*

A *Scyliorhinus torazame,* (SCYLIORHINIDAE, KATZENHAIE), 45 cm. Japanisches und Ostchinesisches Meer. Eine kleine Art, die felsige Regionen bewohnt. Carnivor: Weichtiere, Krebse, Fische.
B *Heterodontus zebra,* Zebra-Hornhai (HETERODONTIDAE, STIERKOPFHAIE), 60 cm. Japan, vorzugsweise bei Nagasaki; bewohnt felsige Regionen. Carnivor: Weichtiere und Krebse.
C *Mustelus manazo* (TRIAKIDAE, GLATTHAIE), 100 cm. Südliches Japanisches und Ostchinesisches Meer; häufiges Vorkommen in japanischen Küstengewässern. Speisefisch.
Carnivor: benthische Tiere.

D *Mustelus griseus* (TRIAKIDAE, GLATTHAIE), 100 cm. Südliches Japanisches und Ostchinesisches Meer; häufiges Vorkommen in japanischen Küstengewässern. Speisefisch. Carnivor: benthische Tiere.

CARCHARHINIDAE (BLAUHAIE, GRAUHAIE, MENSCHENHAIE)
E *Galeocerdo cuvieri,* Tigerhai, 200 cm. Weltweit in tropischen und gemäßigten Meeren. Eine pelagische Art, die gelegentlich in Küstengewässer vordringt. Carnivor: Fische und Schildkröten.
F *Carcharhinus dussumieri,* 100 cm. Indo-Westpazifik. Bewohnt Küstengewässer; kommt in Rudeln vor. Carnivor: Fische.

G *Carcharhinus plumbeus*
Atlantischer Braunhai

H *Carcharhinus falciformis*
Seidenhai

I *Carcharhinus brevipinna*
Spinnerhai

J *Carcharhinus albimarginatus*
Küsten-Weißspitzenhai

K *Sphyrna zygaena*
Glatter Hammerhai

G *Carcharhinus plumbeus,* Atlantischer Braunhai, 200 cm. Weltweit in tropischen und subtropischen Gewässern; bewohnt die Küstenregionen. Große erste Rückenflosse.
Carnivor: Fische.
H *Carcharhinus falciformis,* Seidenhai, 200 cm. Weltweit in tropischen und subtropischen Gewässern. Erste Rückenflosse blaß, die Spitzen der anderen Flossen dunkel. Carnivor: Fische.
I *Carcharhinus brevipinna,* Spinnerhai, 200 cm. Weltweit in tropischen und subtropischen Gewässern. Spitzen der zweiten Rückenflosse, der Afterflossen und unteres Schwanzlappen schwarz. Carnivor: Fische
J *Carcharhinus albimarginatus,* Küsten-Weißspitzenhai, 220 cm. Indo-Pazifik. Vordere Ränder der ersten Rückenflosse, der Brust-, Bauch- und Schwanzflosse weiß. Carnivor: Fische.
K *Sphyrna zygaena,* Glatter Hammerhai (SPHYRNIDAE, HAMMERHAIE), 200 cm. Weltweit in tropischen und subtropischen Meeren; pelagische Art, dringt manchmal in Küstengewässer vor. Carnivor: Fische.

A *Stegostoma fasciatum*
Leopardenhai

B *Carcharodon carcharias*
Weißer Hai

C *Lamna ditropis*
Lachshai, Pazifischer Heringshai

D *Squalus acanthias*
Nordatlantischer Dornhai

A *Stegostoma fasciatum,* Leopardenhai (Orectolobidae, Ammenhaie), 200 cm. Indo-Pazifik; Bewohnt Felsen- und Korallenriffe. Eine große, küstennahe Art, deren Eier auf den Meeresboden sinken. Carnivor: Fische, Krebse, Weichtiere.
B *Carcharodon carcharias,* Weißer Hai (Lamnidae, Makrelenhaie), 330 cm. Weltweit in tropischen und subtropischen Gewässern; lebt pelagisch und in Küstenregionen. Schwanzflosse sichelförmig mit einem gut entwickelten unteren Schwanzlappen. Carnivor: Fische, Säugetiere, Schildkröten.

C *Lamna ditropis,* Lachshai, Pazifischer Heringshai (Lamnidae, Makrelenhaie), 250 cm. Nordpazifik; pelagische Art. Schwanzflosse sichelförmig mit einem gut entwickelten unteren Schwanzlappen. Speisefisch in Japan. Carnivor: Fische.
D *Squalus acanthias,* Nordatlantischer Dornhai (Squalidae, Dornhaie), 100 cm. Weltweit in kalten Gewässern; bewohnt Küstenregionen. Speisefisch; wird mit Schleppnetzen gefangen. Carnivor: Krebse, Fische.

Rochen 2

Klasse: Knorpelfische

A *Myliobatis tobije,* ein Adlerrochen.

Rochen

Rochen werden in der Ordnung Rajiformes zusammengefaßt. Ihre evolutionäre Entwicklung läßt sich mehr als 150 Millionen Jahre weit zurückverfolgen. Ebenso wie Haie besitzen auch Rochen ein Knorpelskelett. Andere typische Merkmale von Rochen sind ein stark dorsoventral abgeplatteter, oft scheibenförmiger Körper und fünf auf der Bauchseite liegende Kiemenspalten. Die meisten Arten gebären lebende Junge; eine Ausnahme bilden die Rajidae, die Eikapseln ablegen. Viele Rochen besitzen giftige Stacheln oder Dornen an der Schwanzbasis, mit denen sie schmerzhafte Wunden verursachen können. Die Mitglieder der Familie Torpedinidae verfügen über starke elektrische Organe in der Kopfregion. Rochen gedeihen in ganz verschiedenen Lebensräumen; man findet sie sowohl in den Tiefen der Meere als auch in seichten Riffen, Ästuarien und sogar im Süßwasser. Ihre Größe variiert zwischen 30–40 cm Durchmesser der Körperscheibe (Rochen der Gattung Raja) und mehr als 4 m (Mantarochen). Einige Sägerochen (Pristidae) sollen bis zu 6 m lang werden. Von den acht Familien ist die der Echten Rochen (Rajidae) mit 120 Arten die größte; es folgen die Geigenrochen (Rhinobatidae) mit 45 Arten und die Zitterrochen (Torpedinidae) mit 35 Arten.

A *Aetobatus narinari,* Gefleckter Adlerrochen.

B *Myliobatis californica,* Kalifornischer Adlerrochen.

◄ (S. 31) **A** *Myliobatis tobije* (Myliobatidae, Adlerrochen), 150 cm. Bewohnt sandige Böden in felsigen Regionen des Südlichen Japanischen und des Ostchinesischen Meeres. Carnivor: benthische Tiere.

A *Aetobatus narinari,* Gefleckter Adlerrochen (Myliobatidae, Adlerrochen), 150 cm. Weltweit in tropischen und subtropischen Meeren. Carnivor: benthische Tiere.

B *Myliobatis californica,* Kalifornischer Adlerrochen (Myliobatidae, Adlerrochen), 150 cm. Östlicher Pazifik, in Kalifornien häufig anzutreffen. Carnivor: benthische Tiere.

C *Manta birostris,* Riesenmanta (Molubidae, Teufelsrochen), 240 cm. Weltweit in tropischen und gemäßigten Meeren. Pelagisch, bewohnt aber auch Küstengewässer. Carnivor: Zooplankton.

C *Manta birostris,* Riesenmanta.

A *Taeniura limura,* Blauflecken-Stachelrochen.

B *Dasyatis ushieri,* aus der Gattung der Stachelrochen.

C *Torpedo marmorata,* Marmor-Zitterrochen.

A *Taeniura lymna,* Blauflecken-Stachelrochen (Dasyatidae, Stachelrochen), 150 cm. Indo-Pazifik; bewohnt Korallenriffe. Carnivor: benthische Tiere.

B *Dasyatis ushieri* (Dasyatidae, Stachelrochen), 150 cm. Japanisches und Ostchinesisches Meer; bewohnt Küstengewässer. Carnivor: benthische Tiere.

C *Torpedo marmorata,* Marmor-Zitterrochen (Torpedinidae, Echte Ziterrochen), 30 cm. Bewohnt Korallenriffe zwischen dem westlichen Indischen Ozean und dem Roten Meer. Carnivor: benthische Tiere.

D *Taeniura melanospila,* (Dasyatidae, Stachelrochen), 100 cm. Pazifik; bewohnt sandige Böden an Korallenriffen. Eine umfangreiche Art. Carnivor: benthische Tiere.

D *Taeniura melanospila,* ein Fleckenstechrochen.

A *Platyrhinoides triseriata*

B *Hydrolagus collieri* aus der Familie der Seekatzen.

C *Narke japonica*
Japanischer Zitterrochen

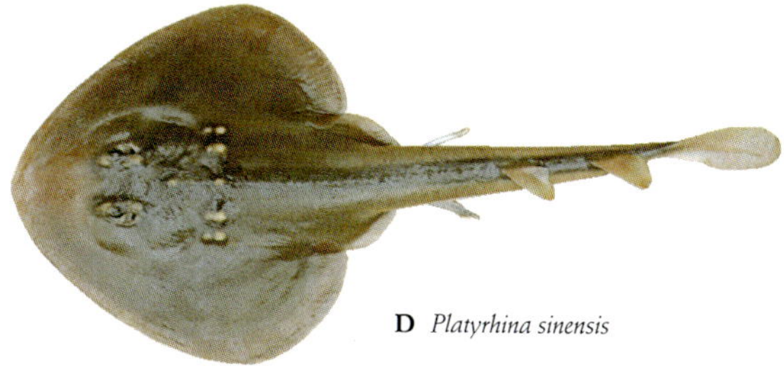

D *Platyrhina sinensis*

E *Rhinobatus schlegelii*

G *Dasyatis kuhlii*

F *Urolophus aurantiacus*

H *Dasyatis akajei*

I *Dasyatis akajei*

A *Platyrhinoides triseriata,* (PLATYRHINIDAE), 100 cm. Östlicher Pazifik; bekannt aus Kalifornien und Niederkalifornien. Lebt auf sandigen Böden in der Nähe felsiger Regionen. Carnivor: benthische Tiere.
B *Hydrolagus colliei* (CHIMAERIDAE, SEEKATZEN), 90 cm. Östlicher Pazifik, von Alaska bis Niederkalifornien; bewohnt felsige Regionen zwischen Alaska und Kalifornien. Carnivor: Fische, Weichtiere, Krebse.
C *Narke japonica,* Japanischer Zitterrochen (TORPEDINIDAE, ECHTE ZITTERROCHEN), 35 cm. Südliches Japanisches und Ostchinesisches Meer. Lange elektrische Organe an den Unterseiten der Brustflossen. Carnivor: benthische Tiere.
D *Platyrhina sinensis* (PLATYRHINIDAE), 50 cm. Südliches Japanisches und Ostchinesisches Meer; bewohnt sandige Böden in felsigen Regionen. Carnivor: benthische Tiere.
E *Rhinobatos schlegelii* (RHINOBATIDAE, GEIGENROCHEN), 70 cm. Indo-Pazifik; bewohnt sandige und schlammige Böden. Speisefisch. Carnivor: benthische Tiere.
F *Urolophus aurantiacus* (UROLOPHIDAE), 30 cm. Südliches Japanisches und Ostchinesisches Meer; bewohnt sandige Böden in Küstengewässern. Carnivor: benthische Tiere.
G *Dasyatis kuhlii* (DASYATIDAE, STACHELROCHEN), 60 cm. Bewohnt sandige Böden an den Korallenriffen des Indo-Westpazifik. Carnivor: benthische Tiere.
H, I *Dasyatis akajei* (DASYATIDAE, STACHELROCHEN), 60 cm. Südliches Japanisches und Ostchinesisches Meer; bewohnt sandige Böden in Küstengewässern. Wird mit Schleppnetzen und stehenden Netzen gefangen. Speisefisch. Carnivor: benthische Tiere.

A *Himantura uarnak*

B *Gymnura japonica*
Japanischer Schmetterlingsrochen

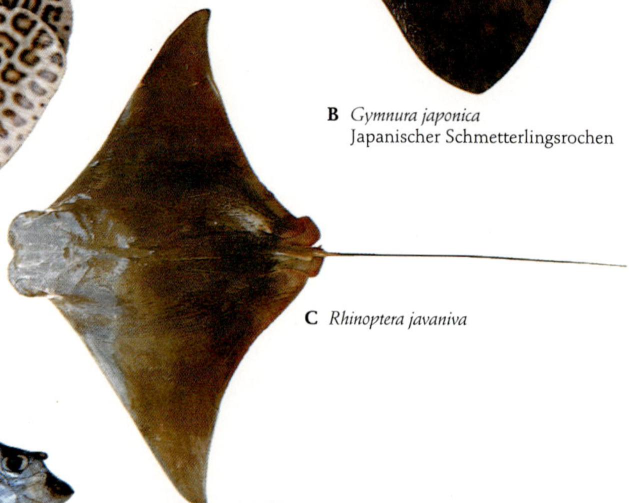

C *Rhinoptera javaniva*

D *Chimaera phantasma*
Seeratte

E *Hydrolagus barbouri*

A *Himantura uarnak* (DASYATIDAE, STACHELROCHEN), 150 cm. Indo-Westpazifik; eine häufige Art auf sandigen Böden an Korallenriffen. Carnivor: benthische Tiere.
B *Gymnura japonica,* Japanischer Schmetterlingsrochen (GYMNURIDAE, SCHMETTERLINGSROCHEN), 45 cm. Südliches Japanisches und Ostchinesisches Meer; auf sandigen Böden in Küstengewässern weit verbreitet. Carnivor: benthische Tiere.
C *Rhinoptera javanica* (RHINOPTERIDAE), 60 cm. Bewohnt sandige Böden an Korallenriffen im Indo-Westpazifik. Oft in Schulen zu finden. Carnivor: benthische Tiere.
D *Chimaera phantasma,* Seeratte (CHIMAERIDAE, SEEKATZEN), 60 cm. Westlicher Pazifik. Wird in tiefen Gewässern mit Schleppnetzen gefangen. Carnivor: benthische Tiere.
F *Hydrolagus barbouri* (CHIMAERIDAE, SEEKATZEN), 60 cm. Japanisches und Ostchinesisches Meer. Wird in 100 bis 500 m Tiefe mit Schleppnetzen gefangen. Carnivor: benthische Tiere.

Heringe, Tarpone, Milchfische und ihre Verwandten

Klasse: Knochenfische

3

A Eine Schule Heringe.

Heringe, Tarpone, Milchfische und ihre Verwandten

Die Heringe und andere Arten, die in diesem Abschnitt behandelt werden, sind primitive Knochenfische mit silbriger Körperfärbung, ohne Stachelstrahlen in den Flossen und mit einer einzigen Rückenflosse. Die meisten Arten bewohnen tropische und subtropische Meere, obwohl man sie auch häufig in Ästuarien oder in den Unterläufen von Flüssen findet.

Heringe (Familie Clupeidae) und Sardellen (Engraulidae) bilden in vielen Teilen der Welt die Basis der kommerziellen Fischerei. Die meisten Arten sind relativ klein (unter 20 cm Gesamtlänge). Sie bilden oft große Schwärme, die sich in Küstennähe von Plankton ernähren. Beide Familien sind groß; wir kennen etwa 50 Heringsgattungen mit insgesamt 150 Arten bzw. 20 Sardellengattungen mit 110 Arten.

Tarpone (Megalopidae) und Frauenfische (Elopidae) sind große, 1–2 m lange Fische, die bei Anglern weltweit sehr begehrt sind. Alle weisen einen stark gegabelten Schwanz auf; Tarpone sind durch einen verlängerten letzten Dorsalstrahl gekennzeichnet; bei den Frauenfischen findet man Formen mit einer langen, überstehenden Schnauze („bonefishes") und solche mit einem schlanken Körper und kleinen Schuppen („tenpounders").

Milchfische (Chanidae) sind in der indopazifischen Region weit verbreitet. Es sind wichtige Speisefische, und sie werden in Südostasien kommerziell in Teichen gezüchtet.

◀ (S. 39) **A** Wahrscheinlich *Sardinops melanostica,* die Japanische Sardine (Clupeidae, Heringe), 15 cm. Japanisches/Ostchinesisches Meer.
A´ Wahrscheinlich *Spratelloides* sp. (Clupeidae, Heringe), 10 cm. Indo-Westpazifik.

A Eine Schule Heringe (Clupeidae) in der Nähe der Philippinen.

A *Engraulis japonicus*
Japanische Sardelle

B *Etrumeus teres*

C *Sardinops melanosticus*
Japanische Sardine

D *Spratelloides gracilis*

E *Sardinella zunasi*

F *Amblyogaster leiogaster*

A *Engraulis japonicus,* Japanische Sardelle (ENGRAULIDAE, SARDELLEN), 9 cm. Japanisches und Ostchinesisches Meer; epipelagisch in Küstengewässern und Meeresarmen. Speisefisch.
Carnivor: Zooplankton.

CLUPEIDAE, HERINGE (bis S. 43)

B *Etrumeus teres,* 20 cm. Indo-Westpazifik; pelagisch in Küstengewässern. Speisefisch. Carnivor: Zooplankton.
C *Sardinops melanosticus,* Japanische Sardine, 15 cm. Japanisches und Ostchinesisches Meer; pelagisch in Küstengewässern; tritt in großen Schulen auf. Wichtiger Speisefisch. Ernährt sich überwiegend von Phytoplankton.
D *Spratelloides gracilis,* 10 cm. Indo-Pazifik; pelagisch in Küstengewässern. Speisefisch. Carnivor: Zooplankton.
E *Sardinella zunasi,* 15 cm. Japanisches und Ostchinesisches Meer. Oft über sandigen oder schlammigen Böden in Buchten anzutreffen. Carnivor: Zooplankton.
F *Amblyogaster leiogaster,* 20 cm. Indo-Westpazifik. Von Herbst bis Frühling in Küstennähe, v. a. bei Okinawa, anzutreffen. Carnivor: Zooplankton.

G *Clupea pallasii*
Pazifischer Hering

H *Nematalosa japonica*
Japanischer Hering

I *Nematalosa come*

J *Ilisha elongata*

K *Konosirus punctatus*

G *Clupea pallasii,* Pazifischer Hering, 20 cm. Nördlicher Pazifik. Früher ein weitverbreiteter Speisefisch, jedoch sind die Fänge in den letzten Jahren beträchtlich zurückgegangen. Carnivor: Zooplankton.
H *Nematalosa japonica,* Japanischer Hering, 18 cm. Südliches Japanisches und Ostchinesisches Meer; bildet Schulen über küstennahen sandigen oder schlammigen Böden. Filtrierer; filtert winzige Algen oder organisches Material mit den Kiemenrechen. Omnivor: benthische Tiere, Algen, Detritus.
I *Nematalosa come,* 16 cm. Südliches Japanisches und Ostchinesisches Meer; bildet Schülen über küstennahen sandigen oder schlammigen Böden. Filtrierer; filtert winzige Algen oder organisches Material mit den Kiemenrechen. Omnivor: benthische Tiere, Algen, Detritus.
J *Ilisha elongata,* 30 cm. Indo-Westpazifik. Über küstennahen sandigen oder schlammigen Böden anzutreffen. Carnivor: Zooplankton.
K *Konosirus punctatus,* 17 cm. Japanisches und Ostchinesisches Meer; bewohnt schlammige Böden in Meeresarmen.
Carnivor: Zooplankton.

A *Megalops cyprinoides*
Tarpon

B *Albula vulpes*

C *Elops hawaiensis*
Hawaii-Frauenfisch

D *Chanos chanos*
Milchfisch

A *Megalops cyprinoides,* Tarpon (MEGALOPIDAE, TARPUNE), 35 cm. Indo-Pazifik; bewohnt schlammige Böden von Meeresarmen. Leptocephalus-Larven sind bandförmig und durchsichtig. Carnivor: Fische.
B *Albula vulpes* (ALBULIDAE, GRÄTENFISCHE), 50 cm. Weltweit in tropischen und gemäßigten Meeren. Der Unterkiefer ist bedeutend kürzer als der Oberkiefer. Wird oft in sandigen Regionen gefangen. Leptocephalus-Larvenstadium. Carnivor: Fische.
C *Elops hawaiensis,* Hawaii-Frauenfisch (ELOPIDAE, FRAUENFISCHE), 80 cm. Weltweit in tropischen und gemäßigten Meeren; oft in Küstengewässern. Leptocephalus-Larve bandförmig und durchsichtig. Carnivor: Fische.
D *Chanos chanos,* Milchfisch (CHANIDAE, MILCHFISCHE), 30 cm. Indo-Westpazifik; küstennahe Art, gelegentlich in Süßwasser anzutreffen. Kleiner, zahnloser Mund. Ein wichtiger Fisch in tropischen Regionen. Carnivor: Fische.

Aale

4

Klasse: Knochenfische

Familie: Muraenidae, Muränen · **Familie:** Congridae, Meeraale
Familie: Muraenesocidae, Messerzahnaale

A *Gymnothorax javanicus,* Riesenmuräne.

Aale

Aale sind hochspezialisierte Fische, die daran angepaßt sind, sich durch enge Öffnungen und Spalten zu winden oder im weichen Bodensubstrat zu graben. Es gibt jedoch auch freischwimmende Arten, die in großen Tiefen leben. Aale besitzen einen langgestreckten, schlanken Körper; allen Arten fehlen die Bauchflossen, vielen auch die Brustflossen. Rücken- und Afterflossen sind gewöhnlich niedrig und relativ lang und können bei einigen grabenden Aalen stark reduziert sein oder völlig fehlen. Aale bewohnen verschiedene marine und ästuarine Habitate. Die Familie Süßwasseraale (Anguillidae) lebt überwiegend im Süßwasser, kehrt aber zum Laichen ins Meer zurück.

Muränen (Muraenidae; etwa 100 Arten) sind vielleicht die bekanntesten Vertreter der 21 Aalfamilien. Sie bewohnen Felsen- und Korallenriffe in tropischen und gemäßigten Meeren. Die größeren Formen (bis zu 3 m Gesamtlänge) können, wenn sie gereizt werden, gefährlich beißen. Andere häufige Familien sind die grabenden Wurmaale (Moringuidae; ca. 15 Arten), die Schlangenaale (Ophichthidae; ca. 270 Arten) und die riffbewohnenden Meeraale (Congridae; ca. 100 Arten). Zu der letztgenannten Gruppe gehören koloniebildende Formen, die sich von Plankton ernähren, während der größte Teil ihres Körpers im Sand eingegraben ist.

A *Echidna nebulosa,* Netzmuräne.

B *Gymnothorax berndti,* Berndts Muräne.

◀ (S. 45) **A** *Gymnothorax javanicus,* Riesenmuräne (Muraenidae, Muränen), 60 cm. Indo-Pazifik. An Korallenriffen weitverbreitet. Carnivor: Fische, Krebse.

A *Echidna nebulosa,* Netzmuräne (Muraenidae, Muränen), 50 cm. Indo-Pazifik. An Korallenriffen weitverbreitet. Carnivor: Krebse.

B *Gymnothorax berndti,* Berndts Muräne (Muraenidae, Muränen), 60 cm. Südliches Japanisches und Ostchinesisches Meer, Hawaii. Carnivor: Fische.

C *Gymnothorax favagineus,* Schwarzgefleckte Muräne.

D *Gymnothorax breedeni.*

E *Gymnothorax nudivomer,* Netzmuräne.

F *Gymnothorax tesselata.*

G *Enchelycore lichenosa.*

C *Gymnothorax favagineus,* Schwarzgefleckte Muräne (MURAENIDAE, MURÄNEN), 70 cm. Indo-Pazifik. Carnivor: Fische.
D *Gymnothorax breedeni* (MURAENIDAE, MURÄNEN), 70 cm. Indo-Pazifik. Carnivor: Fische.
E *Gymnothorax nudivomer,* Netzmuräne (MURAENIDAE, MURÄNEN), 90 cm. Indo-Pazifik. Carnivor: Fische.
F *Gymnothorax tesselata* (MURAENIDAE, MURÄNEN), 100 cm. Indo-Pazifik. Carnivor: Fische, Krebse.
G *Enchelycore lichenosa* (MURAENIDAE, MURÄNEN), 80 cm. Indo-Pazifik, Kanagawa- und Kochi-Präfektur. Carnivor: Fische.

A *Rhinomuraena quaesita,* Schwarze Nasenmuräne.

B *Rhinomuraena quaesita,* Jungtier.

A, B *Rhinomuraena quaesita,* Schwarze Nasenmuräne (Muraenidae, Muränen), 120 cm. Westlicher Pazifik; lebt auf Sand- und Kiesböden um Korallenriffe herum. Aquarienfisch. Carnivor: Fische.
C *Heteroconger hassi* (Congridae, Meeraale), 30 cm. Indo-Pazifik. Lebt auf sandigen Böden in der Nähe von Korallenriffen . Carnivor: Zooplankton.

C *Heteroconger hassi.*

D *Muraena pardalis*
Drachenmuräne

E *Gymnothorax meleagris*
Riffmuräne

F *Gymnothorax eurostus*

G *Gymnothorax kidako*

H *Gymnothorax rueppelliae*
Rüppells Muräne

I *Gymnothorax undulatus*

J *Gymnothorax fimbriatus*

MURAENIDAE, MURÄNEN

D *Muraena pardalis,* Drachenmuräne, 60 cm. Im Indo-Pazifik weitverbreitet; gewöhnlich in felsigen Regionen. Carnivor: Fische.
E *Gymnothorax meleagris,* Riffmuräne, 80 cm. Indo-Pazifik, in subtropischen Regionen. Innenseite des Maules weiß. Carnivor: Fische.
F *Gymnothorax eurostus,* 35 cm. Südliches Japan, Hawaii, von Australien bis zu den Osterinseln und Südafrika. Carnivor: Fische.
G *Gymnothorax kidako,* 70 cm. Südliches Japan außer Ryukyu-Inseln. Carnivor: Fische, Tintenfische.
H *Gymnothorax rueppelliae,* Rüppells Muräne, 60 cm. An Korallenriffen des Indo-Pazifik. Carnivor: Fische, Krebse.
I *Gymnothorax undulatus,* 90 cm. Indo-Pazifik bis Ostpazifik. Carnivor: Fische, Krebse.
J *Gymnothorax fimbriatus,* 80 cm. Indo-Pazifik, oft auf Korallenriffen. Carnivor: Fische, Krebse.

A *Gymnothorax pseudothyrsoideus*

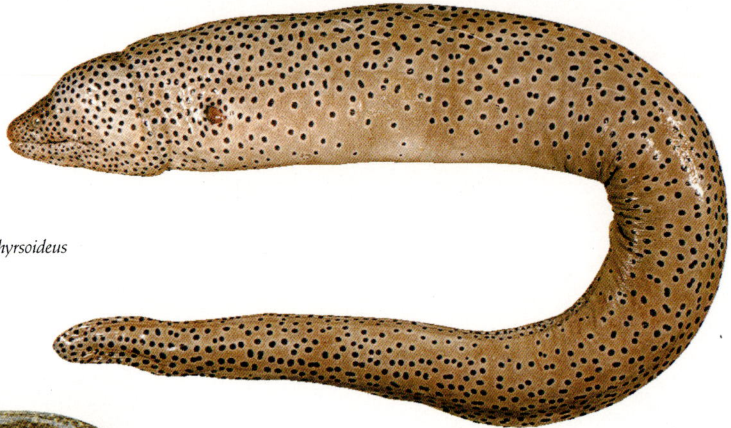

B *Gymnothorax melanospilus*

C *Gymnothorax flavimarginatus*
Panthermuräne

D *Gymnothorax javanicus*
Riesenmuräne

E *Gymnothorax* sp.

F *Gymnothorax reticularis*

A *Gymnothorax pseudothyrsoideus,* 65 cm. Indo-Westpazifik. Körper graubraun mit feinen gelb-weißen Linien, die ein Netzmuster bilden. Dieses ist beim Jungfisch gut zu erkennen, wird aber mit zunehmendem Alter schwächer. Carnivor: Fische, Krebse.
B *Gymnothorax melanospilus,* 150 cm (bis zu bis zu 180 cm Gesamtlänge). An Korallenriffen des Westpazifik recht häufig. Carnivor: Fische, Krebse.
C *Gymnothorax flavimarginatus,* Panthermuräne, 100 cm. Indopazifik einschließlich Ostpazifik. Körper dicht mit dunkelbraunen Flecken bedeckt. Kiemenöffnung schwärzlich. Carnivor: Fische, Krebse.
D *Gymnothorax javanicus,* Riesenmuräne, 85 cm (bis zu 185 cm Gesamtlänge). Indo-Pazifik. Kiemenöffnung schwarz umrandet. Ciguatoxisch. Carnivor: Fische, Krebse.
E *Gymnothorax sp.,* 60 cm (bis zu 80 cm Gesamtlänge). Mie-Präfektur, Japan bis Taiwan. Eng verwandt mit *G. berndti,* hat aber einen einfarbig bräunlichen Kopf. Carnivor: Fische, Krebse.
F *Gymnothorax reticularis,* 40 cm (bis zu 60 cm Gesamtlänge). Indo-Westpazifik. Körper von vielen bräunlichen Flecken bedeckt, die 14 bis 22 undeutliche Querstreifen ergeben. Carnivor: Fische, Krebse.

G *Gymnothorax neglectus*

H *Siderea picta*
Tüpfel-Muräne

I *Siderea thyrsoidea*

J *Gymnomuraena zebra*
Zebramuräne

L *Conger myriaster*

K *Channomuraena vittata*
Chinesische Muräne

M *Anago anago*

N Ariosoma shiroanago major

O *Conger japonicus*
Japanischer Meeraal

G *Gymnothorax neglectus,* 80 cm. Wakayama-Präfektur, Japan bis Taiwan. Körper rötlichbraun und mit zahllosen kleinen weißen oder gelblichweißen Flecken bedeckt. Flossen haben einen weißen Rand. Carnivor: Fische, Krebse.

H *Siderea picta,* Tüpfel-Muräne, 100 cm (bis zu bis zu 120 cm). In Korallenriffen des Indo Pazifik einschließlich Ostpazifik anzutreffen. Weißer Körper mit vielen kleinen, schwarzen Flecken. Carnivor: Fische, Krebse.

I *Siderea thyrsoidea,* 50 cm. Westpazifik; oft an Korallenriffen zu finden. Vordere Kopfhälfte in einheitlich dunklerem Braun als der Körper. Carnivor: Fische, Krebse.

J *Gymnomuraena zebra,* Zebramuräne, 60 cm. Indo-Pazifik und Ostpazifik. Schwarzer Körper mit vielen schmalen, weißen Querstreifen. Carnivor: Krebse.

K *Channomuraena vittata,* Chinesische Muräne, 30 cm. Westlicher Pazifik/Östlicher Indischer Ozean. Carnivor: Fische, Krebse.

Congridae, Meeraale

L *Conger myriaster,* 70 cm. Von Südhokkaido südwärts bis zum Ostchinesischen Meer. Carnivor: Fische, Krebse.

M *Anago anago,* 40 cm. Indo-Pazifik; weitverbreitet auf flachen sandigen oder schlammigen Böden. Carnivor: Fische, Krebse.

N 50 cm. Südliches Japanisches und Ostchinesisches Meer; auf sandigen Böden weitverbreitet. Carnivor: Fische, Krebse.

O *Conger japonicus,* Japanischer Meeraal, 80 cm (bis zu bis zu 140 cm). Südliches Japan bis koreanische Halbinsel, gewöhnlich auf felsigen Böden. Carnivor: Fische, Krebse.

A *Muraenesox cinereus*
Batavia-Putjekanipa

B *Muraenesox bagio*

C *Pisodonophis cancrivorus*

D *Ophisurus macrorhynchus*

E *Ophichthus erabo*

F *Myrichthys aki*

MURAENESOCIDAE, MESSERZAHNAALE

A *Muraenesox cinereus,* Batavia-Putjekanipa, 70 cm. Indo-Westpazifik; auf Sand- oder Schlammböden weitverbreitet. Speisefisch. Carnivor: Fische, Krebse.

B *Muraenesox bagio,* 70 cm (bis zu bis zu 200 cm Gesamtlänge). Indo-Pazifik. 35 bis 38 präanale Seitenlinienporen. Carnivor: Fische, Krebse.

OPHICHTHYIDAE, SCHLANGENAALE

C *Pisodonophis cancrivorus,* 60 cm (bis zu ca. 100 cm). Indo-Pazifik. Körper einheitlich braun. Rücken-, Schwanz- und Afterflosse haben einen schwarzen Rand. Carnivor.

D *Ophisurus macrorhynchus,* 60 cm (bis zu 140 cm). Indo-Westpazifik. Wird mit Schleppnetzen aus großen Tiefen, selten in flachem Wasser, gefangen. Carnivor.

E *Ophichthus erabo,* 50 cm (bis zu 70 cm). Indo-Pazifik; gräbt sich in sandigen Böden ein. Carnivor.

F *Myrichthys aki,* 50 cm. Izu-Halbinsel bis zur Kochi-Präfektur, Japan. Wird oft auf Sand- und Kiesböden in der Nähe von Felsenriffen gefangen. Carnivor.

Lachse, Welse und Eidechsenfische

Klasse: Knochenfische

5

A *Synodus ulae.*

Lachse, Welse und Eidechsenfische

Die Lachse (Fam. Salmonidae; ca. 68 Arten) sind als Speisefische bei kommerziellen Fischern und Sportfischern gleichermaßen begehrt und auch jedem Laien bekannt. Obwohl sie ursprünglich aus der nördlichen Hemisphäre stammen, hat man sie auch in viele andere Teile der Welt eingeführt. Die Pazifischen Lachse (Gattung *Onchorhynchus*) laichen gewöhnlich in Bächen und Flüssen und sterben kurz nach dem Laichakt. Die Jungen wandern ins Meer, wo sie einen Großteil ihres Lebens verbringen. Die erwachsenen Lachse besitzen ein stark ausgeprägtes Heimfindevermögen. Sie kehren im allgemeinen zu dem Fluß zurück, in dem sie geschlüpft sind, um dort zu laichen und anschließend zu sterben.

Zusammen bilden die 30 Familien der Welse mit schätzungsweise 2.000 Arten eine der größten Fischordnungen; die Mehrheit lebt in den Flußregionen Südamerikas. In zwei Familien, den Meereswelsen (Ariidae) und den Korallenwelsen (Plotosidae), gibt es ausschließlich marine Arten; man findet sie in tropischen und subtropischen Meeresgebieten.

Eidechsenfische (Synodontidae; ca. 35 Arten) und die nahe verwandten Flaggenflosser (Aulopidae) sind Bodenbewohner in Riffen tropischer und gemäßigter Zonen. Sie sind relativ klein (unter 25 cm), aber dennoch gefräßige Räuber, die sich von kleinen Fischen und Wirbellosen ernähren.

◄ (S. 53) **A** *Synodus ulae* (Synodontidae, Eidechsenfische), 25 cm. Südliches Japan und Hawaii; bewohnt sandige oder felsige Böden. Carnivor: Fische.

A *Synodus englemani,* Englemans Eidechsenfisch, (Synodontidae, Eidechsenfische), 23 cm. Indo-Westpazifik. Ein breites, längliches braunes Band verläuft entlang der Seitenlinie. Carnivor: Fische.

B *Synodus variegatus,* Gebänderter Eidechsenfisch (Synodontidae, Eidechsenfische), 20 cm. An Korallenriffen des Indopazifik häufig anzutreffen. Carnivor: Fische.

C *Aulopus purpurissatus,* Sergeant Baker (Aulopodidae, Fadensegelfische), 40 cm. Südliches Australien; bewohnt Felsenriffe. Carnivor: Fische, Krebse.

D *Trachinocephalus myops* (Synodontidae, Eidechsenfische), 22 cm. Weltweit in tropischen und gemäßigten Meeren. Carnivor: Fische und Krebse.

E *Pseudotrichonotus altivelis* (Pseudotrichonotidae), 12 cm. Izu, Japan; bewohnt Sand- oder Kiesböden bei Korallenriffen. Carnivor: Krebse, Fische.

A *Synodus englemani,* Englemans Eidechsenfisch.

B *Synodus variegatus,* Gebänderter Eidechsenfisch.

C *Aulopus purpurissatus*, ein Sergeant Baker.

D *Trachinocephalus myops*.

E *Pseudotrichonotus altivelis*.

A Ein Schwarm Gestreifter Korallenwelse, *Plotosus lineatus.*

B *Salvelinus leucomaenis*

C *Oncorhynchus keta*
Keta-Lachs

D *Oncorhynchus masou*
Masu-Lachs

E *Oncorhynchus tschawytscha*
Quinnat

F *Oncorhynchus gorbuscha*
Buckellachs

SALMONIDAE, LACHSÄHNLICHE

◀ **A** *Plotosus lineatus,* Gestreifter Korallenwels (PLOTOSIDAE, KORALLENWELSE), 12 cm. In Küstengewässern des Indo-Pazifik weitverbreitet. Omnivor: benthische Tiere, Algen, Detritus.

B *Salvelinus leucomaenis,* 40 cm. Es gibt zwei Formen: die landgebundene Form bis zu 35 cm, die Meeresform 70 cm. Nördlicher Pazifik. Carnivor: Fische, Krebse.

C *Oncorhynchus keta,* Keta-Lachs, 70 cm. Nordpazifik. Charakterisiert durch Abwesenheit schwarzer Punkte auf Körper und Flossen. Bedeutender Speisefisch. Carnivor: Fische, Krebse.

D *Oncorhynchus masou,* Masu-Lachs, 50 cm (bis zu 60 cm). Nordjapan; auf Japan und anliegende Gewässer beschränkt. Guter Speisefisch. Carnivor: Fische, Krebse.

E *Oncorhynchus tschawytscha,* Quinnat, 100 cm (bis zu 150 cm). Nordpazifik. Oberkörper, Rücken- und Afterflosse mit zahllosen schwarzen Punkten. Guter Speisefisch. Carnivor: Fische, Krebse.

F *Oncorhynchus gorbuscha,* Buckellachs, 60 cm (erreicht 75 cm Gesamtlänge und ein Gewicht von 5 kg). Nordpazifik. Kleinste Art der Pazifischen Lachse. Adulte Männchen haben einen Buckel. Kommerziell wichtiger Fisch. Carnivor: Fische, Krebse.

A *Aulopus japonicus*

B *Saurida undosquamis*

C *Saurida elongata*

D *Synodus hoshinonis*

E *Saurida gracilis*
Marmor-Eidechsenfisch

F *Chlorophthalmus albatrossis*

G *Chlorophthalmus borealis*

H *Chlorophthalmus actifrons*

Aulopodidae, Fadensegelfische

A *Aulopus japonicus,* 15 cm. Japan, Philippinen, Hawaii, auf sandigen oder schlammigen Böden. Speisefisch; wird mit Schleppnetzen gefangen. Carnivor: Fische, Krebse.

Synodontidae, Eidechsenfische

B *Saurida undosquamis,* 25 cm. Indo-Westpazifik, auf sandigen oder schlammigen Böden. Lange Brustflosse, die über die Basis der Bauchflosse hinausreicht. Speisefisch; wird mit Schleppnetzen gefangen. Carnivor: Fische, Krebse.
C *Saurida elongata,* 30 cm (bis zu 60 cm). Südliches Japanisches und Ostchinesisches Meer. Brustflosse kurz, reicht nicht über Bauchflossenbasis hinaus. Speisefisch; wird mit Schleppnetzen gefangen. Carnivor: Fische, Krebse.
D *Synodus hoshinonis,* 25 cm. Westpazifik; auf sandigen Böden zu finden. Hat einen schwarzen Fleck im oberen Teil des Kiemendeckels. Carnivor: Fische, Krebse.

E *Saurida gracilis,* Marmor-Eidechsenfisch, 20 cm. Indo-Pazifik; weitverbreitet auf Korallenriffen. Carnivor: Fische, Krebse.

Chlorophthalmidae, Grünaugen

F *Chlorophthalmus albatrossis,* 13 cm. Südjapan bis Philippinen, auf sandigen oder schlammigen Böden. Speisefisch; wird mit Schleppnetzen gefangen. Carnivor: Fische, Krebse.
G *Chlorophthalmus borealis,* 13 cm. Lebt auf sandigen und schlammigen Böden bei Norjapan. Speisefisch; wird mit Schleppnetzen gefangen. Carnivor: Fische, Krebse.
H *Chlorophthalmus actifrons,* 20 cm (bis zu 30 cm). Südjapan bis Philippinen. After von einer tiefschwarzen Fläche umgeben (Lichtorgan). Schwanzflosse blaß. Wird mit Schleppnetzen gefangen. Carnivor: Fische, Krebse.

Hornhechte, Halbschnäbler und Flugfische

Klasse: Knochenfische **6**

Familie: Hemirhamphidae, Halbschnäbler · **Familie:** Belonidae, Hornhechte
Familie: Scomberesocidae, Makrelenhechte

A Eine Halbschnäbler-Spezies, *Hemirhamphus* sp.

Hornhechte, Halbschnäbler und Flugfische

Die hier behandelten Fische sind alle eng verwandt; manche Wissenschaftler fassen sie sogar in einer einzigen Familie (Exocoetidae) zusammen. Es sind kleine bis mittelgroße (meist unter 1 m lange) Schwarmfische, die gewöhnlich nahe der Oberfläche schwimmen. Sie weisen im allgemeinen eine Gegenschattierung mit einem bläulichen oder grünlichen Rücken und einer silbrigen oder weißen Bauchseite auf. Diese Fische sind weltweit – überwiegend in tropischen und gemäßigten Meeresregionen – verbreitet. Hornhechte (Fam. Belonidae; ca. 25 Arten) und Halbschnäbler (Hemiramphidae; ca. 60 Arten) findet man gelegentlich auch im Brack- oder Süßwasser. Sie haben einen langen, schlanken Körper und meist eine verlängerte Schnauze. Bei Hornhechten sind beide Kiefer gleich lang, bei den Halbschnäblern ist der Oberkiefer gewöhnlich viel kürzer als der Unterkiefer. Flugfische oder Fliegende Fische (Exocoetidae; ca. 50 Arten) sind in tropischen Meeren häufig. Manchmal findet man sie nahe an der Küste, doch meistens weiter draußen im Meer. Wenn sie von vorbeifahrenden Booten gestört oder von Räubern gejagt werden, katapultieren sie sich mit hoher Geschwindigkeit aus dem Wasser und benutzen dann ihre stark verbreiterten, ausklappbaren Brustflossen als „Flügel", um mehrere hundert Meter über die Wasseroberfläche zu gleiten.

◄ (S. 59) **A** *Hemirhamphus* sp. (HEMIRHAMPHIDAE, HALBSCHNÄBLER), 30 cm. Unterkiefer bei den meisten Art verlängert. Brust- und Bauchflosse kurz, die Brustflosse bis zu die Bauchflosse nicht. Carnivor: Zooplankton.

A *Strongylua* sp. (BELONIDAE, HORNHECHTE), 50 cm. Beide Kiefer sind sehr lang und haben viele scharfe Zähne. Schwimmt nahe der Oberfläche. Carnivor: Fische.

A Eine Hornhecht-Spezies, *Strongylua* sp.

A Eine Hornhecht-Spezies, *Tylosurus* sp.

B *Strongylura anastomella*

C *Ablennes hians*

D *Tylosurus crocodilus crocodilus*

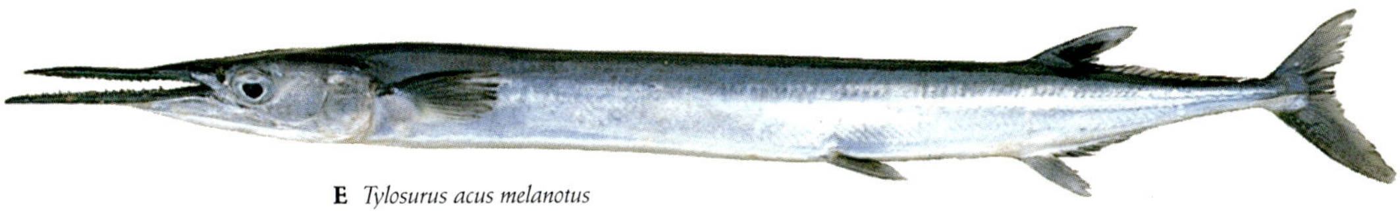

E *Tylosurus acus melanotus*

F *Cololabis saira*

G *Hyporhamphus sajori*

I *Hemirhamphus far*

H *Hyporhamphus intermedius*

Belonidae, Hornhechte

◄ (S. 62) **A** *Tylosurus* sp., 90 cm. Schwanzstiel mit einem häutigen Kiel an der Seite. Nadelfische haben die Gewohnheit, ins Licht zu springen, und haben Männern, die nachts Lichter getragen haben, schon tödliche Wunden zugefügt. Carnivor: Fische.

B *Strongylura anastomella,* 75 cm. Südliches Japanisches und Ostchinesisches Meer. Schwanzflosse stumpf endend oder leicht eingekerbt. Schwanzstiel verkürzt, ohne Kiel. Carnivor: Fische.

C *Ablennes hians,* 90 cm (bis zu 100 cm). Weltweit in tropischen und gemäßigten Meeren. Körper seitlich zusammengepreßt mit acht oder mehr Querstreifen auf den Seiten. Carnivor: Fische.

D *Tylosurus crocodilus crocodilus,* 90 cm (bis zu 130 cm). Weltweit in tropischen und gemäßigten Meeren außer dem Ostpazifik. Schwanzstiel mit einem Hautkiel an der Seite. Carnivor: Fische.

E *Tylosurus acus melanotus,* 90 cm (bis zu 100 cm). Indo-Westpazifik. Oft mit einem Hornanhängsel am Unterkiefer. Carnivor: Fische.

Scomberesocidae, Makrelenhechte

F *Cololabis saira,* 35 cm. Nordpazifik. Einer der beliebtesten Speisefische in Japan; wird vor allem mit Lampennetzen gefangen. Carnivor: überwiegend Krebsplankton.

Hemirhamphidae, Halbschnäbler

G *Hyporhamphus sajori,* 35 cm (bis zu 40 cm). Japanisches und Ostchinesisches Meer. Häufigste Art in Japan. Speisefisch; wird mit Wandnetzen oder Tauchnetzen gefangen. Carnivor: Zooplankton.

H *Hyporhamphus intermedius,* 15 cm. Südliches Japanisches und Ostchinesisches Meer; auch in Süßwasser und Flußmündungen anzutreffen. Speisefisch; wird nachts mit Lampen und Netzen gefangen. Carnivor: Zooplankton.

I *Hemirhamphus far,* 40 cm (bis zu 50 cm). Indo-Westpazifik, östliches Mittelmeer. 4 bis 9 schwarze Flecken auf den Seiten. Speisefisch. Carnivor: Zooplankton.

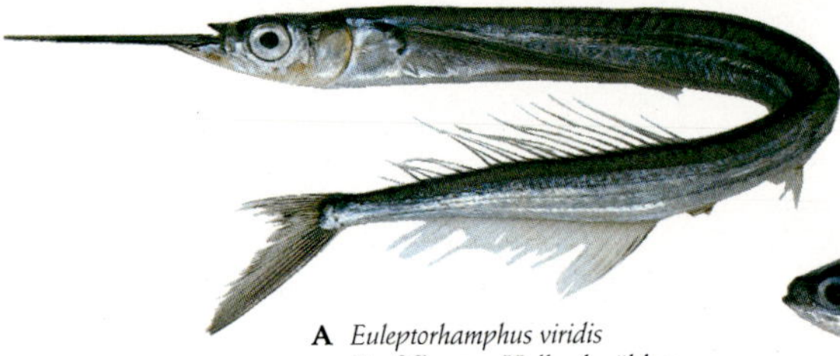

A *Euleptorhamphus viridis*
Großflossen-Halbschnäbler

B *Oxyporhamphus micropterus*

C *Parexocoetus brachypterus*

D *Cypselurus hiraii*

E *Cypselurus poecilopterus*

F *Cypselurus pinnatibarbatus japonicus*

G *Cypselurus agoo agoo*
Agoo-Flugfisch

H *Cypselurus heterurus doederleini*
Atlantischer Kinnbartel-Flugfisch

A *Euleptorhamphus viridis,* Großflossen-Halbschnäbler, 50 cm. Indo-Pazifik, einschließlich Ostpazifik. Gleitet mit gebogenem Körper über die Wasseroberfläche und benutzt dabei die Brustflossen. Wird oft zusammen mit Fliegenden Fischen gefangen. Carnivor: Zooplankton.
B *Oxyporhamphus micropterus,* 17 cm (bis zu 20 cm). Indo-Pazifik. Kleine Art; in Japan selten. Gleitet. Carnivor: Zooplankton.

EXOCOETIDAE, FLIEGENDE FISCHE
C *Parexocoetus brachypterus,* 15 cm (bis zu 20 cm). Indo- Pazifik einschließlich Ostpazifik. Laichende Schulen werden im Sommer gefangen. Carnivor: Zooplankton.
D *Cypselurus hiraii,* 15 cm (bis zu 28 cm). Südjapan; nur aus Japan bekannt. Laichende Schulen werden im Frühsommer gefangen. Carnivor: Zooplankton.

E *Cypselurus poecilopterus,* 25 cm. Pazifik. Eine kommerziell wichtige Art in Japan. Wird mit treibenden Wandnetzen gefangen. Carnivor: Zooplankton.
F *Cypselurus pinnatibarbatus japonicus,* 35 cm (bis zu 50 cm). Indo-Pazifik einschließlich Ostpazifik. Die größte Art Fliegender Fische in japanischen Gewässern. Laichende Schulen werden am Frühlingsanfang bei den Izu-Inseln gefangen. Carnivor: Zooplankton.
G *Cypselurus agoo agoo,* Agoo-Flugfisch, 30 cm (bis zu 35 cm). Südjapan; nur von dort bekannt. Laichende Schulen werden im Frühsommer gefangen. Carnivor: Zooplankton.
H *Cypselurus heterurus doederleini,* Atlantischer Kinnbartel-Flugfisch, 30 cm (bis zu 35 cm). In Japan weitverbreitet. Wird mit Wand- oder Stehnetzen im späten Frühling bzw. Frühsommer gefangen. Carnivor: Zooplankton.

Seenadeln und Seepferdchen

Klasse: Knochenfische

7

A *Hippocampus coronatus.*

Seenadeln und Seepferdchen

Seenadeln (Fam. Syngnathidae) sind langgestreckte, schlanke Fische mit einem segmentierten, knöchernen Panzer. Die Flossen sind stark reduziert; die Fische sind daher relativ langsame und ungeschickte Schwimmer. Bei einigen Arten ist der Schwanz (genauer: die Schwanzspitze) als Greiforgan ausgebildet, so daß sie sich an Pflanzen, Schwämme oder Korallen anklammern können. Mit ihrer röhrenförmigen Schnauze und dem kleinen Mund saugen sie winzige Krebstiere oder andere kleine Wirbellose aus ihren Verstecken. Das Weibchen legt die Eier in eine Bauchtasche des Männchens, in der sie sich bis zur Schlüpfreife entwickeln. Seepferdchen gehören zu derselben Familie und weisen dieselben anatomischen Grundzüge wie Seenadeln auf, schwimmen aber in aufrechter Haltung, den Kopf nach vorne gebogen. Es gibt rund 150 Seenadel- und etwa 25 Seepferdchen-Arten, die überwiegend in gemäßigten und tropischen Meeren vorkommen. Mehrere Arten sind auf brackige Ästuarien oder Süßwasser beschränkt. Die meisten Arten findet man in der indopazifischen Region.

Familien, die nahe mit den Seenadeln verwandt sind und ein ähnliches Äußeres aufweisen, sind die Trompetenfische (Aulostomidae; 4 Arten), die Flötenmäuler (Fistularidae; 4 Arten), die Schnepfenmesserfische (Centriscidae; 4 Arten) und die Röhrenmäuler (Solenostomidae; 5 Arten).

A Eine *Hippocampus coronatus*-Varietät.

B Ein Schwarm Langer Schnepfenmesserfische, *Aeoliscus strigatus*.

◄ (S. 65) **A** · **A** *Hippocampus coronatus* (SYNGNATHIDAE, SEENADELN und SEEPFERDCHEN), 8 cm. Japan und im Süden der koreanischen Halbinsel. Farbe variiert, ist aber meist braun. Der Körper hat dornähnliche Vorsprünge und fleichige Hautlappen, deren Anzahl und Größe je nach Exemplar unterschiedlich ist. Carnivor: Krebse, Fischlarven.

B *Aeoliscus strigatus,* Langer Schnepfenmesserfisch (CENTRISCIDAE, SCHNEPFENMESSERFISCHE), 8 cm. Westpazifik; treten in Gruppen an Korallenriffen auf; schwimmen normalerweise mit dem Kopf nach unten. Carnivor: Zooplankton.

C, D *Aulostomus chinensis,* Gelber Trompetenfisch (SOLENOSTOMIDAE, RÖHRENMÜNDER), 50 cm. Indo-Pazifik; an Felsen- oder Korallenriffen anzutreffen. Variable Färbung; die beiden typischen Varietäten sind hier abgebildet. Carnivor: Fische, Krebse.

C *Aulostomus chinensis,* Gelber Trompetenfisch.

D Gelber Trompetenfisch, *Aulostomus chinensis* (var.).

A *Solenostomus paegnius.*

B Eine *Solenichthys paradoxus*-Varietät.

C Eine *Solenichthys paradoxus*-Varietät.

A *Solenostomus paegnius* (SOLENOSTOMIDAE, RÖHRENMÜNDER), 10 cm. Westlicher Indo-Pazifik. Carnivor: kleine Krebse, Fischlarven.
B *Solenichthys paradoxus* (VAR.) (SOLENOSTOMIDAE, RÖHRENMÜNDER), 10 cm. Indo-Pazifik. Carnivor: Fischlarven.
C *Solenichthys paradoxus* (VAR.), 10 cm. Indo-Pazifik. Carnivor: kleine Krebstiere, Fischlarven.

D Ein beeindruckendes Exemplar von *Phycodorus eques.*

A *Dunckerocampus multiannulatus.*

B *Dunckerocampus dactyliophorus.*

A *Dunckerocampus multiannulatus* (Syngnathidae, Seenadeln und Seepferdchen), 14 cm. Indischer Ozean. Carnivor: kleine Krebstiere, Fischlarven.
B *Dunckerocampus dactyliophorus* (Syngnathidae, Seenadeln und Seepferdchen), 15 cm. Westlicher Pazifik, an Felsen- und Korallenriffen. Carnivor: kleine Krebstiere, Fischlarven.
C *Corythoichthys haematopterus,* Korallen-Seenadel (Syngnathidae, Seenadeln und Seepferdchen), 12 cm (bis zu 18 cm). Indo-Westpazifik; oft an flachen Korallenriffen. Carnivor: kleine Krebstiere, Fischlarven.
D *Corythoichthys schultzi,* Schultz' Seenadel (Syngnathidae, Seenadeln und Seepferdchen), 13 cm (bis zu 16 cm). Indo-Westpazifik; häufig an Korallenriffen. Hat eine lange, schlanke Schnauze. Carnivor: kleine Krebstiere, Fischlarven.

C *Corythoichthys haematopterus,* Korallen-Seenadel.

D *Corythoichthys schultzi,* Schultz' Seenadel.

A *Siokunichthys nigrolineatus.*

B *Corythoichutys amplexus.*

C *Maroubra yasoudai.*

A *Siokunichthys nigrolineatus* (Syngnathidae, Seenadeln und Seepferdchen), 10 cm. Philippinen und Indonesien. Lebt kommensal mit *Heliofungia actiniformis.*

B *Corythoichutys amplexus* (Syngnathidae, Seenadeln und Seepferdchen), 9 cm. Indo-Westpazifik. Hat eine kurze Schnauze und zwischen 11 und 13 breite, bräunliche, weiß gefleckte Querstreifen auf dem Körper. Carnivor: kleine Krebstiere, Fischlarven.

C *Maroubra yasoudai* (Syngnathidae, Seenadeln und Seepferdchen), 15 cm (bis zu 17 cm). Kommt nur an der Ostküste der Izu-Halbinsel vor. Carnivor: kleine Krebse, Fischlarven.

Fistulariidae, Flötenmünder

D *Fistularia petimba,* Schönflossige Tabakspfeife, 50 cm (bis zu 150 cm). Indo-Westpazifik; an Felsen- und Korallenriffen anzutreffen. Carnivor: Fische.

D *Fistularia petimba*
Schönflossige Tabakspfeife

E *Fistularia commersonii*

F *Macrorhamphosus scolopax*
Schnepfenfisch

G *Solenostomus cyanopterus* (♂)
Blauflossiger Röhrenmund

H *Solenostomus cyanopterus* (♀)
Blauflossiger Röhrenmund

I *Doryrhamphus japonicus*

J *Doryrhamphus excisus excisus*

K *Syngnathus schlegeli*
Schlegels Seenadel

L *Trachyrhamphus bicoarctatus*

M *Trachyrhamphus serratus*

N *Acentronura gracilissima*

E *Fistularia commersonii,* 80 cm (bis zu 150 cm). Indo-Pazifik. Der Körper ist weich, ohne Stacheln. Lebt in einiger Entfernung vor der Küste in ziemlich tiefem Wasser. Carnivor: Fische.

Macrorhamphosidae, Schnepfenfische

F *Macrorhamphosus scolopax,* Schnepfenfisch, 8 cm (bis zu 17 cm). Lebt auf sandigen oder schlammigen Böden in 20 bis 150 m Tiefe im Südlichen Japanischen und Ostchinesischen Meer. Carnivor: kleine benthische Tiere.
G, H *Solenostomus cyanopterus,* Blauflossiger Röhrenmund, 10 cm. Indo-Pazifik; lebt im Seetang, gewöhnlich in Paaren. Carnivor: kleine Krebse, Fischlarven.

Syngnathidae, Seenadeln und Seepferdchen

I *Doryrhamphus japonicus,* 6 cm. Endemisch in Japan; gewöhnlich in kleinen Höhlen an Felsenriffen zu finden. Carnivor: kleine Krebse, Fischlarven.
J *Doryrhamphus excisus excisus,* 6 cm. Indo-Pazifik; lebt normalerweise in kleinen Höhlen an Korallen- und Felsenriffen. Carnivor: kleine Krebse, Fischlarven.
K *Syngnathus schlegeli,* Schlegels Seenadel, 18 cm (bis zu 30 cm). Küstengewässer Japans bis Südkorea. Häufige Seenadel in japanischen Gewässern; üppig in Seegraswiesen *Zostera.* Carnivor: kleine Krebse, Fischlarven.
L *Trachyrhamphus bicoarctatus,* 20 cm (bis zu 30 cm). Indo-Westpazifik; gewöhnlich um flache Felsriffe herum. Carnivor: kleine Krebse, Fischlarven.
M *Trachyrhamphus serratus,* 20 cm (bis zu 30 cm). Indo-Westpazifik; gewöhnlich um flache Felsriffe herum. Carnivor: kleine Krebse, Fischlarven.
N *Acentronura gracilissima,* 6 cm (bis zu 10 cm). Sagami-Bucht bis zur Nagasaki-Präfektur, Japan und Südafrika. Eine seltene Art, die gelegentlich zwischen Seegtang auf flachen Felsriffen zu finden ist. Carnivor: kleine Krebse, Fischlarven.

B *Hippocampus breviceps*

C *Hippocampus histrix*
Gekröntes Seepferdchen

D *Hippocamous takakurae*

A *Hippocampus japonicus*
Japanisches Seepferdchen

E *Phyllopteryx taeniolatus*

F *Zalises draconis*

G *Parapegasus natans*

A *Hippocampus japonicus,* Japanisches Seepferdchen, 6 cm. Japanisches und Ostchinesisches Meer, in Seegras-Betten. Carnivor: kleine Krebse, Fischlarven.
B *Hippocampus breviceps,* 7 cm. Westaustralien; lebt zwischen Seetang auf felsigen Böden. Carnivor: kleine Krebse, Fischlarven.
C *Hippocampus histrix,* Gekröntes Seepferdchen, 13 cm. Indo-Westpazifik. Scharfe Dornen an den meisten Panzerringen. Carnivor: kleine Krebse, Fischlarven.
D *Hippocamous takakurae,* 12 cm. Südliches Japanisches und Ostchinesisches Meer, auf Sand- oder Kiesböden. Carnivor: kleine Krebse, Fischlarven.
E *Phyllopteryx taeniolatus,* 30 cm. Südaustralien; häufig zwischen Seetang auf Korallenriffen anzutreffen. Carnivor: Krebse.

Pegasidae

F *Zalises draconis,* 6 cm. Indo-Pazifik; bewohnt sandige Böden in Küstengewässern. Farbe variabel. Carnivor: benthische Tiere.
G *Parapegasus natans,* 8 cm (bis zu 18 cm). Indo-Westpazifik. Schnauze und Schwanz schlank.
Carnivor: kleine benthische Tiere.

Dorsche und Anglerfische 8

Klasse: Knochenfische

A *Lophius litulon.*

Dorsche und Anglerfische

Die Dorsche (Fam. Gadidae) sind bodenbewohnende Meeresfische. Die rund 55 bekannten Arten leben vorwiegend in gemäßigten oder kalten Gewässern; zu ihnen gehören einige der wichtigsten Speisefische der Welt. Die größten Arten können bis 1,8 m lang werden. Die Tiefseedorsche (Moridae; ca. 70 Arten) sind alle eng miteinander verwandt und gleichen sich in Aussehen und Verteilung. Manche leben in großen Meerestiefen. Zu den Bartmännchen (Ophidiidae; ca. 200 Arten) gehören einige Vertreter, die ähnlich wie Dorsche aussehen. Es sind hauptsächlich bodenlebende Fische, die man wegen ihrer versteckten Lebensweise nur selten zu Gesicht bekommt.

Die Anglerfischartigen (Ordnung Lophiiformes) werden durch 18 Familien und etwa 280 marine Arten repräsentiert. Die meisten sind Bodenbewohner von rundlicher Gestalt: Ihre erste Rückenflosse ist in eine Angel (Illicium) umgewandelt, an deren Spitze ein köderähnliches Objekt hängt, mit dem kleine Beutefische angelockt werden. Zu den hier gezeigten Familien gehören die Anglerfische (Lophiidae; 12 Arten), die Chaunacidae (12 Arten), die Fühlerfische (Antennariidae; 41 Arten) und die Seefledermäuse (Ogcocephalidae; ca. 55 Arten).

A *Histrio histrio,* Sargasso-Fisch.

B *Antennarius commersonii,* Commersons Krötenfisch.

C *Antennarius maculatus.*

◄ (S. 75) **A** *Lophius litulon* (Lophiidae, Seeteufel), 50 cm (bis zu 100 cm). Japanisches und Ostchinesisches Meer. Erster Rückenstachel verlängert mit einem fleischigen Lappen an der Spitze, mit dem der Fisch seine Beute anlockt. Carnivor: Fische.

A *Histrio histrio,* Sargasso-Fisch (Antennariidae, Fühlerfische), 10 cm. Weltweit in tropischen und gemäßigten Meeren. Carnivor: Fische.

B *Antennarius commersonii,* Commersons Krötenfisch (Antennariidae, Fühlerfische), 12 cm (bis zu 29 cm). Indo-Pazifik einschließlich Ostpazifik. Farbe unterschiedlich. Carnivor: Fische.

C *Antennarius maculatus* (Antennariidae, Fühlerfische), 7 cm. Indo-Westpazifik. Eine kleine Art. Carnivor: Fische.

D *Antennarius hispidus* (Antennariidae, Fühlerfische), 10 cm. Indo-Westpazifik; in felsigen Regionen auf Kiesel- oder Sandböden anzutreffen. Carnivor: Fische.

E *Chaunax* sp. (Chaunacidae), 30 cm. Izu, Japan; lebt in felsigen Regionen in Tiefen von über 30 m. Carnivor: Fische.

D *Antennarius hispidus.*

E *Chaunax* sp.

A *Lophiodes fimbriatus.*

B *Brotula multibarbata.*

A *Lophiodes fimbriatus* (Lophiidae, Seeteufel), 10 cm. Okinawa, Japan; eine seltene Art, die in Sandböden in über 15 m Tiefe zu finden ist. Carnivor: Fische.
B *Brotula multibarbata* (Ophidiidae), 40 cm (bis zu 60 cm). Bewohnt flache Felsenriffe im Indo-Westpazifik. Carnivor: Krebse.

Lophiidae, Seeteufel

C *Lophiomus setigerus,* 35 cm (bis zu 100 cm). Bewohnt Sand- oder Schlammböden in ziemlich großen Tiefen des Indo-Westpazifik. Carnivor: Fische, Weichtiere.

C *Lophiomus setigerus*

D *Antennarius striatus*

E *Antennarius striatus* (schwarze Varietät)

F *Antennarius sarasa*

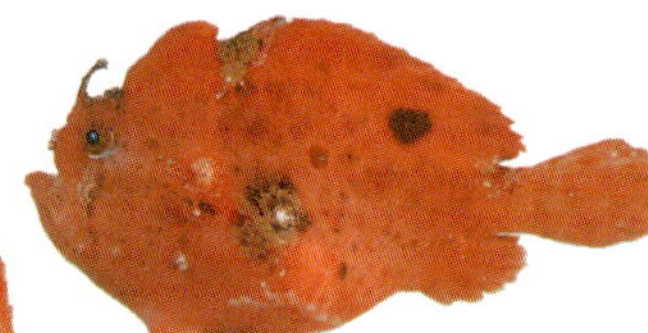

G *Antennarius nummifer*

H *Chaunax abei*

I *Halieutaea stallata*

ANTENNARIIDAE, FÜHLERFISCHE

D *Antennarius striatus,* 14 cm. Weltweit in tropischen und gemäßigten Meeren; lebt auf Sand- oder Kiesböden an Korallenriffen. Carnivor: Fische.

E *Antennarius striatus* (schwarze Varietät), 15 cm. Tokio-Bucht bis Nagasaki und weltweit in tropischen und gemäßigten Meeren. Farbe variabel; die Spitzen der Bruststrahlen sind i. d. R. weiß. Carnivor: Fische.

F *Antennarius sarasa,* 30 cm. Sagami-Bucht und vor der Kochi-Präfektur, Japan, in felsigen Regionen. Carnivor: Fische.

G *Antennarius nummifer,* 8 cm. Indo-Pazifik; die in flachen Felsenriffen am weitesten verbreitete Art. Carnivor: Fische.

CHAUNACIDAE

H *Chaunax abei,* 20 cm. Südliches Japanisches und Ostchinesisches Meer. Wird oft mit Schleppnetzen gefangen. Carnivor.

OGCOCEPHALIDAE, SEEFLEDERMÄUSE

I *Halieutaea stallata,* 25 cm (bis zu 30 cm). Indo-Pazifik; normalerweise ein Tiefseefisch, ist aber in felsigen Regionen der Sagami-Bucht auch bereits in 30 m Tiefe gefunden worden. Carnivor.

A *Physiculus maximowiczi*

B *Gadus macrocephalus*
Pazifik-Kabeljau

C *Eleginus gracilis*
Fernöstliche Nawaga

D *Theracra chalcogramma*
Alaska-Pollack

E *Hoplobrotula armata*

F *Neobythites sivicola*

G *Neobythites stigmosus*

MORIDAE, TIEFSEEDORSCHE

A *Physiculus maximowiczi,* 20 cm. In 150 bis 160 m Tiefe auf Sand- oder Schlammböden des Südlichen Japanischen und Ostchinesischen Meeres anzutreffen. Carnivor.

GADIDAE, DORSCHE

B *Gadus macrocephalus,* Pazifik-Kabeljau, 60 cm. Nordpazifik; lebt in 200 bis 300 m Tiefe. Carnivor: Fische, Krebse.

C *Eleginus gracilis,* Fernöstliche Nawaga, 30 cm. Nordpazifik; in flachen Küstengewässern weitverbreitet. Carnivor: Fische, Krebse, Tintenfische.

D *Theracra chalcogramma,* Alaska-Pollack, 50 cm. Nordpazifik. Wird mit Schleppnetzen gefangen. Carnivor: Fische, Krebse, Tintenfische.

OPHIDIIDAE

E *Hoplobrotula armata,* 35 cm. Südliches Japanisches und Ostchinesisches Meer, in 200 bis 300 m Tiefe. Carnivor: Fische, Krebse.

F *Neobythites sivicola,* 20 cm. Häufige Art in Zentraljapan. Wird in tiefen Gewässern mit Schleppnetzen gefangen. Carnivor: Krebse, Fische.

G *Neobythites stigmosus,* 20 cm. Bewohnt Tiefen um die 200 m im südlichen Japanischen und Ostchinesischen Meer. Carnivor: Fische, Krebse.

Soldatenfische 9

A *Sargocentron spiniferum,* ein Säbel-Eichhörnchenfisch.

Soldatenfische, Petersfische, Bartfische und ihre Verwandten

Die meisten Fische in diesem Abschnitt gehören zur Ordnung Schleimkopfartige (Beryciformes). Sie haben gewöhnlich rauhe Schuppen, vorstehende Rückenstacheln und große Augen. Soldaten- oder Eichhörnchenfische (Fam. Holocentridae; ca. 70 Arten) sind im allgemeinen rot gefärbt und leben in tropischen Riffen. Sie sind überwiegend nachtaktiv und verbringen den Tag geschützt in Höhlen oder unter Überhängen. Nachts jagen sie Fische und Wirbellose. Ihre Gesamtlänge beträgt meist nicht mehr als 40 cm. Für die Tannenzapfenfische (Monocentridae; 2 Arten) und die Blitzlichtfische (Anomalopidae; 3 Arten) sind Leuchtorgane typisch, die sich entweder unter den Augen oder am Unterkiefer befinden. Beide Familien findet man in tropischen Riffen, Tannenzapfenfische z. T. auch in gemäßigten Meereszonen. Andere beryciforme Familien, die in diesem Abschnitt abgebildet sind, sind die Sägebäuche (Trachichthyidae; ca. 14 Arten) und die Schleimköpfe (Berycidae; ca. 10 Arten), die hauptsächlich in subtropischen und gemäßigten Breiten auftreten.

Die Petersfische (Zeidae) und die Bartfische (Polymixiidae) sind im Atlantik und im Indopazifik weit verbreitet. Es handelt sich vorwiegend um Mittelwasserfische, oder sie leben in geringen Tiefen in Bodennähe.

HOLOCENTRIDAE, SOLDATENFISCHE
(bis einschließlich S. 85)

◀ (S. 81) **A** *Sargocentron spiniferum,* Säbel-Eichhörnchenfisch, 40 cm. Indo-Westpazifik; bewohnt Felsen- und Korallenriffe. Carnivor: Krebse, Fische.

A *Sargocentron melanospilos,* 20 cm. Korallenriffe des westlichen Pazifik. Carnivor: Krebse, Fische.

B *Sargocentron caudimaculatum,* 20 cm. Felsen- und Korallenriffe des Indo-Pazifik. Carnivor: Krebse, Fische.

C *Neoniphon sammara,* 15 cm. Felsen- und Korallenriffe des Indo-Pazifik. Carnivor: Krebse, Fische.

D *Neoniphon opercularis,* 15 cm. Lebt in flachen Korallenriffen des Indo-Westpazifik. Carnivor: Krebse, Fische.

E *Sargocentron violaceum,* 20 cm. Indo-Pazifik; bewohnt flachen Felsenriffe und Korallenriffe. Carnivor: Krebse, Fische.

A *Sargocentron melanospilos.*

B *Sargocentron caudimaculatum.*

C *Neoniphon sammara.*

D *Neoniphon opercularis.*

E *Sargocentron violaceum.*

A *Sargocentron rubrum.*

B *Myripristis vittata.*

A *Sargocentron rubrum,* Roter Soldatenfisch, 20 cm. Bewohnt flache Felsenriffe und Korallenriffe des Indo-Pazifik. Speisefisch. Carnivor: Krebse, Fische.
B *Myripristis vittata,* 10 cm. Felsen- und Korallenriffe des Indo-Pazifik. Carnivor: Krebse, Fische.

C *Myripristis berndti,* Roter Soldatenfisch.

D *Myripristis violacea.*

E *Myripristis kuntee.*

F *Myripristis chryseres,* Gelbflossen-Soldatenfisch.

G *Myripristis adusta.*

C *Myripristis berndti,* Roter Soldatenfisch, 15 cm. Indo-Pazifik; in der Nähe von Felsen- und Korallenriffen. Speisefisch. Carnivor: Krebse, Fische.
D *Myripristis violacea,* 13 cm. Felsen- und Korallenriffe des Indo-Pazifik. Carnivor: Krebse, Fische.
E *Myripristis kuntee,* 12 cm. Bewohnt flache Felsenriffe und Korallenriffe des Indo-Pazifik. Carnivor: Krebse, Fische.
F *Myripristis chryseres,* Gelbflossen-Soldatenfisch, 15 cm. Hawaii, Westpazifik; lebt in ziemlich großen Tiefen. Carnivor: Fische, Krebse.
G *Myripristis adusta,* 15 cm (bis zu 20 cm). Felsen- und Korallenriffe des Indo-Westpazifik. Carnivor: Fische, Krebse.

A *Trachichthys australis.*

B *Centroberyx lineatus.*

C *Zeus faber.*

D *Beryx splendens*
Alfoncino

E *Beryx decadactylus*

F *Gephyroberyx japonicus*

G *Monocentris japonica*
Tannenzapfenfisch

H *Anomalops katoptron*

A *Trachichthys australis* (Trachichthyidae, Sägebäuche), 12 cm. Südliches Australien. Carnivor.
B *Centroberyx lineatus* (Berycidae, Schleimköpfe), 14 cm (bis zu 36 cm). Südliches Australien. Carnivor: Fische.
C *Zeus faber* (Zeidae, Petersfische), 30 cm. Indo-Pazifik; bewohnt Sand- und Schlammböden in großen Tiefen. Carnivor: Fische, Krebse.

Berycidae, Schleimköpfe

D *Beryx splendens,* Alfoncino, 50 cm. Weltweit in tropischen und gemäßigten Meeren; bewohnt felsige Böden in großen Tiefen. Carnivor: Fische.
E *Beryx decadactylus,* 30 cm. Weltweit in tropischen und gemäßigten Meeren. Speisefisch; wird mit Langleinen gefangen.
Carnivor: Fische.

Trachichthyidae, Sägebäuche

F *Gephyroberyx japonicus,* 20 cm. Japanische Pazifikküste; eine Tiefseespezies, doch sind die Jungen oft in Küstennähe zu finden. Carnivor: Fische, Krebse.

Monocentridae, Tannenzapfenfische

G *Monocentris japonica,* Tannenzapfenfisch, 10 cm. Indo-Westpazifik; bewohnt flache Felsenriffe. Ein Paar Leuchtorgane in der Nähe der Spitze des Unterkiefers beherbergt symbiontische Leuchtbakterien.

Anomalopidae, Laternenfische

H *Anomalops katoptron,* 10 cm. Westpazifik. Ein weißes, sichelförmiges Leuchtorgan unter den Augen kann nach innen gedreht werden. Carnivor: Krebse.

A *Sargocentron ensiferum*

B *Sargocentron spinosissimum*

C *Sargocentron tiere*
Palau-Eichhörnchenfisch

D *Sargocentron diadema*
Diadem-Soldatenfisch

E *Sargocentron ittodai*

F *Sargocentron lepros*

G *Neoniphon aurolineatus*

HOLOCENTRIDAE, SOLDATENFISCHE

A *Sargocentron ensiferum,* 15 cm. Bewohnt tiefgelegene Felsenriffe des Indo-Pazifik. Speisefisch. Carnivor: Fische, Krebse.

B *Sargocentron spinosissimum,* 15 cm. Südliches Japanisches und Ostchinesisches Meer; lebt auf tiefgelegenen Felsenböden. Carnivor: Krebse, Fische.

C *Sargocentron tiere,* Palau-Eichhörnchenfisch, 23 cm (bis zu 30 cm). Bewohnt felsige Korallenriffe des Indo-Pazifik. Carnivor: Fische, Krebse.

D *Sargocentron diadema,* Diadem-Soldatenfisch, 15 cm. Seichte Felsen- und Korallenriffe des Indo-Pazifik. Carnivor: Fische, Krebse.

E *Sargocentron ittodai,* 20 cm. Bewohnt Felsen- und Korallenriffe des Westpazifik. Carnivor: Fische, Krebse.

F *Sargocentron lepros,* 25 cm. Bewohnt seichte Korallenriffe des östlichen Indischen Ozeans. Carnivor: Fische, Krebse.

G *Neoniphon aurolineatus,* 20 cm. Bewohnt tiefgelegene Felsenriffe des Indo-Pazifik. Carnivor: Fische, Krebse.

H *Myripristis pralinius*
Roter Soldatenfisch

I *Myripristis melanosticta*

J *Myripristis randalli*
Randalls Soldatenfisch

K *Ostichthys japonicus*
Japanischer Tiefsee-Soldatenfisch

L *Ostichthys kaianus*

M *Pristilepis oligolepis*

H *Myripristis pralinius,* Roter Soldatenfisch, 15 cm. Lebt in tiefgelegenen Felsenriffen des Indo-Pazifik. Carnivor: Fische, Krebse.
I *Myripristis melanosticta,* 20 cm. Lebt in tiefgelegenen Felsenriffen des Indo-Pazifik. Carnivor: Fische, Krebse.
J *Myripristis randalli,* Randalls Soldatenfisch, 15 cm. Indo-Westpazifik; bewohnt tiefgelegene Felsenriffe.
Carnivor: Krebse, Fische.

K *Ostichthys japonicus,* Japanischer Tiefsee-Soldatenfisch, 35 cm. Westpazifik; bewohnt Felsenriffe in relativ großen Tiefen. Wird mit Wandnetzen oder Langleinen gefangen. Speisefisch. Carnivor: Fische, Krebse.
L *Ostichthys kaianus,* 25 cm. Westpazifik; bewohnt Felsenriffe in relativ großen Tiefen. Speisefisch. Carnivor: Fische, Krebse.
M *Pristilepis oligolepis,* 20 cm. Südliches Japan, Hawaii, Westaustralien, in tiefgelegenen Felsenriffen. Carnivor: Fische, Krebse.

A *Polymixia japonica*

B *Polymixia berndti*

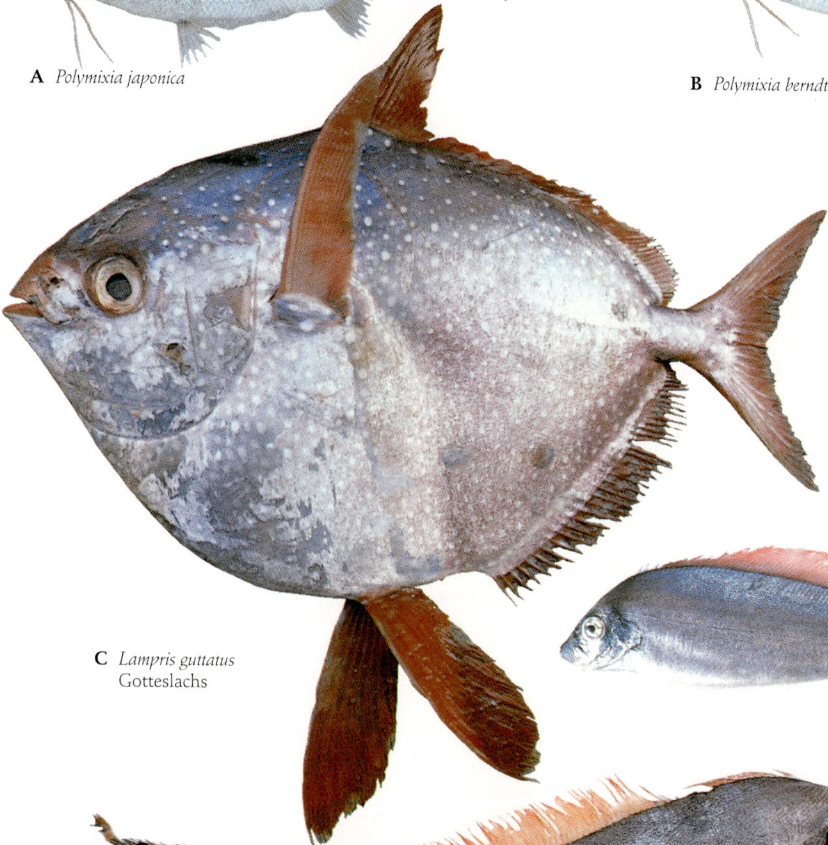

C *Lampris guttatus*
Gotteslachs

D *Zeus nebulosa*

E *Desmodema polystictum*

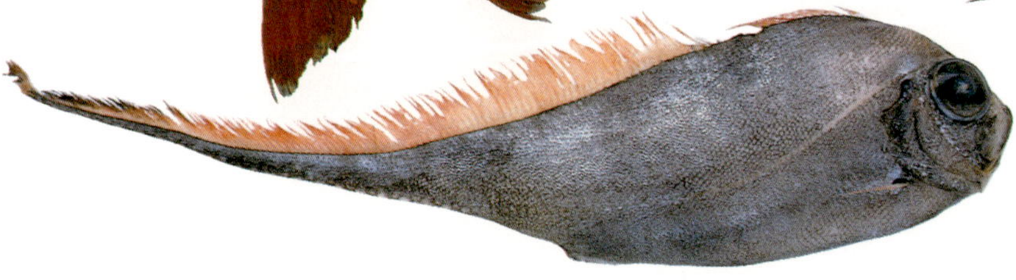

F *Zu cristatus*

Polymixiidae

A *Polymixia japonica,* 20 cm (bis zu 30 cm). Lebt auf tiefgelegenen Sand- oder Schlammböden des Südlichen Japanischen und Ostchinesischen Meeres. Speisefisch; wird mit Schleppnetzen gefangen. Carnivor: Fische, Krebse.

B *Polymixia berndti,* 20 cm. Zentral- und Westpazifik; bewohnt tiefgelegene Sand- und Schlammböden. Speisefisch; wird mit Schleppnetzen gefangen. Carnivor: Fische, Krebse.

Lampridae, Glanzfische

C *Lampris guttatus,* Gotteslachs, 100 cm. Weltweit in tropischen und gemäßigten Meeren. Epipelagisch; bewegt sich langsam. Wird mit Thunfischlangleinen gefangen und ist auf japanischen Märkten häufig zu finden. Carnivor.

Zeidae, Petersfische

D *Zeus nebulosa,* 35 cm (bis zu 50 cm). Zentral- und Westpazifik. Lebt in größeren Tiefen als *Zeus faber.* Wird mit Schleppnetzen gefangen. Carnivor: Krebse, Fische.

Trachipteridae, Sensenfische

E *Desmodema polystictum,* 110 cm. Tropischer und gemäßigter Pazifischer und Atlantischer Ozean. Wird mit Schleppnetzen in der Suruga-Bucht in Japan gefangen.

F *Zu cristatus,* 100 cm. Pazifischer und Atlantischer Ozean, Mittelmeer. Das hier abgebildete ist das erste im Pazifik entdeckte Exemplar der Art und wurde mit einem Schleppnetz im Nordosten der Bonin-Inseln gefangen.

Meeräschen und Barrakudas 10

Klasse: Knochenfische

Familie: Sphyraenidae, Pfeilhechte, Barrakudas · **Familie:** Mugilidae, Meeräschen
Familie: Isonidae, Flügel-Ährenfische

A Eine Schule Barrakudas der Art *Sphyraena putnamiae.*

Meeräschen, Barrakudas und Ährenfische

Meeräschen, Barrakudas und die verwandten Fadenflosser werden in der Unterordnung Mugiloidei zusammengefaßt. Es sind mittelgroße bis große Fische, oft silbrig oder grau gefärbt, mit zwei weit auseinanderstehenden Rückenflossen. Sie bewohnen vorwiegend tropische oder subtropische Meere und Ästuarien; einige wenige Arten dringen auch in den Unterlauf von Flüssen ein. Meeräschen (Mugilidae; ca. 75 Arten) sind hauptsächlich Algenfresser mit sehr kleinen Zähnen; bei manchen Arten fehlen die Zähne auch ganz. Die größte Art wird etwa 90 cm lang, doch die meisten Arten bleiben unter 40 cm. Barrakudas oder Pfeilhechte (Sphyraenidae; ca. 18 Arten) findet man in der Nähe von Küstenriffen. Sie haben große, dolchartige Zähne und greifen bei schlechten Sichtverhältnissen gelegentlich Menschen an. Die größte Art kann eine Gesamtlänge von 2 m erreichen. Fadenflosser (Polynemidae; ca. 35 Arten; nicht zu verwechseln mit den Nemipteridae – s. u. –, die im Deutschen ebenfalls Fadenflosser heißen) bewohnen Sand- oder Schlammböden. Sie gelten als gute Speisefische und messen meist weniger als 40 cm.

Ährenfische (Atherinidae; ca. 170 Arten) und die nahe verwandten Flügelährenfische (Notocheiridae; syn. Isonidae; 5 Arten) sind kleine, silbrige Fische, die in tropischen und gemäßigten Meeren vorkommen. Sie bilden häufig große Schulen nahe der Küste und sind eine wichtige Nahrungsquelle für große Raubfische.

◄ (S. 91) **A** *Sphyraena putnamiae* (Sphyraenidae, Pfeilhechte oder Barrakudas), 50 cm. Indo-Westpazifik. Speisefisch; wird mit Handleinen gefangen. Carnivor: Fische.
A *Crenimugli crenilabris* (Mugilidae, Meeräschen), 30 cm (bis zu 50 cm). Indo-Westpazifik. Bewohnt seichte Küstengewässer, dringt aber nicht in Flüsse vor. Speisefisch. Omnivor: Algen, kleine benthische Tiere, Detritus.

A *Crenimugli crenilabris.* Die Jungen sind in Japan weit verbreitet, adulte Exemplare jedoch selten.

A Eine Schule Barrakudas der Art *Spyraena jello.*

C *Atherion elymus*

B *Iso flosmaris*

D *Hypoatherina bleekeri*

E *Hypoatherina tsurugae*

F *Atherinomorus lacunosus*

G *Mugil cephalus cephalus*
Gestreifte Meeräsche

H *Liza haematocheila*

I *Liza macrolepis*

J *Liza vaigiensis*

K *Valamugil seheli*

ISONIDAE, FLÜGEL-ÄHRENFISCHE

B *Iso flosmaris,* 4 cm. Südjapan; in Küstennähe und Flutbecken. Carnivor: Zooplankton.

ATHERINIDAE, ÄHRENFISCHE

C *Atherion elymus,* 5 cm. Westpazifik; in Südjapan häufig an Küsten, die ins offene Meer übergehen. Carnivor: Zooplankton.

D *Hypoatherina bleekeri,* 10 cm (bis zu 15 cm). Ein häufiger Küstenfisch im Südlichen Japanischen und Ostchinesischen Meer. Carnivor: Zooplankton.

E *Hypoatherina tsurugae,* 10 cm (bis zu 15 cm). Ein häufiger Küstenfisch in Südjapan und an der Koreanischen Halbinsel. Carnivor: Zooplankton.

F *Atherinomorus lacunosus,* 10 cm (bis 13 cm). Indo-Westpazifik; häufig bei den Ryukyu-Inseln. Carnivor: Zooplankton.

MUGILIDAE, MEERÄSCHEN

G *Mugil cephalus cephalus,* Gestreifte Meeräsche, 40 cm. Weltweit in tropischen und gemäßigten Meeren; bewohnt auch Meeresarme. Omnivor: Algen Detritus, kleine benthische Tiere.

H *Liza haematocheila,* 50 cm. Japanisches und Ostchinesisches Meer; bewohnt auch Meeresarme, Jungfische auch Ästuarien. Speisefisch. Omnivor: Algen, Detritus, kleine benthische Tiere.

I *Liza macrolepis,* 25 cm (bis zu 33 cm). Indo-Westpazifik; bewohnt auch Meeresarme, Jungfische auch Ästuarien. Omnivor: Algen, Detritus, kleine benthische Tiere.

J *Liza vaigiensis,* 20 cm (bis 45 cm). Indo-Westpazifik; bewohnt flache Küstengewässer. Speisefisch. Omnivor: Algen, Detritus, kleine benthische Tiere.

K *Valamugil seheli,* 50 cm (bis zu 55 cm). Indo-Westpazifik; bewohnt flache Küstengewässer. Speisefisch. Omnivor: Algen, Detritus, kleine benthische Tiere.

A *Sphyraena barracuda*
Atlantischer Barrakuda

B *Sphyraena putnamiae*
Indomalayischer Barrakuda

C *Sphyraena forsteri*
Forsters Barrakuda

D *Sphyraena pinguis*

E *Sphyraena japonica*
Japanischer Barrakuda

F *Sphyraena africana*
Afrikanischer Barrakuda

G *Polydactylus plebius*

Sphyraenidae, Pfeilhechte, Barrakudas

A *Sphyraena barracuda,* Atlantischer Barrakuda, 80 cm (bis zu 150 cm). Weltweit in tropischen Meeren. Größte Art der Familie. Speisefisch. Carnivor: Fische.

B *Sphyraena putnamiae,* Indomalayischer Barrakuda, 60 cm (bis 90 cm). Indo-Westpazifik. Körperseite trägt viele winkelförmige Bänder. Carnivor: Fische.

C *Sphyraena forsteri,* Forsters Barrakuda, 60 cm. Indo-Westpazifik. Körper ohne Querstreifen oder Linien. Carnivor: Fische.

D *Sphyraena pinguis,* 30 cm. Südliches Japanisches und Ostchinesisches Meer. Häufiger Speisefisch; wird mit stehenden Netzen gefangen. Carnivor: Fische.

E *Sphyraena japonica,* Japanischer Barrakuda, 30 cm. Südliches Japanisches und Südchinesisches Meer. Wird mit stehenden- und Wandnetzen gefangen. Carnivor: Fische.

F *Sphyraena africana,* Afrikanischer Barrakuda, 50 cm. Ryukyu-Inseln und Südafrika. Speisefisch; wird mit Handleinen gefangen.
Carnivor: Fische.

Polynemidae, Fadenfische

G *Polydactylus plebius,* 30 cm (bis zu 50 cm). Indo-Westpazifik; bewohnt flache Küstengewässer. Carnivor: Krebse, Würmer.

Zackenbarsche und Seifenfische 11

Klasse: Knochenfische

Familie: Serranidae, Zackenbarsche · **Familie:** Grammistidae, Streifenbarsche

A *Plectropomus leopardus,* Leoparden-Zackenbarsch.

Zackenbarsche und Seifenfische

Säge- oder Zackenbarsche (Fam. Serranidae) sind auffällige Bewohner der meisten tropischen und einiger gemäßigter Riffzonen. Obwohl die meisten häufigen Arten weniger als 1 m lang werden, wachsen der Riesenzackenbarsch (Epinephelus itajara) und der mit ihm nahe verwandte Epinephelus lanceolatus auf wenigstens 2–3 m Gesamtlänge heran, wobei letzterer ein Gewicht von 400 kg erreichen kann. Sie leben am Boden oder in Bodennähe, oft in Höhlen, und ernähren sich hauptsächlich von Fischen und Krebsen. Zackenbarsche gehören zu den wichtigsten Speisefischen des Menschen in tropischen Regionen. Die meisten Arten sind Zwitter, d. h., sie verfügen sowohl über weibliche als auch über männliche Geschlechtsorgane, obwohl beide Geschlechtssysteme meist nicht gleichzeitig funktionieren. Gewöhnlich beginnt das Erwachsenenleben eines Zackenbarsches als Weibchen; später erfolgt der Wechsel zum männlichen Geschlecht. Es gibt etwa 370 Arten, die in viele Gattungen zusammengefaßt werden, darunter Epinephelus (ca. 90 Arten) und Cephalopholis (ca. 25 Arten), die beide in Korallenriffen häufig sind.

Die Seifenfische (Grammistidae; ca. 17 Arten) ähneln den Zackenbarschen im Aussehen und in ihren Lebensgewohnheiten. Man nimmt an, daß beide Familien nahe verwandt sind. Das gilt wahrscheinlich auch für verschiedene andere Fische, die in diesem Abschnitt vorgestellt werden (z. B. Lateolabrax, Stereolepis und Niphon), doch die genauen Verwandtschaftsverhältnisse sind noch nicht geklärt.

A Ein subadulter Schwarzrücken-Zackenbarsch, *Plectropomus laevis.*

B *Plectropomus areolatus.*

Serranidae, Zackenbarsche, Sägebarsche (alle Tiere dieses Kapitels mit Ausnahme von S. 112 C, D; S. 120 E – G)

◄ (S. 97) **A** *Plectropomus leopardus,* Leoparden-Zackenbarsch, 50 cm. Indo-Westpazifik; in größeren Tiefen an Korallenriffen recht häufig. Speisefisch. Carnivor: Fische.

A *Plectropomus laevis,* Schwarzrücken-Zackenbarsch, 40 cm. Indo-Westpazifik; bewohnt Korallenriffe. Speisefisch. Carnivor: Fische.

B *Plectropomus areolatus,* 60 cm. Indo-Westpazifik. Speisefisch; wird mit Handleinen gefangen. Carnivor: Fische.

C *Plectropomus laevis,* Schwarzrücken-Zackenbarsch, 100 cm (bis zu 120 cm). Bewohnt Korallenriffe im Indo-Westpazifik. Speisefisch. Carnivor: Fische.

C Ein adulter Schwarzrücken-Zackenbarsch, *Plectropomus laevis.*

A *Plectropomus maculatus,* Leoparden-Zackenbarsch.

A Ein adulter Mondflossen-Zackenbarsch, *Variola louti.*

B Ein junger Mondflossen-Zackenbarsch, *Variola louti.*

◄ (S. 100/101) **A** *Plectropomus maculatus,* Leoparden-Zackenbarsch, 100 cm. Indo-Westpazifik. Mitglieder der Gattung *Plectropomus* schwimmen oft mehrere Meter über dem Meeresboden. Speisefisch. Carnivor: Fische.

A *Variola louti,* Mondflossen-Zackenbarsch, 50 cm (bis zu 60 cm). Indo-Pazifik; in den äußeren Bezirken von Korallenriffen weitverbreitet. Speisefisch; wird mit Handleinen gefangen. Carnivor: Fische, Krebse.

B *Variola louti* (Jugendform), Mondflossen-Zackenbarsch, 10 cm. Indo-Pazifik; häufig an Korallenriffen. Carnivor: Fische, Krebse.

C *Variola albimarginata,* 40 cm. Indo-Westpazifik; häufig in den äußeren Bezirken von Korallenriffen. Die Schwanzflosse hat einen weißen hinteren Rand. Carnivor: Fische, Krebse.

D *Aethaloperca rogaa,* Rotmaulzackenbarsch, 25 cm. An Korallenriffen des Indo-Westpazifik weitverbreitet. Carnivor: Fische, Krebse.

C *Variola albimarginata.*

D *Aethaloperca rogaa,* Rotmaulzackenbarsch.

A *Cephalopholis argus,* Blaufleckiger Zackenbarsch.

B *Cephalopholis miniata,* Juwelenbarsch.

C *Cephalopholis cyanostigma.*

A *Cephalopholis argus,* Blaufleckiger Zackenbarsch, 35 cm (bis zu 40 cm). Korallenriffe desIndo-Pazifik. Farbschema variabel. Carnivor: Fische, Krebse.
B *Cephalopholis miniata,* Juwelenbarsch, 30 cm (bis zu 40 cm). Korallenriffe des Indo-Westpazifik. Carnivor: Fische und Krebse.
C *Cephalopholis cyanostigma,* 30 cm. Korallenriffe des Westpazifik. Carnivor: Fische, Krebse.

A *Cephalopholis sonnerati.*

B *Cephalopholis aurantius,* Orangefarbener Zackenbarsch.

C *Cephalopholis hemistiktos,* Rotmeer-Zackenbarsch.

A *Cephalopholis sonnerati,* 40 cm. Lebt in größeren Tiefen an Korallenriffen des Indo-Pazifik. Carnivor: Fische, Krebse.
B *Cephalopholis aurantius,* Orangefarbener Zackenbarsch, 15 cm. Korallenriffe des Indo-Pazifik. Carnivor: Fische, Krebse.
C *Cephalopholis hemistiktos,* Rotmeer-Zackenbarsch, 25 cm. Äußere Bereiche von Korallenriffen des Roten Meeres. Carnivor: Fische, Krebse.
D *Epinephelus tukula,* Riesenzackenbarsch, 80 cm (bis zu 150 cm). Äußere Regionen von Korallenriffen des Indo-Westpazifik. Carnivor: Fische, Krebse.

D *Epinephelus tukula,* Riesenzackenbarsch.

A *Epinephelus flavocaeruleus.*

B *Epinephelus poecilonotus.*

C *Epinephelus fasciatus,* Baskenmützen-Zackenbarsch.

A *Epinephelus flavocaeruleus,* 40 cm (bsi zu 70 cm). Häufig in der Nähe von Korallenriffen des Indo-Westpazifik. Speisefisch. Carnivor: Fische, Krebse.
B *Epinephelus poecilonotus,* 30 cm (bis zu 50 cm). Südliches Japanisches und Ostchinesisches Meer; lebt in ziemlich großen Tiefen auf felsigen Böden. Speisefisch. Carnivor: Fische, Krebse.
C *Epinephelus fasciatus,* Baskenmützen-Zackenbarsch, 30 cm. Felsen- und Korallenriffe des Indo-Pazifik. Speisefisch. Carnivor: Fische, Krebse.

A *Ellerkeldia mcculloch.*

B *Hypoplectrodes nigrorubrum.*

C *Othos dentex.*

A *Ellerkeldia mcculloch,* 20 cm. Südliches Australien. Carnivor: Krebse, Weichtiere.

B *Hypoplectrodes nigrorubrum,* 10 cm. Südliches Australien. Carnivor: Krebse, Fische.

C *Othos dentex,* 38 cm. Südwestaustralien. Carnivor: Fische.

D *Cromileptis altivelis,* 35 cm (bis zu 60 cm). Indo-Westpazifik. Beliebter Aquarienfisch. Carnivor: Fische.

D *Cromileptis altivelis* ist häufig in der Nähe von Felsen- und Korallen-

ritten anzutreffen.

A *Liopropoma latifasciatum.*

B *Belonoperca chabanaudi.*

C *Diploprion bifasciatum,* Harlekinbarsch.

D *Diploprion drachi.*

E *Paralabrax clathratus.*

A *Liopropoma latifasciatum,* 15 cm. Lebt in ziemlich großen Tiefen auf felsigen Böden. Carnivor: Fische, Krebse.
B *Belonoperca chabanaudi,* 10 cm. Indo-Pazifik; in Spalten von Korallenriffen anzutreffen. Carnivor: Fische, Krebse.
C *Diploprion bifasciatum,* Harlekinbarsch (GRAMMISTIDAE, STREIFENBARSCHE), 20 cm. Indo-Pazifik; in Spalten von Felsen- und Korallenriffen anzutreffen. Carnivor: Fische, Krebse.
D *Diploprion drachi* (GRAMMISTIDAE, STREIFENBARSCHE), 15 cm. Rotes Meer; in Spalten von Korallenriffen anzutreffen. Carnivor: Fische, Krebse.
E *Paralabrax clathratus,* 30 cm. Ostpazifik; in Seetangwälder zu finden. Carnivor: Fische, Krebse.
F *Dermatolepis striolatus,* 40 cm. Ein häufiger Fisch an Korallenriffen des westlichen Indischen Ozeans. Carnivor: Fische, Krebse.

F *Dermatolepis striolatus.*

A *Lateolabrax japonicus*

B *Lateolabrax latus*

C *Stereolepis doederleini*

E *Doederleinia berycoides*

D *Niphon spinosus*

A *Lateolabrax japonicus*, 50 cm. Japanisches und Ostchinesisches Meer. Sucht gelegentlich im Frühling und Sommer in Flüssen nach Nahrung. Carnivor: Fische, Krebse.

B *Lateolabrax latus*, 70 cm. Zentraljapan, in flachen felsigen Regionen. Speisefisch. Carnivor: Fische, Krebse.

C *Stereolepis doederleini*, 100 cm. Japan. Körperfarbe dunkelbraun, bei Jungfischen mit fünf weißen Bändern. Speisefisch. Carnivor: Fische.

D *Niphon spinosus*, 80 cm (bis zu 100 cm). Westpazifik. Speisefisch; wird mit vertikalen Langleinen oder Handleinen aus großen Tiefen über felsigen Böden gefangen. Carnivor: Fische.

E *Doederleinia berycoides*, 30 cm. Südjapan und Südkorea. Speisefisch; wird mit Schleppnetzen in weniger als 200 m Tiefe gefangen. Carnivor: Fische, Krebse, Weichtiere.

F *Gracila albomarginata*, 35 cm. Korallenriffe des Indo-Westpazifik. Schwimmt mehrere Meter über dem Grund. Carnivor: Fische.

G *Cephalopholis igarashiensis*, 25 cm. Südliches Japanisches und Ostchinesisches Meer. Hochrückigster Vertreter der Gattung. Speisefisch. Carnivor: Fische.

H *Cephalopholis boenack*, Blaustreifenbarsch, 20 cm. Korallenriffe des Indo-Westpazifik. Speisefisch. Carnivor: Krebse, Fische.

F *Gracila albomarginata*

G *Cephalopholis igarashiensis*

H *Cephalopholis boenack*
Blaustreifenbarsch

I *Cephalopholis urodela*
Feuerbarsch

J *Cephalopholis leopardus*
Leopardenbarsch

K *Cephalopholis sexmaculata*
Sechsflecken-Zackenbarsch

L *Cephalopholis analis*

M *Epinephelus cyanopodus*

N *Epinephelus chlorostigma*
Braunpunkt-Zackenbarsch

I *Cephalopholis urodela,* Feuerbarsch, 17 cm. Korallenriffe des Indo-Westpazifik. Eine kleine Art. Carnivor: Fische, Krebse.
J *Cephalopholis leopardus,* Leopardenbarsch, 17 cm. Korallenriffe des Indo-Westpazifik. Eine kleine Art. Carnivor: Fische, Krebse.
K *Cephalopholis sexmaculata,* Sechsflecken-Zackenbarsch, 30 cm. Bewohnt Korallenriffe im Indo-Pazifik.
Carnivor: Fische, Krebse.

L *Cephalopholis analis,* 40 cm. Zentral- und Westpazifik. Speisefisch; wird aus großen Tiefen mit Handleinen gefangen.Carnivor: Fische, Krebse.
M *Epinephelus cyanopodus,* 30 cm. Indo-Westpazifik. Körperstand hoch, Schwanzflosse abgestumpft. Speisefisch. Carnivor: Fische, Krebse.
N *Epinephelus chlorostigma,* Braunpunkt-Zackenbarsch, 40 cm. Indo-Westpazifik. Schwanzflosse abgestumpft. Speisefisch; wird mit Handleinen gefangen. Carnivor: Fische, Krebse.

B *Epinephelus merra*
Bienenwaben-Zackenbarsch

C *Epinephelus melanostigma*

A *Epinephelus hexagonatus*

D *Epinephelus quoyanus*

E *Epinephelus maculatus*

F *Epinephelus howlandi*
Howlands Zackenbarsch

G *Epinephelus trimaculatus*

H *Epinephelus akaara*

A *Epinephelus hexagonatus,* 15 cm. Korallenriffe des Indo-Pazifik. Eine kleine Art. Carnivor: Fische, Krebse.
B *Epinephelus merra,* Bienenwaben-Zackenbarsch, 15 cm. Indo-Westpazifik; häufig in Lagunen. Speisefisch; wird mit Handleinen gefangen. Carnivor: Fische, Krebse.
C *Epinephelus melanostigma,* 25 cm. Korallenriffe des Indo-Pazifik. Speisefisch. Carnivor: Fische, Krebse.
D *Epinephelus quoyanus,* 27 cm. Korallenriffe des Indo-Westpazifik. Speisefisch. Carnivor: Fische und Krebse.
E *Epinephelus maculatus,* 40 cm. Korallenriffe des Indo-Westpazifik. Speisefisch. Carnivor: Fische, Krebse.
F *Epinephelus howlandi,* Howlands Zackenbarsch, 40 cm. Korallenriffe des Indo-Westpazifik. Speisefisch. Carnivor: Fische, Krebse.
G *Epinephelus trimaculatus,* 35 cm. Südliches Japanisches und Ostchinesisches Meer; lebt auf Felsenböden. Speisefisch. Carnivor: Fische, Krebse.
H *Epinephelus akaara,* 30 cm. Südliches Japanisches und Ostchinesisches Meer; auf Felsenböden weitverbreitet. Speisefisch. Carnivor: Fische, Krebse.
I *Epinephelus ongus,* 30 cm. In Lagunen im Indo-Westpazifik weitverbreitet. Speisefisch; wird mit Handleinen gefangen. Carnivor: Fische, Krebse.

I *Epinephelus ongus*

J *Epinephelus caeruleopunctatus*
Weißtüpfelbarsch

K *Epinephelus retouti*

L *Epinephelus areolatus*

M *Epinephelus rivulatus*

N *Epinephelus awoara*

O *Epinephelus epistictus*

P *Epinephelus fasciatomaculatus*

J *Epinephelus caeruleopunctatus,* Weißtüpfelbarsch, 30 cm (bis zu 40 cm). Korallenriffe des Indo-Westpazifik. Speisefisch.
Carnivor: Fische, Krebse.
K *Epinephelus retouti,* 30 cm. Indo-Westpazifik; in Tiefen unter 70 m zu finden. Speisefisch. Carnivor: Fische, Krebse.
L *Epinephelus areolatus,* 30 cm (bis zu 40 cm). Felsige Korallenriffe des Indo-Westpazifik. Carnivor: Fische, Krebse.
M *Epinephelus rivulatus,* 25 cm. Indo-Westpazifik. Wird mit Handleinen an Klippen und Korallenriffen gefangen. Carnivor: Fische, Krebse.
N *Epinephelus awoara,* 30 cm. Südiliches Japanisches und Ostchinesisches Meer; in gemäßigten Gewässern weitverbreitet. Speisefisch. Carnivor: Fische, Krebse.
O *Epinephelus epistictus,* 20 cm. Südliches Japanisches und Ostchinesisches Meer; in relativ großen Tiefen anzutreffen. Speisefisch. Carnivor: Fische, Krebse.
P *Epinephelus fasciatomaculatus,* 20 cm. Südliches Japanisches und Ostchinesisches Meer; in relativ großen Tiefen anzutreffen. Speisefisch. Carnivor: Fische, Krebse.

A *Epinephelus suillus*

B *Epinephelus malabaricus*

C *Epinephelus bruneus*

D *Epinephelus microdon*
Marmor-Zackenbarsch

E *Epinephelus fuscoguttatus*
Gefleckter Zackenbarsch

A *Epinephelus suillus,* 60 cm (bis zu 80 cm). Indo-Westpazifik. Speisefisch; wird mit Handleinen gefangen. Carnivor: Fische, Krebse.
B *Epinephelus malabaricus,* 50 cm (bis zu 100 cm Gesamtlänge). Indo-Westpazifik. Speise- und Sportfisch; wird mit Hand- und Langleinen, gelegentlich auch in Ästuarien, gefangen. Carnivor: Fische, Krebse.
C *Epinephelus bruneus,* 60 cm (bis zu über 100 cm). Südliches Japanisches und Ostchinesisches Meer. Guter Speise- und Sportfisch; wird mit Land- und Handleinen über felsigen Böden gefangen. Carnivor: Fische, Krebse.
D *Epinephelus microdon,* Marmor-Zackenbarsch, 50 cm (bis zu 70 cm). Korallenriffe des Indo-Westpazifik. Speisefisch.
Carnivor: Fische, Krebse.
E *Epinephelus fuscoguttatus,* Gefleckter Zackenbarsch, 50 cm (bis zu 80 cm). Korallenriffe des Indo-Westpazifik. Speisefisch. Carnivor: Fische, Krebse.
F *Epinephelus tauvina,* Braunflecken-Zackenbarsch, 50 cm. Korallenriffe des Indo-Westpazifik. Speisefisch; wird mit Handleinen gefangen. Carnivor: Fische, Krebse.

G *Epinephelus latifasciatus*

F *Epinephelus tauvina*
Braunflecken-Zackenbarsch

H *Epinephelus miliaris*

I *Epinephelus septemfasciatus*

J *Epinephelus mystacinus*

K *Epinephelus morrhua*

G *Epinephelus latifasciatus,* 45 cm. Südliches Japanisches und Ostchinesisches Meer; bewohnt tiefgelegene Felsenböden. Speisefisch. Carnivor: Krebse, Fische.

H *Epinephelus miliaris,* 25 cm (bis zu 32 cm). Indo-Westpazifik; bewohnt tiefgelegene Felsenböden. Speisefisch. Carnivor: Krebse, Fische.

I *Epinephelus septemfasciatus,* 60 cm. Bewohnt tiefgelegene Felsenböden im südlichen Japan. Speisefisch. Carnivor: Fische, Krebse.

J *Epinephelus mystacinus,* 60 cm. Südliches Japanisches und Südchinesisches Meer, Galapagos-Inseln und Karibik. Speisefisch. Carnivor: Fische, Krebse.

K *Epinephelus morrhua,* 60 cm. Südliches Japanisches und Ostchinesisches Meer. Speisefisch; wird aus großen Tiefen mit Handleinen gefangen. Carnivor: Fische, Krebse.

A *Epinephelus radiatus*

B *Epinephelus lanceolatus*
Gestreifter Riesenbarsch

C *Anyperodon leucogrammicus*
Schlanker Zackenbarsch

D *Liopropoma susumi*

E *Grammistes sexlineatus*
Goldstreifenbarsch

F *Aulacocephalus temmincki*

G *Pogonoperca punctata*
Tüpfel-Seifenfisch

A *Epinephelus radiatus,* 30 cm (bis zu 40 cm). Indo-Westpazifik. Speisefisch; wird über tiefgelegenen Felsenböden mit Handleinen gefangen. Carnivor: Fische, Krebse.
B *Epinephelus lanceolatus,* Gestreifter Riesenbarsch, 35 cm (wird aber bis zu 300 cm lang). Indo-Pazifik. Die größte Art der Familie. Speise- und Sportfisch; wird, jedoch selten, mit Handleinen gefangen. Carnivor: Fische, Krebse.
C *Anyperodon leucogrammicus,* Schlanker Zackenbarsch, 32 cm. Korallenriffe des Indo-Westpazifik. Farbschema variabel. Genießbar. Carnivor: Fische, Krebse.
D *Liopropoma susumi,* 6 cm (bis zu 8 cm). Westpazifik; in Spalten von Korallenriffen anzutreffen. Carnivor: Fische, Krebse.

Grammistidae, Streifenbarsche
E *Grammistes sexlineatus,* Goldstreifenbarsch, 10 cm (bis zu 27 cm). Lebt in flachem Wasser in Felsspalten im Indo-Pazifik.
Carnivor: Krebse, Fische.
F *Aulacocephalus temmincki,* 20 cm (bis zu 25 cm). Indo-Pazifik; lebt in Felsenregionen in 10 bis 70 m Tiefe.
Carnivor: Fische, Krebse.
G *Pogonoperca punctata,* Tüpfel-Seifenfisch, 30 cm. Korallen- und Felsenriffe des Indo-Westpazifik. Vorne am Unterkiefer sitzt ein großer Hautlappen.
Carnivor: Fische, Krebse.

Fahnenbarsche und Rundköpfe 12

Klasse: Knochenfische

Familie: Serranidae, Zackenbarsche, Sägebarsche

Familie: Pseudochromidae, Zwergzackenbarsche · **Familie:** Plesiopidae

A *Sacura margaritacea* (♂).

Fahnenbarsche, Rundköpfe und Zwergzackenbarsche

Fahnenbarsche (Fam. Anthiidae) sind eng mit den Zackenbarschen verwandt. Die meisten der rund 100 Arten findet man in tropischen und subtropischen Riffen. Es sind kleine (meist unter 20 cm lange) Fische, die ein breites Spektrum leuchtender Farben aufweisen, insbesondere Rot-, Purpur- und Gelbschattierungen. Riesige Schulen bunter Fahnenbarsche sind in der Nähe von steilen äußeren Riffhängen in der ganzen indo-westpazifischen Region ein häufiger Anblick. Man kann sie in seichtem Wasser, aber auch bis in Tiefen von wenigstens 200 m finden. Wie die Zackenbarsche sind sie Zwitter, bei denen sich erwachsene Weibchen in funktionstüchtige Männchen umwandeln können. Viele Arten haben eine Harem-artige Sozialstruktur entwickelt, bei der ein einzelnes dominantes Männchen mit mehreren Weibchen zusammenlebt. Die Färbungen von Männchen und Weibchen können sich stark unterscheiden (Geschlechtsdimorphismus).

Rundköpfe (Plesiopidae; ca. 23 Arten) und Zwergzackenbarsche (Pseudochromidae; ca. 65 Arten) sind ebenfalls mit Zackenbarschen verwandt, aber gewöhnlich viel kleiner (meist unter 20 cm). Sie führen ein verstecktes Leben und bewohnen im ganzen tropischen Indopazifik Höhlen und Spalten im Riff.

A *Sacura margaritacea* (♀).

B *Callanthias japonicus.*

C *Anthias leucozonus.*

SERRANIDAE, ZACKENBARSCHE, SÄGEBARSCHE (bis einschließlich S. 129)

◄ (S. 121) **A, A** *Sacura margaritacea,* ♂ 13 cm, ♀ 10 cm. Südliches Japan. Fahnenbarsche sind gewöhnlich protogyne Zwitter. Carnivor: Zooplankton.

B *Callanthias japonicus,* Japanischer Fahnenbarsch, 20 cm. Südliches Japanisches und Ostchinesisches Meer. Speisefisch. Carnivor: Zooplankton.

C *Anthias leucozonus,* 9 cm. Bislang nur von der Izu-Halbinsel in Japan bekannt. Carnivor: Zooplankton.

D *Anthias fasciatus,* 15 cm. Südliches Japan und Australien; lebt auf Felsenböden in über 30 m Tiefe. Carnivor: Zooplankton.

E *Anthias elongatus,* 13 cm. Südjapan; lebt auf Felsenböden in über 30 m Tiefe. Carnivor: Zooplankton.

D *Anthias fasciatus.*

E *Anthias elongatus* (♂).

A *Anthias luzonensis* (♂).

B *Anthias taeniatus.*

A *Anthias luzonensis,* 15 cm. Westpazifik; an Korallenriffen in über 15 m Tiefe anzutreffen. Carnivor: Zooplankton.

B *Anthias taeniatus,* 10 cm. Rotes Meer; an steilen Korallenhängen in über 20 m anzutreffen. Carnivor: Zooplankton.

C *Anthias truncatus,* 12 cm. Westpazifik; lebt an Korallenriffen in über 10 m Tiefe. Carnivor: Zooplankton.

D *Anthias cooperi,* 12 cm. Indo-Westpazifik; häufig an Korallen- und Felsenriffen in über 10 m Tiefe. Carnivor: Zooplankton.

C *Anthias truncatus* (♂).

D *Anthias cooperi* (♂).

A *Anthias bicolor,* Zweifarben-Fahnenbarsch.

B *Anthias flavoguttatus.*

C *Nemanthias carberryi.*

A *Anthias bicolor,* Zweifarben-Fahnenbarsch, 10 cm. Korallenriffe des Indo-Westpazifik. Carnivor: Zooplankton.
B *Anthias flavoguttatus,* 8 cm. Izu, Japan, in Tiefen über 40 m. Carnivor: Zooplankton.
C *Nemanthias carberry,* 8 cm. Korallenriffe des Indischen Ozeans. Carnivor: Zooplankton.
D Ein Schwarm *Anthias lori,* 7 cm. Zentralpazifik; in Korallenriffen der Philippinen weitverbreitet. Carnivor: Zooplankton.

D Ein Schwarm *Anthias lori.*

A *Anthias dispar.*

B *Anthias tuka* (♂).

C *Anthias pascalus* (♂).

D *Anthias bartlettorum* (♂).

E *Anthias smithvanizi,* Smith-Vanitz' Fahnenbarsch.

A *Anthias dispar.*
B *Anthias tuka,* 10 cm. Korallenriffe des Westpazifik. Carnivor: Zooplankton.
C *Anthias pascalus,* 10 cm. Westpazifik; sehr häufig bei den Philippinen und Palau. Carnivor: Zooplankton.
D *Anthias bartlettorum,* 13 cm. Westpazifik; sehr häufig an japanischen Korallenriffen. Carnivor: Zooplankton.
E *Anthias smithvanizi,* Smith-Vanitz' Fahnenbarsch, 6 cm. Korallenriffe des Indo-Westpazifik. Carnivor: Zooplankton.
F *Anthias evansi,* 8 cm. Indischer Ozean; sehr häufig in den Korallenriffen der Malediven. Carnivor: Zooplankton.

F *Anthias evansi.*

A *Pseudochromis fridmani,* Fridmanns Zwergbarsch.

B *Pseudochromis springeri,* Springers Zwergbarsch.

C *Pseudochromis melas.*

D *Pseudochromis paccagnellae,* Nixenbarsch oder Paccagnellas Zwergbarsch.

E *Pseudochromis flavivertex,* Gelbrücken-Zwergbarsch.

F *Pseudochromis dutoiti,* Indischer Zwergbarsch.

PSEUDOCHROMIDAE, ZWERGZACKENBARSCHE

A *Pseudochromis fridmani,* Fridmanns Zwergbarsch, 8 cm. Gewöhnlich an vertikalen Hängen im Roten Meer anzutreffen. Carnivor: Krebse.

B *Pseudochromis springeri,* Springers Zwergbarsch, 6 cm. Korallenriffe des Roten Meeres. Carnivor: Krebse.

C *Pseudochromis melas,* 8 cm. Indischer Ozean; lebt oft in Felsspalten. Carnivor: Krebse.

D *Pseudochromis paccagnellae,* Nixenbarsch oder Paccagnellas Zwergbarsch, 6 cm. Westpazifik und östlicher Indischer Ozean. Carnivor: Krebse.

E *Pseudochromis flavivertex,* Gelbrücken-Zwergbarsch, 6 cm. Korallenriffe des Roten Meeres und des Golfs von Aden. Carnivor: Krebse.

F *Pseudochromis dutoiti,* Indischer Zwergbarsch, 6 cm. Westlicher Indischer Ozean. Carnivor: Krebse.

G *Paraplesiops meleagris.*

H *Trachinops noarlungae,* Gelbkopf-Hulafisch.

I *Trachinops taeniatus,* Östlicher Hulafisch.

PLESIOPIDAE

G *Paraplesiops meleagris,* 23 cm (bis zu 30 cm). Südwestaustralien; lebt in Höhlen und unter Vorsprüngen. Carnivor: Fische, Krebse.

H *Trachinops noarlungae,* Gelbkopf-Hulafisch, 9 cm. Südwestaustralien; lebt in felsigen Regionen; schwimmt über dem Grund. Carnivor: Krebse, Fische, Larven.

I *Trachinops taeniatus,* Östlicher Hulafisch, 12 cm. Südwestaustralien; lebt in felsigen Regionen; schwimmt über dem Grund. Carnivor: Krebse, Fische, Larven.

A *Chelidoperca hirundinacea*

B *Plectranthias kellogi azumanus*

C *Plectranthias yamakawai*

D *Plectranthias kamii*

E *Plectranthias japonicus*

F *Plectranthias longimanus*

G *Plectranthias sagamiensis*

H *Plectranthias altipinnatus*

Serranidae, Zackenbarsche, Sägebarsche (bis S. 135)

A *Chelidoperca hirundinacea,* 15 cm. Südliches Japanisches und Ostchinesisches Meer; lebt in 100 bis 200 m Tiefe über Sand- und Schlammböden. Speisefisch. Carnivor: Fische, Krebse.

B *Plectranthias kellogi azumanus,* 12 cm. Südjapan; lebt tiefer als 30 m über Felsenböden. Carnivor: Krebse, Fische.

C *Plectranthias yamakawai,* 20 cm. Nur von den Ryukyu-Inseln in Südjapan bekannt; lebt in großen Tiefen. Carnivor: Krebse, Fische.

D *Plectranthias kamii,* 20 cm. Südjapan. Wird aus großen Tiefen mit Handleinen gefangen. Carnivor: Krebse, Fische.

E *Plectranthias japonicus,* 12 cm. Westpazifik. Speisefisch; wird aus großen Tiefen mit Schleppnetzen gefangen. Carnivor: Krebse, Fische.

F *Plectranthias longimanus,* 3 cm. Indo-Westpazifik; in Tiefen zwischen 20 und 50 m in Höhlen oder unter Vorsprüngen anzutreffen. Carnivor: Krebse.

G *Plectranthias sagamiensis,* 3 cm. Südjapan; lebt in über 40 m Tiefe auf Felsengrund. Carnivor: Krebse.

H *Plectranthias altipinnatus,* 4 cm. Nur von der Izu-Halbinsel in Südjapan bekannt. In mehr als 40 m Tiefe auf Felsenböden anzutreffen. Carnivor: Krebse.

I *Odontanthias unimaculatus*

J *Odontanthias flagris*

K *Holanthias katayamai*

L *Holanthias borbonius*

M *Serranocirrhitus latus*
Hochrücken-Fahnenbarsch

O *Tosanoides flavofasciatus* (♂)

N *Tosanoides filamentosus*

P *Tosanoides flavofasciatus* (♀)

I *Odontanthias unimaculatus,* 16 cm (bis zu 20 cm). Südjapan, in mehr als 50 m Tiefe auf felsigen Böden. Carnivor: Zooplankton.
J *Odontanthias flagris,* 20 cm. Nur von den Ryukyu-Inseln in Südjapan bekannt. Lebt in großen Tiefen. Carnivor: Zooplankton.
K *Holanthias katayamai,* 20 cm (bis zu 25 cm). Westpazifik; lebt in großen Tiefen über felsigen Böden. Carnivor: Zooplankton.
L *Holanthias borbonius,* 10 cm. Indo-Westpazifik; in ziemlich großen Tiefen über Felsenböden anzutreffen. Carnivor: Zooplankton.
M *Serranocirrhitus latus,* Hochrücken-Fahnenbarsch, 6 cm (bis zu 10 cm). Westpazifik; lebt in Höhlen oder unter Vorsprüngen in Korallenriffen. Carnivor: Zooplankton.
N *Tosanoides filamentosus,* 10 cm. Zentraljapan; lebt über Felsenböden in 40 bis 100 m Tiefe. Carnivor: Zooplankton.
O, P *Tosanoides flavofasciatus,* ♂ 7 cm, ♀ 6 cm. Südjapan, Melanesien; lebt in großen Tiefen.
Carnivor: Zooplankton.

A *Caprodon schlegelii* (♂)

B *Caprodon schlegelii* (♀)

C *Anthias squamipinnis* (♂)
Fahnenbarsch (♂)

E *Anthias huchtii* (♂)
Huchts Fahnenbarsch

D *Anthias squamipinnis* (♀)
Fahnenbarsch (♀)

F *Anthias huchtii* (♀)
Huchts Fahnenbarsch

G *Anthias pleurotaenia* (♂)

H *Anthias pleurotaenia* (♀)

A, B *Caprodon schlegelii,* ♂ 35 cm, ♀ 25 cm. Pazifik. Speisefisch; wird aus großen Tiefen mit Handleinen gefangen. Carnivor: Zooplankton.
C, D *Anthias squamipinnis,* Fahnenbarsch, ♂ 10 cm, ♀ 7 cm. Indo-Westpazifik; sehr häufig in den Küstengewässern Japans.
Carnivor: Zooplankton.

E, F *Anthias huchtii,* Huchts Fahnenbarsch, ♂ 8 cm, ♀ 6 cm. Westpazifik; in den Korallenriffen der Philippinen weitverbreitet. Carnivor: Zooplankton.
G, H *Anthias pleurotaenia,* ♂ 10 cm, ♀ 8 cm. Indo-Westpazifik; in 20 bis 40 m Tiefe an vertikalen Abhängen von Korallenriffen anzutreffen. Aquarienfisch. Carnivor: Zooplankton.

J *Anthias rubrizonatus (♂)*

I *Anthias caudalis*

K *Anthias rubrizonatus (♀)*

L *Luzonichthys waitei*

M *Giganthias immaculatus*

N *Symphysanodon katayamai*

I *Anthias caudalis,* 12 cm. Südjapan; auf felsigen Böden in Tiefen von 50 bis 100 m anzutreffen. Eine seltene Art. Carnivor: Zooplankton.
J, K *Anthias rubrizonatus,* ♂ 10 cm, ♀ 8 cm. Westpazifik; lebt in 20 bis 30 m Tiefe an Korallenriffen und auf felsigen Böden. Carnivor: Zooplankton.
L *Luzonichthys waitei,* 6 cm. Äußere Bereiche von Korallenriffen des Westpazifik. Carnivor: Zooplankton.
M *Giganthias immaculatus,* 25 cm. Südjapan. Speisefisch; wird aus großen Tiefen über felsigen Böden mit Handleinen gefangen.
Carnivor: Zooplankton.
N *Symphysanodon katayamai* (SYMPHYSANODONTIDAE), 20 cm. Lebt in großen Tiefen an Felsenriffen in Südjapan. Speisefisch; wird (selten) mit Handleinen gefangen. Carnivor: Zooplankton.

A *Pseudochromis melanotaenia*

B *Pseudochromis diadema*
Diadem-Zwergzackenbarsch

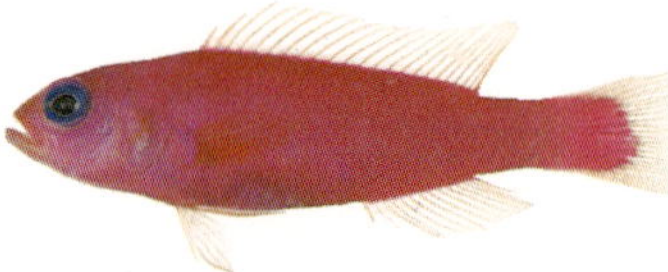

C *Pseudochromis porphyreus*

D *Labracinus cyclophthalma*
Augenring-Zwergbarsch

E *Labracinus melanotaenia*

F *Assessor randalli*

G *Plesiops coeruleolineatus*

H *Plesiops nakaharae*

I *Calloppresiops altivelis*

PSEUDOCHROMIDAE, ZWERGZACKENBARSCHE

A *Pseudochromis melanotaenia,* 5 cm. Westpazifik; bewohnt Spalten in Korallenriffen. Carnivor: Krebse.

B *Pseudochromis diadema,* Diadem-Zwergzackenbarsch, 5 cm. Westpazifik; in Flutbecken und Lagunen anzutreffen. Carnivor: Krebse.

C *Pseudochromis porphyreus,* 5 cm. Westpazifik; häufig bei den Philippinen; lebt an steilen Hängen. Carnivor: Krebse.

D *Labracinus cyclophthalma,* Augenring-Zwergbarsch, 13 cm (bis zu 20 cm). Korallenriffe des Indo-Westpazifik.
Carnivor: Krebse, Fische.

E *Labracinus melanotaenia,* 20 cm (bis zu 25 cm). Korallenriffe des Westpazifik. Carnivor: Krebse, Fische.

F *Assessor randalli,* 5 cm. Indo-Westpazifik; gewöhnlich unter Vorsprüngen anzutreffen. Carnivor: Krebse.

G *Plesiops coeruleolineatus,* 6 cm. Indo-Westpazifik; unter Steinen oder Korallen in Flutbecken und Lagunen zu finden. Carnivor: Krebse.

H *Plesiops nakaharae,* 11 cm (bis zu 14 cm). Südjapan; unter Steinen zu finden. Carnivor: Krebse.

I *Calloppresiops altivelis,* 10 cm (bis zu 12 cm). Indo-Pazifik; lebt in Höhlen oder unter Vorsprüngen. Carnivor: Krebse, Fische.

Kardinalfische und Großaugen 13

Klasse: Knochenfische

Familie: Apogonidae, Kardinalbarsche
Familie: Priacanthidae, Großaugenbarsche

A *Apogon semilineatus.*

Kardinalfische und Großaugen

Kardinalfische (Fam. Apogonidae) sind kleine, riffbewohnende Fische in tropischen und gemäßigten Meeren. Einige Arten leben in Ästuarien oder sogar im Süßwasser, doch die meisten der schätzungsweise 170 Arten findet man in indopazifischen Korallenriffen. Die meisten dieser Fische sind nachtaktiv und verbringen den Tag in dunklen Höhlen und Spalten oder unter Überhängen. Mit Beginn der Dunkelheit kommen sie aus ihren Verstekken hervor, um Fische und Krebse zu jagen. Einige wenige Arten, z. B. Vertreter der Gattung Rhabdamia, bilden dichtgepackte Schulen im offenen Wasser, die die gesamte Korallenformation buchstäblich einhüllen. Männliche Kardinalfische tragen den befruchteten Eiklumpen mehrere Tage lang bis zum Schlüpfen der Jungen im Maul mit sich herum (Maulbrüter).

Großaugen (Priacanthidae) sind zwar nicht besonders eng mit Kardinalfischen verwandt, zeigen aber ein ähnliches Verhalten. Sie sind nachtaktiv und verstecken sich tagsüber in Höhlen. Diese Fische sind gewöhnlich leuchtend rot gefärbt, können aber bei einigen Arten in Sekundenschnelle zu einem matten Silbergrau überwechseln. Die etwa 20 bekannten Arten sind in ihrer Verbreitung auf die indopazifische Region beschränkt. Sie erreichen maximal eine Gesamtlänge von 60 cm und gelten als vorzügliche Speisefische.

A *Apogon ruppelli,* Rüppells Kardinal.

B *Apogon cookii,* Cooks Kardinal.

C *Apogon victoriae.*

APOGONIDAE, KARDINALBARSCHE (alle Fische dieses Kapitels außer S. 143 B und S. 148)

◀ (S. 137) **A** *Apogon semilineatus,* 8 cm. Japan und Philippinen; schwimmt in Schulen über felsigen Böden. Carnivor: Krebse.

A *Apogon ruppelli,* Rüppells Kardinal, 8 cm. Felsenriffe Westaustraliens und des australischen Northern Territory. Carnivor: Krebse.

B *Apogon cookii,* Cooks Kardinal, 8 cm. In Höhlen oder unter Vorsprüngen im Indo-Pazifik anzutreffen. Carnivor: Krebse.

C *Apogon victoriae,* 8 cm. In felsigen Regionen Südwestaustraliens zu finden. Carnivor: Krebse.

D *Apogon* sp.

E *Apogon sangiensis.*

F *Apogon chrysopomus.*

G *Apogon maculiferus.*

H *Apogon norfolcensis.*

I *Apogon trimaculatus,* Dreifleck-Kardinal.

D *Apogon* sp., 8 cm. Korallenriffe des Indo-Westpazifik. Carnivor: Krebse.
E *Apogon sangiensis,* 5 cm. Indo-Westpazifik. Carnivor: Krebse.
F *Apogon chrysopomus,* 9 cm. Korallenriffe des Westpazifik. Carnivor: Krebse.
G *Apogon maculiferus,* 9 cm. Zentralpazifik; lebt in Höhlen und unter Vorsprüngen. Carnivor: Krebse.
H *Apogon norfolcensis,* 10 cm. Westpazifik. Carnivor: Krebse.
I *Apogon trimaculatus,* Dreifleck-Kardinal, 7 cm. Westpazifik; in Höhlen und unter Vorsprüngen anzutreffen. Carnivor: Krebse.
J *Apogon compressus,* Goldstreifen-Kardinalbarsch, 9 cm. Indo-Pazifik; zwischen verzweigten Korallen zu finden. Carnivor: Krebse.

J *Apogon compressus,* Goldstreifen-Kardinalbarsch.

A *Archamia lineolata.*

B *Archamia fucata.*

C *Archamia dispilus.*

A *Archamia lineolata,* 7 cm. Indo-Pazifik; lebt in kleinen Schulen in Höhlen. Carnivor: Krebse.
B *Archamia fucata,* 7 cm. Indo-Pazifik; lebt in kleinen Schulen in Höhlen und unter Vorsprüngen. Carnivor: Krebse.
C *Archamia dispilus,* 6 cm. Westpazifik; lebt in kleinen Schulen in Höhlen. Carnivor: Krebse.
D *Archamia costerophora,* 6 cm. Westpazifik; lebt in Schulen zwischen verzweigten Korallen. Carnivor: Krebse.

D Ein Schwarm *Archamia costerophora* bei den Philippinen.

A *Cheilodipterus lineatus.*

A *Cheilodipterus lineatus,* 15 cm. Indo-Pazifik; gewöhnlich zwischen Korallen oder in Höhlen zu finden.
Carnivor: Krebse.

B *Priacanthus hamrur,* Großauge (PRIACANTHIDAE, GROßAUGENBARSCHE), 30 cm (bis zu 35 cm). Korallenriffe des Westpazifik. Farbe variabel. Speisefisch; wird mit Handleinen oder Wandnetzen gefangen. Carnivor: Fische.

B *Priacanthus hamrur,* ein „Großauge".

A *Fowleria variegata*

C *Foa brachygramma*

B *Fowleria aurita*

D *Siphamia versicolor*

E *Cheilodipterus quinquelineatus*
Fünfstreifen-Wolfskardinal

F *Cheilodipterus macrodon*

G *Coranthus polyacanthus*

H *Apogon doryssa*

I *Apogon coccineus*

A *Fowleria variegata*, 6 cm. Indo-Pazifik; lebt zwischen Korallen oder in Höhlen. Carnivor: Krebse.
B *Fowleria aurita*, 7 cm. Höhlen und felsige Regionen des Indo-Pazifik. Carnivor: Krebse.
C *Foa brachygramma*, 5 cm. Indo-Westpazifik; in Seegraswiesen *Zostra* und unter Steinen an küstennahen Riffen zu finden. Carnivor: Krebse.
D *Siphamia versicolor*, 4 cm. Indo-Pazifik; zwischen *Diadema*-Seeigeln an flachen Korallenriffen anzutreffen. Carnivor: Krebse.
E *Cheilodipterus quinquelineatus*, Fünfstreifen-Wolfskardinal, 9 cm. Indo-Pazifik; häufig zwischen Korallen oder in Höhlen zu finden. Carnivor: Krebse.
F *Cheilodipterus macrodon*, 12 cm. Indo-Westpazifik; lebt zwischen Korallen und in Höhlen. Carnivor: Krebse
G *Coranthus polyacanthus*, 22 cm. Indo-Westpazifik. Wird aus ziemlich tief gelegenen Felsenregionen mit Handleinen und Langleinen gefangen. Carnivor: Krebse.
H *Apogon doryssa*, 6 cm. Westpazifik; lebt in Höhlen und unter Vorsprüngen in Korallen- und Felsenriffen. Carnivor: Krebse.
I *Apogon coccineus*, 5 cm. Indo-Pazifik; in Höhlen oder unter Vorsprüngen in Korallenriffen anzutreffen.
Carnivor: Krebse.

J *Apogon* sp.

K *Apogon lineatus*

L *Apogon fuscus*

M *Apogon bifasciatus*
Suez-Kardinal

N *Apogon guamensis*

O *Apogon fasciatus*

P *Apogon notatus*

R *Apogon melas*

Q *Apogon apogonides*
Goldener Kardinalfisch

J *Apogon* sp., 9 cm. Südjapan; lebt in ca. 40 m Tiefe an Felsenriffen. Carnivor: Krebse.
K *Apogon lineatus,* 8 cm. Westpazifik; lebt auf tiefgelegenen Sand- und Schlammböden. Carnivor: krebse.
L *Apogon fuscus,* 7 cm. Westpazifik; lebt an Korallenriffen in Lagunen und Flutbecken. Carnivor: Krebse.
M *Apogon bifasciatus,* , Suez-Kardinal, 8 cm. Indo-Westpazifik; häufig an Korallenriffen in Lagunen und Flutbecken. Carnivor: Krebse.
N *Apogon guamensis,* 12 cm. Westpazifik; an Korallenriffen oder an Felsen auf sandigen und schlammigen Böden anzutreffen. Carnivor: Krebse.
O *Apogon fasciatus,* 8 cm. Indo-Westpazifik; gewöhnlich auf Sand- und Schlammböden von Buchten und Meeresarmen zu finden. Carnivor: Krebse.
P *Apogon notatus,* 10 cm. Westpazifik; lebt in Schulen an küstennahen Felsenriffen. Carnivor: Krebse.
Q *Apogon apogonides,* Goldener Kardinalfisch, 10 cm. Indo-Westpazifik; lebt in kleinen Schulen an küstennahen Felsenriffen. Carnivor: Krebse.
R *Apogon melas,* 11 cm. Westpazifik; in Höhlen oder unter Vorsprüngen an Korallenriffen zu finden.
Carnivor: Krebse.

A *Apogon doederleini*
Döderleins Kardinal

B *Apogon endekataenia*
Siebenstreifen-Kardinal

C *Apogon cyanosoma*
Rotstreifen-Kardinal

D *Apogon nigrofasciatus*
Schwarzstreifen-Kardinal

E *Apogon* sp.

F *Apogon novemfasciatus*
Neunband-Kardinal

G *Apogon rhodopterus*

H *Apogon sangiensis*

I *Apogon* sp.

J *Apogon ishigakiensis*

A *Apogon doederleini,* Döderleins Kardinal, 11 cm. Westpazifik; häufig in Höhlen oder unter Vorsprüngen. Carnivor: Krebse.
B *Apogon endekataenia,* Siebenstreifen-Kardinal, 11 cm. Indo-Westpazifik; häufig in Höhlen oder unter Vorsprüngen an Korallenriffen. Carnivor: Krebse.
C *Apogon cyanosoma,* Rotstreifen-Kardinal, 8 cm. Indo-Westpazifik; lebt in kleinen Schulen an Felsen- und Korallenriffen. Carnivor: Krebse.
D *Apogon nigrofasciatus,* Schwarzstreifen-Kardinal, 7 cm. Indo-Westpazifik; in Höhlen oder unter Vorsprüngen im Bereich von Korallenriffen. Carnivor: Krebse.
E *Apogon* sp., 7 cm. Westpazifik; lebt in kleinen Schulen im Brackwasser von Flußmündungen. Carnivor: Krebse.
F *Apogon novemfasciatus,* Neunband-Kardinal, 8 cm. Indo-Westpazifik; in Höhlen oder unter Vorsprüngen an Korallenriffen. Carnivor: Krebse.
G *Apogon rhodopterus,* 12 cm. Westpazifik; in Höhlen oder unter Vorsprüngen an Korallenriffen. Carnivor: Krebse.
H *Apogon sangiensis,* 7 cm. Indo-Westpazifik; lebt in kleinen Schulen in Korallenlagunen. Carnivor: Krebse.
I *Apogon* sp., 5 cm. Westpazifik; an Korallen- und Felsenhängen anzutreffen. Die Jungen schwimmen gewöhnlich in Schulen. Carnivor: Krebse.
J *Apogon ishigakiensis,* 6 cm. Südjapan; oft in Seegras zu finden. Eine Meeresarm-Art. Carnivor: Krebse.

K *Apogon kallopterus*

L *Apogon fraenatus*
Einstreifen-Kardinal

M *Apogon leptacanthus*

N *Apogon aureus*
Goldbauch-Kardinalbarsch

O *Sphaeramia nematoptera*
Pyjama-Kardinalbarsch

P *Sphaeramia orbicularis*
Gürtel-Kardinal

R *Rhabdamia cypselurus*

Q *Rhabdamia gracilis*

S *Pseudamia amblyuroptera*

T *Pseudamia zonata*

U *Pseudamia hayashii*

K *Apogon kallopterus,* 12 cm. Indo-Pazifik; häufig in Höhlen oder unter Vorsprüngen an Felsen- und Korallenriffen. Carnivor: Krebse.
L *Apogon fraenatus,* Einstreifen-Kardinal, 8 cm. Indo-Pazifik; lebt in Höhlen oder unter Vorsprüngen an Felsenriffen. Carnivor: Krebse.
M *Apogon leptacanthus,* 5 cm. Indo-Westpazifik; lebt in Schulen zwischen verzweigten Korallen. Carnivor: Krebse.
N *Apogon aureus,* Goldbauch-Kardinalbarsch, 10 cm. Indo-Westpazifik; bewohnt Höhlen und ist unter Vorsprüngen an Felsenriffen zu finden.
Carnivor: Krebse.
O *Sphaeramia nematoptera,* Pyjama-Kardinalbarsch, 6 cm. Lebt zwischen verzweigten Korallen im Westpazifik. Aquarienfisch.
Carnivor: Krebse.

P *Sphaeramia orbicularis,* Gürtel-Kardinal, 6 cm. Westpazifik; lebt in kleinen Schulen zwischen Mangroven in Meeresarmen. Carnivor: Krebse.
Q *Rhabdamia gracilis,* 5 cm. Indo-Westpazifik; häufig an flachen Felsen- und Korallenriffen. Carnivor: Krebse.
R *Rhabdamia cypselurus,* 5 cm. Indo-Westpazifik; lebt in Schulen in seichten Felsen- und Korallenriffen. Carnivor: Krebse.
S *Pseudamia amblyuroptera,* 10 cm. Westpazifik; in Höhlen oder unter Vorsprüngen an Korallenriffen zu finden. Carnivor: Krebse.
T *Pseudamia zonata,* 9 cm. Westpazifik; in Höhlen oder unter Vorsprüngen an Korallenriffen zu finden. Carnivor: Krebse.
U *Pseudamia hayashii,* 7 cm. Izu-Halbinsel, Japan. Werden in 25 m Tiefe in Höhlen oder auf felsigen Böden gefangen. Carnivor: Krebse.

A *Heteropriacanthus cruenatus*

B *Priacanthus* sp.

C *Cookeolus boops*
Langflossen-Ochsenauge

D *Pristigenys niphonia*

E *Pristigenys multifasciata*

Priacanthidae, Großaugenbarsche

A *Heteropriacanthus cruenatus,* 15 cm. Weltweit in tropischen Meeren; in Korallenriffen weitverbreitet. Wird mit Handleinen oder Wandnetzen gefangen. Carnivor.

B *Priacanthus* sp., 30 cm. Südliches Japanisches und Ostchinesisches Meer. Wird aus großen Tiefen mit Handleinen gefangen. Carnivor.

C *Cookeolus boops,* Langflossen-Ochsenauge, 30 cm. Weltweit in tropischen und gemäßigten Meeren. Speisefisch; wird mit Handleinen und Schleppnetzen gefangen. Carnivor.

D *Pristigenys niphonia,* 23 cm. Indo-Westpazifik. Wird aus großen Tiefen mit Handleinen und Schleppnetzen gefangen. Carnivor.

E *Pristigenys multifasciata,* 25 cm. Südliches Japanisches und Ostchinesisches Meer. Wird aus großen Tiefen mit Handleinen gefangen. Carnivor.

Ziegelfische und Weißlinge

Klasse: Knochenfische

14

A Ein Schwarm Jungfische von *Scombrops boops.*

Ziegelfische, Weißlinge, Schiffshalter und Verwandte

Ziegelfische (Fam. Branchiostegidae; ca. 15 Arten) und die eng verwandten Ziegelbarsche (Malacanthidae; ca. 10 Arten) findet man gewöhnlich in Riffnähe auf sandigen Böden; sie kommen vorwiegend in tropischen und subtropischen Meeren vor. Diese Fische sind relativ langgestreckt und weisen eine einzelne, lange und niedrige Rückenflosse auf.

Weißlinge (Sillaginidae; 7 Arten) sind kleine (meist unter 30 cm lange) schlanke, silbrige Fische, die in Sandgebieten leben und sich von einer Reihe benthischer (bodenbewohnender) Wirbelloser ernähren. Sie sind in Australien und in einigen anderen indowestpazifischen Regionen von wirtschaftlicher Bedeutung.

Schiffshalter (Echineidae; ca. 8 Arten) sind langgestreckte Fische mit einem abgeplatteten Kopf, der mit einer Haftscheibe (einer Abwandlung der 1. Rückenflosse) ausgestattet ist. Dieses Haftorgan dient dazu, sich an größere Tiere, wie Haie, Schildkröten und Wale, anzuheften und sich mitschleppen zu lassen. Zu den übrigen Familien, die in diesem Abschnitt behandelt werden, gehören die Blaufische (Pomatomidae; 3 Arten), die Rachycentridae (1 Art, Cobia) und die Labracoglossidae (5 Arten). Unter den ersten beiden Familien finden sich wertvolle Sportfische (z. B. Cobia), die 1–2 m lang werden können.

A *Hoplolatilus starcki,* Starcks Torpedobarsch.

B *Malacanthus brevirostris,* Gestreifter Torpedobarsch.

◄ (S. 149) **A** *Scombrops boops* (SCOMBROPIDAE), 20 cm. Japanisches und Ostchinesisches Meer. Jungfische leben in flachen Küstengewässern. Carnivor: Krebse, Fische.

A *Hoplolatilus starcki,* Starcks Torpedobarsch (MALACANTHIDAE, TORPEDOBARSCHE), 15 cm. Westpazifik; an den äußeren Hängen von Korallenriffen zu finden. Zieht sich in Höhlen zurück. Carnivor: Zooplankton.

B *Malacanthus brevirostris,* Gestreifter Torpedobarsch (MALACANTHIDAE, TORPEDOBARSCHE), 17 cm. Indo-Westpazifik; auf sandigen Böden an Felsen- und Korallenriffen anzutreffen. Carnivor: Zooplankton.

C *Sillago japonica* (SILLAGINIDAE, WEISSLINGE), 18 cm. Südliches Japanisches und Ostchinesisches Meer; bewohnt sandige Böden in Küstennähe. Carnivor: Krebse, Weichtiere, Würmer.

C *Sillago japonica.*

A *Labracoglossa argentiventris.*

B *Sillago maculata*

C *Sillago parvisquamis*

D *Sillago sihama*

E *Malacanthus latovittatus*
Sand-Torpedobarsch

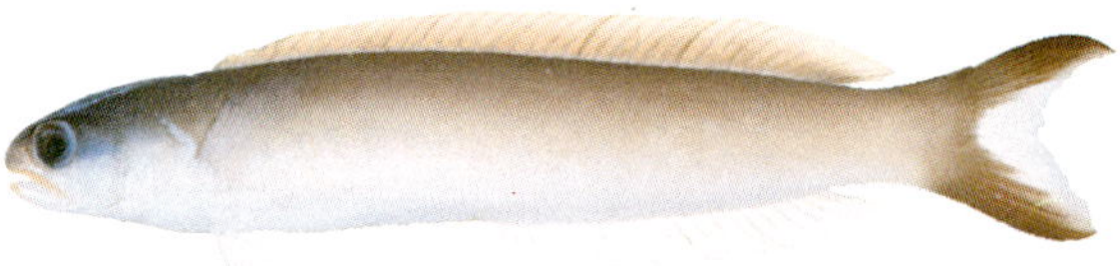

F *Hoplolatilus cuniculus*

G *Hoplolatilus purpureus*
Purpur-Torpedobarsch

H *Hoplolatilus chlupatyi*
Chlupatys Torpedobarsch

I *Hoplolatilus marcosi*
Marcos' Torpedobarsch

J *Hoplolatilus fourmanoiri*
Fourmanoirs Torpedobarsch

A *Labracoglossa argentiventris* (Labracoglossidae), 15 cm. Südjapan; lebt in Schulen in mittleren Tiefen über Felsenriffen. Speisefisch. Carnivor: Zooplankton.

Sillaginidae, Weißlinge

B *Sillago maculata,* 17 cm. Westpazifik; bewohnt sandige Böden in Küstennähe. Carnivor: Krebse, Würmer, Weichtiere.

C *Sillago parvisquamis,* 25 cm. Südliches Japanisches und Ostchinesisches Meer; in Flutästuarien anzutreffen.
Carnivor: Krebse, Weichtiere, Würmer.

D *Sillago sihama,* 20 cm. Indo-Westpazifik; bewohnt sandige Böden in Meeresarmen.
Carnivor: Krebse, Weichiere, Würmer.

Malacanthidae, Torpedobarsche

E *Malacanthus latovittatus,* Sand-Torpedobarsch, 30 cm. Indo-Westpazifik. Aquarienfisch. Carnivor: Krebse.

F *Hoplolatilus cuniculus,* 15 cm. Indo-Westpazifik; lebt an Korallenhängen und zwischen Geröll und sucht in kleinen Höhlen Schutz. Carnivor: Zooplankton.

G *Hoplolatilus purpureus,* Purpur-Torpedobarsch, 11 cm. Westpazifik; lebt an steilen Korallenhängen. Carnivor: Zooplankton.

H *Hoplolatilus chlupatyi,* Chlupatys Torpedobarsch, 11 cm. Westpazifik; lebt an steilen Korallenhängen. Carnivor: Zooplankton.

I *Hoplolatilus marcosi,* Marcos' Torpedobarsch, 10 cm. Westpazifik; lebt an steilen Korallenhängen. Aquarienfisch. Carnivor: Zooplankton.

J *Hoplolatilus fourmanoiri,* Fourmanoirs Torpedobarsch, 8 cm. Lebt an steilen Korallenhängen bei den Philippinen. Aquarienfisch. Carnivor: Zooplankton.

A *Branchiostegus albus*

B *Branchiostegus auratus*

C *Branchiostegus japonicus*

D *Scombrops boops* (adult)

E *Rachycentron canadum*

Branchiostagidae, Ziegelbarsche

A *Branchiostegus albus,* 45 cm. Südliches Japanisches und Ostchinesisches Meer; bewohnt Sand- und Schlammböden in großen Tiefen. Gräbt zum Schutz Höhlen in den Grund. Guter Speisefisch. Carnivor: Krebse.

B *Branchiostegus auratus,* 30 cm. Südliches Japanisches und Ostchinesisches Meer; bewohnt Sand- und Schlammböden in großen Tiefen. Gräbt zum Schutz Höhlen in den Grund. Speisefisch. Carnivor: Krebse.

C *Branchiostegus japonicus,* 35 cm. Südliches Japanisches und Südchinesisches Meer; bewohnt Sand- und Schlammböden in großen Tiefen. Gräbt zum Schutz Höhlen in den Grund. Speisefisch. Carnivor: Krebse.

Scombropidae

D *Scombrops boops,* 50 cm. Japanisches und Ostchinesisches Meer; ausgewachsene Tiere leben in Tiefen zwischen 200 und 700 m an Felsenriffen. Carnivor: Fische, Krebse, Tintenfische.

Rachycentridae

E *Rachycentron canadum,* 90 cm (bis zu 150 cm). Weltweit in tropischen und gemäßigten Meeren. Carnivor: Fische.

Stachelmakrelen und Goldmakrelen

Klasse: Knochenfische **15**

Familie: Carangidae, Stachelmakrelen · **Familie:** Coryphaenidae, Goldmakrelen
Familie: Menidae

A *Caranx ignobilis.*

Stachelmakrelen, Goldmakrelen und Mondfische

Die Familie der Stachelmakrelen (Carangidae) enthält etwa 200 Arten, die weltweit in allen tropischen und gemäßigten Meeren vorkommen. Es sind kraftvolle Schwimmer mit einem gegabelten Schwanz und einem oft silbrig gefärbten Körper. Bei vielen Arten findet man vergrößerte, schildartige Schuppen (Scuta) längs der Seitenlinie. Stachelmakrelen können einzeln, in kleinen Gruppen oder in großen Schwärmen auftreten. Sie patrouillieren im Riff auf der Suche nach Nahrung, die bei größeren Arten hauptsächlich aus Fischen besteht, über den Grund. Zusätzlich fressen kleinere Stachelmakrelen auch Garnelen, eine Reihe von Zooplanktonorganismen, Tintenfische und andere Weichtiere. Stachelmakrelen spielen eine wichtige Rolle in der kommerziellen wie in der Sportfischerei. Die größten Arten erreichen eine Gesamtlänge von bis zu 2 m, doch die meisten Arten werden nur etwa halb so groß oder bleiben noch kleiner.

Goldmakrelen (Coryphaenidae; 2 Arten) bewohnen tropische Meere und sind beliebte Speise- und Angelfische. Man findet sie häufig in der Nähe von schwimmenden Trümmern. Die Mondfischfamilie (Menidae) wird nur von einer einzigen Art vertreten, die tiefere Riffzonen bewohnt und gelegentlich auch in den Ästuarien der indo-westpazifischen Region gefunden wird.

A *Carangoides bajad,* Orangefleck-Makrele.

B Eine *Carangoides bajad*-Varietät.

CARANGIDAE, STACHELMAKRELEN (alle Tiere dieses Kapitels außer S. 158 A und S. 162 G)

◄ (S. 155) **A** *Caranx ignobilis,* 90 cm (bis zu 100 cm). Indo-Pazifik. Speise- und Sportfisch; wird mit Handleinen und stehenden Netzen gefangen. Carnivor: Fische, Krebse.

A, B *Carangoides bajad,* Orangefleck-Makrele, 30 cm. Indo-Westpazifik. Hat viele orangefarbene Punkte an den Körperseiten. Farben variabel; die beiden typischen Formen sind hier abgebildet. Speisefisch; wird mit Handleinen und stehenden Netzen gefangen. Carnivor: Fische, Krebse.

C *Caranx sexfasciatus,* Bastardmakrele, 40 cm (bis zu 60 cm). Indo-Pazifik einschließlich des Ostpazifik. Die Jungen leben in Brackwasser. Speisefisch; wird mit Handleinen und stehenden Netzen gefangen. Carnivor: Krebse, Fische.

C Ein Schwarm Bastardmakrelen, *Caranx sexfasciatus.*

A *Coryphaena hippurus,* die Gemeine Goldmakrele.

B *Carangichthys dinema.*

C *Naucrates ductor*
Lotsenfisch

D *Elagatis bipinnulata*

E *Seriola quinqueradiata*

F *Seriola lalandi*

G *Seriola dumerili*

H *Seriola ravoliana*

A *Coryphaena hippurus,* Gemeine Goldmakrele (CORYPHAENIDAE, GOLDMAKRELEN), 80 cm. Weltweit in tropischen und gemäßigten Meeren; bewohnt nur das offene Meer. Speisefisch. Carnivor: Fische.
B *Carangichthys dinema,* 35 cm. Indo-Westpazifik. Hat schwarze Flecken an der Basis der weichen Rückenflosse. Speisefisch. Carnivor: Fische, Krebse.
C *Naucrates ductor,* Lotsenfisch, 35 cm (bis zu 50 cm). Weltweit in tropischen Meeren. Genießbar. Carnivor: Fische.
D *Elagatis bipinnulata,* 80 cm (bis zu 100 cm). Weltweit in tropischen Meeren; gelegentlich in Küstennähe anzutreffen. Speisefisch. Carnivor: Fische.
E *Seriola quinqueradiata,* 85 cm (bis zu 100 cm). Japan und Korea. Die Jungen leben zwischen treibendem Seetang. Guter Speisefisch. Carnivor: Fische.
F *Seriola lalandi,* 80 cm. Weltweit in subtropischen Meeren. Speisefisch. Carnivor: Fische.
G *Seriola dumerili,* 80 cm (bis zu 150 cm). Weltweit in tropischen Meeren. Speisefisch; wird mit Handleinen und stehenden Netzen gefangen. Carnivor: Fische.
H *Seriola ravoliana,* 85 cm. Weltweit in tropischen Meeren. Sport- und Speisefisch; wird mit Handleinen und stehenden Netzen gefangen. Carnivor: Fische.

A *Trachinotus baillonii,* Zweipunkt-Gabelmakrele, 30 cm. Indo-Pazifik. Speisefisch; wird mit Handleinen und stehenden Netzen gefangen. Carnivor: Zooplankton, Krebse.
B *Trachinotus blochii,* Blochs Gabelmakrele, 30 cm. Indo-und Westpazifik. Speisefisch; wird mit Handleinen und stehenden Netzen gefangen. Carnivor: Zooplankton, Krebse.
C *Trachurus japonicus,* Japanische Stachelmakrele, 25 cm (bis zu 30 cm). Südliches Japanisches und Ostchinesisches Meer. Guter Speisefisch. Carnivor: Zooplankton.
D *Decapterus macarallus,* 30 cm. Weltweit in tropischen Meeren. Speisefisch; wird mit Beutelnetzen (Ringwaden) gefangen. Carnivor: Zooplankton.
E *Decapterus muroadsi,* 35 cm. Südliches Japanisches und Ostchinesisches Meer. Speisefisch; wird mit Handleinen und Hebenetzen gefangen. Carnivor: Zooplankton.
F *Decapterus maruadsi,* 20 cm. Pazifischer Ozean. Speisefisch; wird mit Hebenetzen und Handleinen gefangen. Carnivor: Zooplankton.
G *Decapterus tabl,* 35 cm. Weltweit in tropischen Meeren. Speisefisch; wird mit Hebenetzen und Handleinen gefangen. Carnivor: Zooplankton.
H *Decapterus macrosoma,* 25 cm. Indo-Pazifik einschließlich des Ostpazifik. Speisefisch; wird mit Beutelnetzen und Handleinen gefangen.
Carnivor: Zooplankton.
I *Selar crumenophthalmus,* 20 cm. Weltweit in tropischen Meeren. Speisefisch; wird mit Handleinen und stehenden Netzen gefangen. Carnivor: Zooplankton.
J *Selaroides leptolepis,* 15 cm. Indo-Westpazifik. Schwarzer Fleck am Kiemendeckel. Speisefisch; wird mit stehenden Netzen gefangen. Carnivor: Zooplankton.
K *Pseudocaranx dentex,* 40 cm. Weltweit in gemäßigten und tropischen Meeren. Ausgezeichneter Speisefisch; wird mit Handleinen gefangen. Carnivor: Fische, Krebse.

N *Caranx tille*

O *Caranx melampygus*

P *Caranx papuensis*
Papua-Stachelmakrele

Q *Carangoides plagiotaenia*

R *Caranx lugubris*

S *Carangoides orthogrammus*

T *Carangoides ferdau*

U *Carangoides fulvoguttatus*

L *Kaiwarinus equula,* 20 cm. Indo-Pazifik. Guter Speisefisch. Carnivor: Fische, Krebse.
M *Alepes vari,* 45 cm. Indo-Westpazifik. Speisefisch; wird mit stehenden Netzen gefangen. Carnivor: Fische, Krebse.
N *Caranx tille,* 60 cm. Indo-Westpazifik. Ähnelt *C. sexfasciatus,* hat aber nur einen undeutlichen Kiemendeckelfleck. Carnivor: Fische, Krebse.
O *Caranx melampygus,* 50 cm. Indo-Pazifik einschließlich des Ostpazifik; tritt in kleinen Schulen auf, die an den Rändern von Korallenriffen jagen. Carnivor: Krebse, Fische.
P *Caranx papuensis,* Papua-Stachelmakrele, 45 cm. Indo-Pazifik. Jungfische leben in Brackwasser. Speisefisch. Carnivor: Fische, Krebse.
Q *Carangoides plagiotaenia,* 30 cm. Indo-Westpazifik. Präoperculum hat einen schwarzen hinteren Rand. Speisefisch.
Carnivor: Fische, Krebse.
R *Caranx lugubris,* 50 cm. Weltweit in tropischen Meeren. Speisefisch; wird mit Handleinen gefangen. Carnivor: Fische, Krebse.
S *Carangoides orthogrammus,* 30 cm. Indo-Westpazifik. Hat einige gelbe Flecken an den Seiten. Speisefisch. Carnivor: Fische, Krebse.
T *Carangoides ferdau,* 30 cm. Indo-Pazifik. Körper mit 7 Querstreifen. Speisefisch. Carnivor: Fische, Krebse.
U *Carangoides fulvoguttatus,* 70 cm. Indo-Westpazifik. Viele gelbe Punkte auf den Seiten. Speisefisch. Carnivor: Fische, Krebse.

A *Gnathanodon speciosus*
Königsmakrele

B *Alectis ciliaris,* adult
Fadenmakrele

C *Alectis ciliaris,* Jugendform
Fadenmakrele

D *Alectis indicus,* Jugendform
Indische Fadenmakrele

F *Parastromateus niger*

E *Alectis indicus,* adult
Indische Fadenmakrele

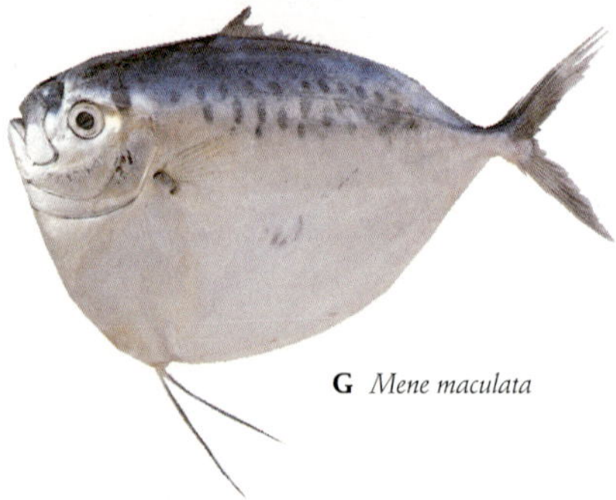

G *Mene maculata*

A *Gnathanodon speciosus,* Königsmakrele, 25 cm. Indo-Pazifik einschließlich des Ostpazifik. Jungfische und kleine adulte Exemplare haben 7 schmale, schwarze Bänder an den Seiten. Speisefisch. Carnivor: Fische, Krebse.
B, C *Alectis ciliaris,* Fadenmakrele, B 70 cm, C 12 cm. Weltweit in tropischen Meeren. Bei den Jungen sind die vorderen Strahlen der Rücken- und Afterflosse zu langen Fäden ausgezogen; diese Strahlen werden mit zunehmendem Alter kürzer. Speise- und Aquarienfisch. Carnivor: Fische, Krebse.
D, E *Alectis indicus,* Indische Fadenmakrele, D 15 cm, E 70 cm. Indo-Westpazifik. Bei den Jungen sind die vorderen Strahlen der Rücken- und Afterflosse zu langen Fäden ausgezogen; diese Strahlen werden mit zunehmendem Alter kürzer. Speise- und Aquarienfisch. Carnivor: Fische, Krebse.
F *Parastromateus niger,* 27 cm. Indo-Westpazifik. Beliebter Speisefisch auf den Philippinen; wird mit Handleinen gefangen. Carnivor: Krebse, Zooplankton, Fischlarven.
G *Mene maculata* (MENIDAE), 20 cm. Indo-Westpazifik. Genießbar; wird mit stehenden Netzen gefangen. Carnivor: Zooplankton.

Mojarras und Adlerfische 16

Klasse: Knochenfische

A Eine Schule Majorras der Spezies *Gerres* sp.

Emmelichthydae, Majorras, Adlerfische und Lobotidae

Die Emmelichthyidae (engl. rovers, Wanderer) leben im allgemeinen in relativ tiefem Wasser (50–500 m) in Bodennähe. Die Familie umfaßt etwa 20 Arten, die hauptsächlich in tropischen Meeren verbreitet sind. Diese Fische sind vorwiegend rot oder rosa gefärbt, und sie besitzen einen schlanken Körper mit einem gegabelten Schwanz. Das Maul kann weit vorgestreckt werden, und ein Teil des Oberkiefers ist beschuppt.

Mojarras (Gerreidae; ca. 40 Arten) sind kleine Bewohner seichter, warmer Meeresgebiete. Einige wenige Arten bewohnen auch Ästuarien und die Unterläufe von Flüssen. Sie sind silbrig gefärbt und besitzen eine vorschiebbare Schnauzenregion.

Adlerfische oder Trommler (Scianidae; ca. 160 Arten) leben in einer Reihe verschiedener mariner und ästuariner Habitate. Sie können mit Hilfe ihrer Schwimmblase ein „Trommelgeräusch“ erzeugen. Die Maximalgröße dieser Fische beträgt etwa 2 m, die meisten Arten bleiben aber unter 50 cm Gesamtlänge. Einige Arten spielen eine wichtige Rolle als Speisefische.

Der einzige Vertreter der Familie Lobotidae (1 Art) ist ein zirkumtropikaler Fisch, den man in Küstennähe und in Ästuarien findet. Die Jungen ahmen gelegentlich im Wasser treibende Blätter nach.

◄ (S. 163) **A** *Gerres* sp., (Gerridae, Mojarras), 15 cm. Indo-Westpazifik; häufig auf Sand- und Schlammböden. Omnivor: benthische Tiere, Detritus.

A *Gerres* sp. (Gerridae, Mojarras), 15 cm. Indo-Westpazifik. Omnivor: benthische Tiere, Detritus.

B *Gerres oyena* (Gerridae, Mojarras), 20 cm. Lebt auf Schlamm- und Sandböden im Indo-Pazifik. Omnivor: benthische Tiere, Detritus.

C *Parequula melbourunensis* (Gerridae, Mojarras), Südaustralien. Omnivor: benthische Tiere, Detritus.

D *Nibea mitsukurii* (Sciaenidae, Umberfische), 25 cm. Japanisches und Ostchinesisches Meer; auf sandigen und schlammigen Böden weitverbreitet. Carnivor: benthische Tiere.

A Eine Mojarra-Art, *Gerres* sp.

B *Gerres oyena.*

C *Parequula melbourunensis.*

D *Nibea mitsukurii.*

A *Leiognathus nuchalis*

B *Leiognathus equula*

C *Leiognathus fasciatus*

D *Gazza minuta*

E *Brama japonica*

F *Taractichthys steindachneri*

Leiognathidae

A *Leiognathus nuchalis,* 12 cm. Südjapan und Korea; bewohnt sandige und schlammige Böden. Erzeugt Geräusche. Omnivor: benthische Tiere, Detritus.

B *Leiognathus equula,* 20 cm. Indo-Westpazifik; bewohnt Sand- und Schlammböden an Korallenriffen. Omnivor: benthische Tiere, Detritus.

C *Leiognathus fasciatus,* 20 cm. Bewohnt Sand- und Schlammböden im Westpazifik. Omnivor: benthische Tiere, Detritus.

D *Gazza minuta,* 10 cm. Indo-Westpazifik; auf sandigen und schlammigen Böden zu finden. Omnivor: benthische Tiere, Detritus.

Bramidae

E *Brama japonica,* 30 cm. Gemäßigte Regionen des Pazifik; in ca. 200 m Tiefe anzutreffen. Carnivor.

F *Taractichthys steindachneri,* 40 cm (bis zu 80 cm). Küstenferne Gewässer des Indo-Pazifik. Speisefisch; wird mit Langleinen gefangen. Carnivor.

G *Erythrocles schlegelii*

H *Erythrocles scintillans*

I *Emmelichthys struhsakeri*

J *Gerres filamentosus*
Langstrahl-Silberling

K *Gerres abbreviatus*
Blaurücken-Silberling

L *Gerres oblongus*
Schlanker Silberling

M *Gerres oyena*

EMMELICHTHYIDAE

G *Erythrocles schlegelii,* 40 cm. Südjapan, Südkorea, Ostafrika; bewohnt größere Tiefen. Speisefisch. Carnivor: Zooplankton.

H *Erythrocles scintillans,* 30 cm. Okinawa, Japan, Hawaii; lebt in größeren Tiefen an Korallenriffen. Eine seltene Art. Speisefisch. Carnivor: Zooplankton.

I *Emmelichthys struhsakeri,* 15 cm. Südjapan, Hawaii. Wird mit Handleinen aus großen Tiefen gefangen. Carnivor: Zooplankton.

GERRIDAE, MOJARRAS

J *Gerres filamentosus,* Langstrahl-Silberling, 20 cm. Indo-Westpazifik, auf Sand- und Schlammböden. Zweite Rückenflosse verlängert. Omnivor: benthische Tiere, Detritus.

K *Gerres abbreviatus,* Blaurücken-Silberling, 25 cm. Indo-Westpazifik; lebt auf Sand- und Schlammböden in flachen Küstengewässern. Omnivor: benthische Tiere, Detritus.

L *Gerres oblongus,* Schlanker Silberling, 30 cm. Indo-Westpazifik; lebt auf Sand- und Schlammböden in flachen Küstengewässern. Omnivor: benthische Tiere, Detritus.

M *Gerres oyena,* 20 cm. Indo-Pazifik; auf Sand- und Schlammböden weitverbreitet. Omnivor: benthische Tiere, Detritus.

A *Pentaprion longimanus*

B *Nibea albiflora*

C *Argyrosomus japonicus*

D *Pennahia argentata*

E *Larimichthys crocea*

F *Argyrosomus miiuy*

A *Pentaprion longimanus,* 15 cm. Indo-Westpazifik; lebt auf Sand- und Schlammböden. Omnivor: benthische Tiere, Detritus.

SCIAENIDAE

B *Nibea albiflora,* 30 cm. Südliches Japanisches und Ostchinesisches Meer; bewohnt Sand- und Schlammböden. Speisefisch. Carnivor: benthische Tiere.
C *Argyrosomus japonicus,* 90 cm (bis zu 120 cm). Südliches Japanisches und Ostchinesisches Meer; bewohnt Sand- und Schlammböden. Guter Speisefisch. Carnivor: benthische Tiere.

D *Pennahia argentata,* 25 cm. Indo-Westpazifik. Hat einen großen schwarzen Fleck am Kiemendeckel.
Carnivor: benthische Tiere.
E *Larimichthys crocea,* 30 cm (bis zu 50 cm). Gelbes und Ostchinesisches Meer. Speisefisch; wird mit Schleppnetzen gefangen.
Carnivor: benthische Tiere.
F *Argyrosomus miiuy,* 40 cm. Gelbes und Ostchinesisches Meer; bewohnt Sand- und Schlammböden. Speisefisch.
Carnivor: benthische Tiere.

Meerbarben 17

Familie: Mullidae, Meerbarben

Klasse: Knochenfische

A Ein Schwarm Meerbarben der Art *Mulloides vanicolensis.*

Meerbarben

Meerbarben oder Ziegenfische (Fam. Mullidae) findet man vorwiegend in tropischen und subtropischen Meeren, gewöhnlich in der Nachbarschaft von Riffen. Bisher kennen wir rund 50–60 Arten. Sie weisen einen relativ langgestreckten Körper, zwei weit auseinanderstehende Rückenflossen und lange Kinnbarteln auf, mit denen sie nach Nahrung suchen. Die Barteln spielen auch beim Werbeverhalten der Männchen um die Weibchen eine Rolle. Werden sie nicht gebraucht, werden die Barteln unterm Kinn eingeschlagen. Meerbarben ernähren sich von kleinen Fischen und vielen vorwiegend sand- und algenbewohnenden Organismen, darunter Würmern, Garnelen, Krabben, Weichtieren und Stachelhäutern. Man findet sie häufig in großen Schulen, und die meisten Arten gelten als gute Speisefische. Ihre Maximalgröße liegt bei etwa 60 cm, doch die Mehrheit der Arten ist viel kleiner. Die meisten Meerbarben sind in der indo-westpazifischen Region verbreitet, es gibt aber auch ein paar Vertreter im Atlantik und im östlichen Pazifik.

A *Upeneus bensasi.*

B *Upeneus tragula,* Mittelstreifen-Meerbarbe.

C *Upeneichthys flamingii.*

MULLIDAE, MEERBARBEN

◄ (S. 169) **A** *Mulloides vanicolensis,* 30 cm. Indo-Pazifik; meistens in Schulen von 10 oder mehr Fischen an Korallenriffen anzutreffen. Speisefisch. Carnivor: benthische Tiere.

A *Upeneus bensasi,* 15 cm. Indo-Westpazifik; in sandigen Regionen weitverbreitet. Speisefisch. Carnivor: benthische Tiere.

B *Upeneus tragula,* Mittelstreifen-Meerbarbe, 20 cm. Indo-Westpazifik; lebt auf Sand- und Schlammböden. Speisefisch. Carnivor: benthische Tiere.

C *Upeneichthys flamingii,* 20 cm. Südaustralien. Speisefisch. Carnivor: benthische Tiere.

D *Parupeneus multifasciatus.*

E Eine *Parupeneus multifasciatus*-Varietät.

F *Parupeneus forsskali.*

G *Parupeneus barberinus.*

H *Parupeneus macronema,* Langbartlige Meerbarbe.

D *Parupeneus multifasciatus,* 18 cm. Korallenriffe des Indo-Pazifik. Carnivor: benthische Tiere.
E *Parupeneus multifasciatus* (var.), 20 cm. Indo-Pazifik. Eine weitverbreitete Farbvarietät. Carnivor: benthische Tiere.
F *Parupeneus forsskali,* 30 cm. Lebt nur im Roten Meer, häufig an Korallenriffen. Carnivor: benthische Tiere.
G *Parupeneus barberinus,* 30 cm. Indo-Westpazifik; an Korallenriffen weitverbreitet. Carnivor: benthische Tiere.
H *Parupeneus macronema,* Langbartlige Meerbarbe, 25 cm. Korallenriffe des Indischen Ozeans. Carnivor: benthische Tiere.

A *Parupeneus cyclostomus,* Sattel-Meerbarbe.

B *Upeneus sulphureus*

C *Upeneus subvittatus*

D *Upeneus vittatus*
Kakunir

E *Upeneus moluccensis*

F *Mulloides flavolineatus*
Gelbstreifen-Meerbarbe

G *Mulloides pflugeri*

A *Parupeneus cyclostomus,* Sattel-Meerbarbe, 40 cm. Häufig an Korallenriffen des Indo-Pazifik. Farbe variabel. Speisefisch. Carnivor: benthische Tiere.
B *Upeneus sulphureus,* 20 cm. Indo-Westpazifik; bewohnt Sand- und Schlammböden. Speisefisch; wird mit Handleinen und Wandnetzen gefangen. Carnivor: benthische Tiere.
C *Upeneus subvittatus,* 21 cm. Indo-Westpazifik; bewohnt Sand- und Schlammböden in Küstengewässern. Speisefisch; wird mit Handleinen und Wandnetzen gefangen. Carnivor: benthische Tiere.
D *Upeneus vittatus,* Kakunir, 23 cm. Indo-Westpazifik; bewohnt sandige Böden an Korallenriffen. Speisefisch. Carnivor: benthische Tiere.
E *Upeneus moluccensis,* 15 cm. Indo-Westpazifik; lebt auf sandigen und schlammigen Böden in Küstengewässern. Speisefisch; wird mit Handleinen und Wandnetzen gefangen.
Carnivor: benthische Tiere.
F *Mulloides flavolineatus,* Gelbstreifen-Meerbarbe, 20 cm. Indo-Westpazifik; schwimmt in Schulen in Korallenriffen. Speisefisch; wird mit Schleppnetzen gefangen. Carnivor: benthische Tiere.
G *Mulloides pflugeri,* 45 cm (bis zu 65 cm). Ryukyu-Inseln, Japan, Hawaii; lebt in großen Tiefen. Speisefisch; wird mit Handleinen gefangen.
Carnivor: benthische Tiere.

A *Parupeneus barberinoides*
Zweifarben-Meerbarbe

B *Parupeneus pleurostigma*

C *Parupeneus rubescens*
Rosen-Meerbarbe

D *Parupeneus indicus*
Indischer Ziegenfisch

E *Parupeneus bifasciatus*
Zweiband-Meerbarbe

F *Parupeneus dubius*

A *Parupeneus barberinoides,* 12 cm. Korallenriffe im Indo-Westpazifik. Speisefisch; wird mit Schleppnetzen und Fischfallen gefangen. Carnivor: benthische Tiere.

B *Parupeneus pleurostigma,* 25 cm. Indo-Pazifik; lebt auf Sandböden an Korallenriffen. Speisefisch. Carnivor: benthische Tiere.

C *Parupeneus rubescens,* Rosen-Meerbarbe, 25 cm (bis zu 40 cm). Felsen- und Korallenriffe im Indo-Westpazifik. Speisefisch; wird mit Handleinen und Wandnetzen gefangen. Carnivor: benthische Tiere.

D *Parupeneus indicus,* Indischer Ziegenfisch, 30 cm (bis zu 40 cm). Korallenriffe des Indo-Westpazifik. Speisefisch; wird mit Wandnetzen gefangen. Carnivor: benthische Tiere.

E *Parupeneus bifasciatus,* Zweiband-Meerbarbe, 20 cm. Korallenriffe des Indo-Pazifik. Speisefisch; wird mit Schleppnetzen gefangen. Carnivor: benthische Tiere.

F *Parupeneus dubius,* 30 cm (bis zu 50 cm). Westpazifik. Speisefisch; wird aus großen Tiefen mit Handleinen gefangen. Carnivor: benthische Tiere.

Pilotbarsche und Pempheridae

Klasse: Knochenfische

18

A *Pempheris japonica.*

Pilotbarsche, Pempheridae und Silberflossenblätter

Pilotbarsche (Fam. Kyphosidae) sind häufige Bewohner von Riffen und Algenwäldern in tropischen und gemäßigten Meeren. Sie ernähren sich überwiegend von pflanzlicher Nahrung, und die meisten sind weniger als 50 cm lang. Obwohl sie in manchen Gegenden gegessen werden, gilt ihr Fleisch im allgemeinen nicht als besonders schmackhaft. Einige Arten der Gattung Kyphosus sollen beim Verzehr einen leichten halluzinatorischen Effekt hervorrufen. Vertreter der Familie Girellidae (ca. 10 Arten, Verwandte der Seedöbel) sehen ähnlich aus und werden gelegentlich in eine Familie mit den Pilotbarschen gestellt. Die meisten Arten kommen im westlichen Pazifik vor; besonders häufig trifft man sie vor der Südküste Australiens an.

Vertreter der Familie Pempheridae (ca. 20 Arten) sind nachtaktive Bewohner tropischer Riffe. Tagsüber verstecken sie sich in dunklen Spalten und Grotten. Einige Arten besitzen Leuchtorgane. Die meisten messen weniger als 30 cm Gesamtlänge.

Silberflossenblätter (Monodactylidae; 5 Arten) sind vorwiegend Bewohner der indowestpazifischen Region; es gibt lediglich eine einzige westafrikanische Art. Sie leben in marinen und ästuarinen Habitaten. Die Gattung Monodactylus, die Süßwasser verträgt, ist Aquarianern wohlbekannt.

B *Kyphosus cornelii.*

B *Girella nigricans.*

C *Medialuna californiensis.*

◄ (S. 175) **A** *Pempheris japonica* (PEMPHERIDAE), 6 cm. Südjapan und Philippinen. Nachtaktiv; verbringt den Tag in Höhlen. Carnivor: Krebse.

B *Kyphosus cornelii* (KYPHOSIDAE, PILOTBARSCHE), 70 cm. Südwestaustralien. Speisefisch. Herbivor: Algen.

B *Girella nigricans* (KYPHOSIDAE, PILOTBARSCHE), 30 cm. Lebt in felsigen Regionen und in Seetang im Ostpazifik. Omnivor: Algen, Krebse, Würmer.

C *Medialuna californiensis* (KYPHOSIDAE, PILOTBARSCHE), 30 cm. Lebt in felsigen Regionen und in Seetang im Ostpazifik. Omnivor: Algen, Krebse, Würmer.

D *Kyphosus cinerascens,* Blaufisch (KYPHOSIDAE, PILOTBARSCHE), 35 cm. Indo-Westpazifik; bewohnt Felsen- und Korallenriffe. Omnivor: Algen, Krebse, Würmer.

D Ein Schwarm Blaufische, *Kyphosus cinerascens.*

A *Kyphosus lembus.*

A *Parapriacanthus ransonneti,* Glasfisch.

A *Monodactylus argenteus*
Silberflossenblatt

B *Girella punctata*

C *Girella melanichthys*

D *Girella mezina*

E *Kyphosus lembus*

F *Kyphosus bigibbus*
Großer Pilotbarsch

◄◄ (S. 178/179) **A** *Kyphosus lembus* (Kyphosidae, Pilotbarsche), 40 cm (bis zu 60 cm). Indo-Westpazifik; lebt an Felsen- und Korallenriffen. Speise- und Sportfisch. Omnivor: Algen, Krebse, Würmer.
◄ (S. 180/181) **A** *Parapriacanthus ransonneti,* Glasfisch (Pempheridae), 5 cm. Indo-Westpazifik; leben in Schulen in Höhlen. Nachtaktiv. Carnivor: Krebse.
A *Monodactylus argenteus,* Silberflossenblatt (Monodactylidae, Silberflossenblätter), 15 cm. Indo-Westpazifik; lebt in flachem Wasser über Sand- und Schlammböden. Die Jungen leben in Brackwasser. Aquarienfisch. Carnivor: Zooplankton.
B *Girella punctata* (Girellidae), 30 cm. Japanisches und Ostchinesisches Meer; an Felsenriffen in Küstennähe anzutreffen. Speise- und Sportfisch. Omnivor: Algen, Krebse, Würmer.
C *Girella melanichthys* (Girellidae), 40 cm. Gemäßigte Regionen des südlichen Japanischen und Ostchinesischen Meeres; an Felsenriffen in Küstennähe anzutreffen. Speise- und Sportfisch. Omnivor: Algen, Krebse, Würmer.
D *Girella mezina* (Girellidae), 35 cm. Felsen- und Korallenriffe des südlichen Japanischen und des Ostchinesischen Meeres. Speisefisch. Omnivor: Algen, Krebse, Würmer.
E *Kyphosus lembus* (Kyphosidae, Pilotbarsche), 50 cm. Felsen- und Korallenriffe des Indo-Pazifik. Speise- und Sportfisch. Omnivor: Algen, Krebse, Würmer.
F *Kyphosus bigibbus,* Großer Pilotbarsch (Kyphosidae, Pilotbarsche), 35 cm. Felsen- und Korallenriffe des Indo-Pazifik. Gelegentlich gelb gefärbt. Omnivor: Algen, Krebse, Würmer.

Schnapper und Füsiliere 19

Klasse: Knochenfische

Familie: Lutjanidae, Schnapper · **Familie:** Caesionidae, Füsiliere

A *Aphareus furca.*

Schnapper und Füsiliere

Schnapper (Fam. Lutjanidae; 103 Arten) sind primär Bewohner tropischer Riffe. Die meisten Arten findet man in der indopazifischen Region, doch sie kommen auch im Atlantik vor. Lutjanus ist mit 65 Arten bei weitem die größte Gattung; viele ihrer Vertreter sind bunt gefärbt. Es sind aktive nächtliche Räuber, die sich vornehmlich von Fischen, Krabben, Garnelen, Meeresschnecken und Tintenfischen ernähren; Planktonorganismen werden ebenfalls nicht verschmäht. Die größeren, hochrückigen Schnapper (wie z. B. Lutjanus) besitzen normalerweise gut entwickelte Fangzähne, die dazu dienen, größere Beutetiere zu packen und festzuhalten. Schlankere Schnapper wie Pristipomoides (10 Arten) und Etelis (4 Arten) sind schwächer bezahnt und fressen eine beträchtliche Menge Plankton. Obwohl als Speisefische sehr geschätzt, rufen einige Arten gelegentlich beim Menschen eine Fischvergiftung (Ciguatera) hervor. Die größeren Lutjanus-Arten, insbesondere die „Roten Schnapper" sind beliebte Angelfische und auch wirtschaftlich von Bedeutung.

Die Füsiliere (Caesonidae; ca 20 Arten) sind eng mit den Schnappern verwandt. Sie bilden oft große Schulen, die in mittleren Wasserzonen über indopazifischen Riffen nach Plankton suchen.

A *Lutjanus quinquelineatus.*

B *Lutjanus bengalensis.*

C *Lutjanus notatus.*

Lutjanidae, Schnapper (bis S. 191)

◄ (S. 183) **A** *Aphareus furca,* 30 cm. Korallenriffe des Indo-Pazifik. Speisefisch; wird mit Handleinen gefangen. Carnivor: Fische.

A *Lutjanus quinquelineatus,* 25 cm. Indo-Westpazifik; lebt an Korallenriffen. Speisefisch. Carnivor: Fische, Krebse.

B *Lutjanus bengalensis,* 12 cm. Korallenriffe des Indischen Ozeans. Speisefisch. Carnivor: Fische, Krebse.

C *Lutjanus notatus.* 10 cm. Westlicher Indischer Ozean; lebt an Korallenriffen. Speisefisch. Carnivor: Fische, Krebse.

D *Lutjanus kasmira,* Blaustreifen-Schnapper, 20 cm. Felsen- und Korallenriffe des Indo-Pazifik. Speisefisch. Carnivor: Fische, Krebse.

D Ein Schwarm Blaustreifen-Schnapper, *Lutjanus kasmira.*

A *Lutjanus adetii.*

B *Lutjanus vitta.*

C *Lutjanus fulvus.*

D *Lutjanus semicinctus.*

E *Lutjanus timorensis.*

A *Lutjanus adetii,* 25 cm. Ostaustralien bis Neukaledonien; häufig am Großen Barriere-Riff anzutreffen. Speisefisch. Carnivor: Fische, Krebse.
B *Lutjanus vitta,* 17 cm. Indo-Westpazifik; in 20 bis 40 m Tiefe an Felsen- und Korallenriffen zu finden. Genießbar. Carnivor: Fische, Krebse.
C *Lutjanus fulvus,* 20 cm. Korallenriffe des Indo-Pazifik. Speisefisch. Carnivor: Fische, Krebse.
D *Lutjanus semicinctus,* 20 cm. Korallenriffe des Westpazifik. Speisefisch. Carnivor: Fische, Krebse.
E *Lutjanus timorensis,* 16 cm. Felsen- und Korallenriffe des Westpazifik. Speisefisch. Carnivor: Fische, Krebse.
F *Lutjanus biguttatus,* 20 cm. Korallenriffe des Westpazifik. Genießbar. Carnivor: Fische, Krebse.

F *Lutjanus biguttatus.*

A *Macolor macularis,* Schwarzer Schnapper.

B *Lutjanus gibbus,* Buckel-Schnapper.

A *Macolor macularis,* Schwarzer Schnapper, 30 cm (bis zu 60 cm). Indo-Westpazifik, an Felsen- und Korallenriffen. Speisefisch. Carnivor: Plankton.
B *Lutjanus gibbus,* Buckelschnapper, 40 cm. Indo-Pazifik; schwimmt häufig in Schulen an Felsen- und Korallenriffen. Speisefisch. Carnivor: Fische, Krebse.
C *Lutjanus monostigma,* 40 cm. Korallenriffe des Indo-Westpazifik. Carnivor: Fische, Krebse.
D *Lutjanus argentimaculatus,* 40 cm. Indo-Westpazifik; an Korallen- und Felsenriffen anzutreffen. Die Jungen leben in Brackwasser. Schwimmt manchmal Flüsse hinauf. Speisefisch. Carnivor: Fische, Krebse.

C *Lutjanus monostigma,* Einfarben-Schnapper.

D *Lutjanus argentimaculatus.*

A Ein junger Kaiserschnapper, *Lutjanus sebae.*

B *Lutjanus lunulatus.*

C *Lutjanus carponotatus.*

A *Lutjanus sebae,* Kaiserschnapper, 30 cm. Indo-Westpazifik; bewohnt Sand- und Schlammböden an Felsen- und Korallenriffen. Speisefisch. Carnivor: Fische, Krebse.
B *Lutjanus lunulatus,* 30 cm. Felsen- und Korallenriffe des Indo-Westpazifik. Speisefisch. Carnivor: Fische, Krebse.
C *Lutjanus carponotatus,* 35 cm. Westlicher Pazifischer und östlicher Indischer Ozean; bewohnt Korallenriffe. Speisefisch. Carnivor: Fische, Krebse.
D *Lutjanus lutjanus,* 20 cm. Indo-Westpazifik; lebt in Schulen an Korallenriffen. Speisefisch. Carnivor: Fische, Krebse.

D *Lutjanus lutjanus.*

A *Pterocaesio tile.*

B Eine *Pterocaesio tile*-Varietät.

Caesionidae, Füsiliere (bis S. 198)

A, B *Pterocaesio tile,* 20 cm. Indo-Westpazifik; häufig in Schulen an Korallenriffen anzutreffen. Farbe variabel. Wird mit Handleinen und Schleppnetzen gefangen. Speisefisch. Carnivor: Zooplankton.

C *Pterocaesio trilineata,* 15 cm. Westpazifik; schwimmt in Schulen in Korallenriffen. Wird gelegentlich in Schleppnetzen gefangen. Carnivor: Zooplankton.

D *Pterocaesio marri,* 20 cm. Indo-Westpazifik; lebt in Schulen an Korallenriffen. Die Schwanzflosse hat schwarze Spitzen an beiden Läppchen. Speisefisch; wird mit Handleinen und Schleppnetzen gefangen. Carnivor: Zooplankton.

C *Pterocaesio trilineata.*

D *Pterocaesio marri.*

A *Caesio teres.*

A *Caesio varilineata.*

B *Caesio lunaris,* Schwanzfleck-Füsilier.

C *Caesio suevica.*

◄◄ (S. 194/195) **A** *Caesio teres,* 20 cm. Indo-Westpazifik; lebt in Schulen an Korallenriffen. Speisefisch; wird mit Schleppnetzen gefangen. Carnivor: Zooplankton.

A *Caesio varilineata,* 20 cm (bis zu 30 cm). Lebt in Schulen an Korallenriffen des Indischen Ozeans. Speisefisch. Carnivor: Zooplankton.

B *Caesio lunaris,* Schwanzfleck-Füsilier, 30 cm (bis zu 40 cm). Korallenriffe des Indo-Westpazifik. Die Lappen der Schwanzflosse haben schwarze Spitzen. Speisefisch. Carnivor: Zooplankton.

C *Caesio suevica,* 17 cm. Korallenriffe des Roten Meeres. Die Schwanzflossen haben schwarze Spitzen, vor denen ein weißes Band sitzt. Carnivor: Zooplankton.

A *Caesio cuning.*

B *Pterocaesio lativittata.*

C *Pterocaesio capricornis.*

A *Caesio cuning,* 30 cm. Westpazifik; in Schulen an Felsen- und Korallenriffen zu finden. Speisefisch. Carnivor: Zooplankton.
B *Pterocaesio lativittata,* 20 cm. Indo-Westpazifik; lebt in Schulen an Korallenriffen. Carnivor: Zooplankton.

C *Pterocaesio capricornis,* 14 cm. Korallenriffe im Westlichen Indischen Ozean. Carnivor: Zooplankton.

D *Pristipomoides multidens*

E *Pristipomoides flavipinnis*

F *Pristipomoides sieboldii*

G *Pristipomoides filamentosus*

H *Pristipomoides auricilla*

I *Pristipomoides zonatus*

J *Pristipomoides argyrogrammicus*

K *Etelis coruscans*

Lutjanidae, Schnapper (bis Kapitelende)

D *Pristipomoides multidens,* 50 cm (bis zu 100 cm). Indo-Westpazifik. Speisefisch; wird mit Handleinen aus 40 bis 200 m Tiefe gefangen. Carnivor: Fische.

E *Pristipomoides flavipinnis,* 40 cm. Westpazifik. Speisefisch; wird mit Handleinen aus 100 bis 300 m Tiefe gefangen. Carnivor: Fische.

F *Pristipomoides sieboldii,* 30 cm. Indo-Pazifik. Speisefisch; wird mit Handleinen aus mehr als 100 m Tiefe gefangen. Carnivor: Fische.

G *Pristipomoides filamentosus,* 40 cm. Indo-Pazifik. Speisefisch; wird mit Handleinen aus mehr als 100 m Tiefe gefangen. Carnivor: Fische.

H *Pristipomoides auricilla,* 30 cm. West- und Zentralpazifik. Speisefisch; wird mit Handleinen gefangen. Carnivor: Fische.

I *Pristipomoides zonatus,* 35 cm. Indo-Pazifik. Wird mit Handleinen aus Tiefen von mehr als 70 m gefangen. Carnivor: Fische.

J *Pristipomoides argyrogrammicus,* 23 cm. Westpazifik. Speisefisch; wird mit Handleinen aus über 70 m Tiefe gefangen. Carnivor: Fische.

K *Etelis coruscans,* 50 cm (bis zu 100 cm). Indo-Pazifik. Speisefisch; wird mit Handleinen aus großen Tiefen gefangen. Carnivor: Fische.

A *Etelis radiosus*

B *Etelis carbunculuc*

C *Aprion virescens*
Blaugrauer Schnapper

D *Paracaesio kusakarii*

E *Paracaesio xanthurus*

F *Paracaesio stonei*

A *Etelis radiosus,* 60 cm. Indo-Westpazifik. Speisefisch. Geködert mit *E. coruscans.* Carnivor: Fische.
B *Etelis carbunculuc,* 60 cm (bis zu 100 cm). Indo-Pazifik. Speisefisch; wird aus großen Tiefen mit Handleinen gefangen. Carnivor: Fische.
C *Aprion virescens,* Blaugrauer Schnapper, 50 cm (bis zu 100 cm). Lebt in Küstengewässern des Indo-Pazifik. Speisefisch. Carnivor: Fische.
D *Paracaesio kusakarii,* 40 cm. Westpazifik. Speisefisch; wird aus großen Tiefen mit Handleinen gefangen. Carnivor: Fische, Krebse.
E *Paracaesio xanthurus,* 35 cm. Indo-Westpazifik. Speisefisch; wird aus großen Tiefen mit Handleinen gefangen. Carnivor: Zooplankton.
F *Paracaesio stonei,* 50 cm. Westpazifik. Speisefisch; wird gelegentlich mit Handleinen gefangen. Carnivor: Fische, Krebse.

G *Paracaesio caeruleus*

I *Lipocheilus carnolabrum*

H *Paracaesio soldidus*

K *Symphorichthys spilurus* (Jugendform)

J *Symphorus nematophorus*

L *Symphorichthys spilurus* (adult)

M *Pinjalo lewisi*

G *Paracaesio caeruleus,* 30 cm. Südjapan. Speisefisch; wird in Felsenriffen aus großen Tiefen mit Handleinen gefangen. Carnivor: Zooplankton.
H *Paracaesio soldidus,* 35 cm. Indo-Westpazifik. Speisefisch; wird mit Handleinen in Korallen- und tiefgelegenen Felsenriffen gefangen.
Carnivor: Zooplankton.
I *Lipocheilus carnolabrum,* 50 cm. Indo-Westpazifik. Wird aus großen Tiefen mit Handleinen gefangen. Carnivor: Fische, Krebse.

J *Symphorus nematophorus,* 75 cm. Korallenriffe des Westpazifik. Die jungen sind hellgelb und haben 8 bis 9 blaue Streifen. Carnivor: Fische, Krebse.
K, L *Symphorichthys spilurus,* K 10 cm, L 35 cm (bis zu 50 cm). Westpazifik; auf Sandböden an Korallenriffen anzutreffen. Aquarien- und Speisefisch.
Carnivor: Fische, Krebse.
M *Pinjalo lewisi,* 30 cm. Indo-Westpazifik. Wird über Felsenböden aus Tiefen von 40 bis 100 m mit Handleinen gefangen. Carnivor: Krebsplankton.

A *Lutjanus bohar*
Zweiflecken-Schnapper

B *Lutjanus fulviflamma*
Goldener Flecken-Schnapper

C *Lutjanus stellatus*

D *Lutjanus rivulatus*

E *Lutjanus boutton*

F *Lutjanus decussatus*
Gitterschnapper

G *Lutjanus malabaricus*
(Jugendform)

H *Lutjanus malabaricus* (adult)

I *Caesio cuning*

A *Lutjanus bohar,* Zweiflecken-Schnapper, 70 cm. Korallenriffe des Indo-Pazifik. Eine ciguatoxische Art. Carnivor: Fische, Krebse.
B *Lutjanus fulviflamma,* Goldener Fleckenschnapper, 22 cm. Korallenriffe des Indo-Westpazifik. Speisefisch. Carnivor: Krebse, Fische.
C *Lutjanus stellatus,* 50 cm. Südliches Japanisches Meer; lebt an Korallen- und Felsenriffen. Guter Speisefisch. Carnivor: Krebse, Fische.
D *Lutjanus rivulatus,* 50 cm. Indo-Westpazifik; an Korallen- und Felsenriffen weitverbreitet.
Speisefisch. Carnivor: Krebse, Fische.
E *Lutjanus boutton,* 23 cm. Indo-Westpazifik; lebt an Korallen- und Felsenriffen. Speisefisch. Carnivor: Krebse, Fische.
F *Lutjanus decussatus,* Gitterschnapper, 22 cm. An Korallenriffen des Indo-Westpazifik weitverbreitet. Speisefisch. Carnivor: Krebse, Fische.
G, H *Lutjanus malabaricus,* G 5 cm, H 30 cm. Indo-Westpazifik; Kontinentalschelf. Hat eine sattelförmige schwarze Zeichnung am Ansatz der Schwanzflosse. Speisefisch; wird mit Schleppnetzen gefangen. Carnivor: Krebse, Fische.
I *Caesio cuning,* 30 cm. Korallenriffe des Indo-Westpazifik. Guter Speisefisch. Carnivor: Zooplankton.

Grunzer und Tigerfische 20

Klasse: Knochenfische

Familie: Pomadasyidae, Grunzer · **Familie:** Teraponidae, Tigerfische
Familie: Banjosidae, Banjofische

A *Plectorhinchus gaterinus,* Gemeine Süßlippe.

Grunzer, Tigerfische und Banjofische

Süßlippen oder Grunzer (Fam. Pomadasyidae, syn. Haemulidae; ca. 175 Arten) sind in allen tropischen Meeren häufig anzutreffen. Die größeren indopazifischen Arten, besonders solche der Gattung Plectorhynchus, leben im allgemeinen einzeln (solitär) und verbergen sich häufig in Grotten oder unter Korallenüberhängen. Jungfische weisen manchmal auffallende Farbmuster auf, die sich mit zunehmendem Alter dramatisch verändern können. Die Jungen von Plectorhynchus chaetodontoides ahmen anscheinend ungenießbare weichkörprige Wirbellose wie Nudibranchier (Nacktschnecken) oder Turbellarien (Strudelwürmer) nach und schützen sich damit in gewissem Grade vor Freßfeinden. Junge Grunzer ernähren sich von Zooplankton, wohingegen erwachsene Tiere eine Reihe von bodenbewohnenden Wirbellosen verzehren. Die maximale Gesamtlänge beträgt etwa 1 m, doch die meisten Arten erreichen weniger als 40–50 cm Gesamtlänge.

Tigerfische (Teraponidae; ca. 45 Arten) bewohnen flache tropische Meereszonen und Ästuarien. Die meisten Arten leben jedoch in den Süßwassergebieten Australiens und Neuguineas. Ihren umgangssprachlichen Namen verdanken sie der gestreiften farbigen Musterung, die man bei vielen marinen Arten findet. Sowohl Grunzer als auch Tigerfische können Grunzlaute von sich geben.

Die Banjofische (Banjosidae) sind durch eine einzige Art vertreten, die im westlichen Pazifik in Küstennähe lebt.

A *Plectorhinchus playfairi,* Playfairs Süßlippe.

B *Plectorhinchus flavomaculatus,* Zitronen-Süßlippe.

◄ (S. 203) **A** *Plectorhinchus gaterinus,* Gemeine Süßlippe (POMADASYIDAE, GRUNZER), 30 cm. Westlicher Indischer Ozean und Rotes Meer; lebt in Schulen an Korallenriffen. Carnivor: Krebse, Fische.

A *Plectorhinchus playfairi,* Playfairs Süßlippe (POMADASYIDAE, GRUNZER), 30 cm. Korallenriffe des westlichen Indischen Ozeans. Omnivor: Krebse, Fische, Detritus.

B *Plectorhinchus flavomaculatus,* Zitronen-Süßlippe (POMADASYIDAE, GRUNZER), 40 cm. Korallenriffe des Indo-Westpazifik. Carnivor: Krebse, Fische.

C, D *Diagramma pictum,* Verwandlungs-Süßlippe (POMADASYIDAE, GRUNZER), C 40 cm, D 45 cm. Indo-Westpazifik; auf sandigen Böden an Korallenriffen anzutreffen. Farbe variabel. Speisefisch. Carnivor: Krebse, Fische.

C *Diagramma pictum,* Verwandlungs-Süßlippe.

D Eine *Diagramma pictum*-Varietät.

A *Plectorhinchus celebicus,* Celebes-Süßlippe.

B *Plectorhinchus orientalis,* Orientalische Süßlippe.

C *Plectorhinchus multivittatus.*

Pomadasyidae, Grunzer (bis S. 212 B)

A *Plectorhinchus celebicus,* Celebes-Süßlippe, 30 cm. Westpazifik, Ostindien; bewohnt Korallenriffe. Carnivor: Krebse.

B *Plectorhinchus orientalis,* Orientalische Süßlippe, 30 cm. Korallenriffe des Westpazifik. Carnivor: Krebse, Fische.

C *Plectorhinchus multivittatus,* 40 cm. Westlicher Pazifischer und östlicher Indischer Ozean. Carnivor: Krebse, Fische.

D *Plectorhinchus indicus,* Indische Süßlippe, 40 cm (bis zu 50 cm). Korallenriffe des Indischen Ozeans. Carnivor: Krebse, Fische.

D Die Indische Süßlippe, *Plectorhinchus indicus,* findet man oft in Schulen in der

Nähe von Korallenriffen.

A *Plectorhinchus goldmani,* Goldflossen-Süßlippe.

B *Plectorhinchus harrawayi.*

C *Plectorhinchus polytaenia.*

D *Plectorhinchus gibbosus.*

E *Plectorhinchus sordidus.*

A *Plectorhinchus goldmani,* Goldflossen-Süßlippe, 40 cm (bis zu 50 cm). Korallenriffe des Westpazifik. Carnivor: Krebse, Fische.
B *Plectorhinchus harrawayi,* 80 cm (bis zu 100 cm). Korallenriffe des Westpazifik. Speisefisch. Carnivor: Krebse, Fische.
C *Plectorhinchus polytaenia,* 30 cm. Korallenriffe des Westpazifik. Speisefisch; wird mit Handleinen gefangen. Carnivor: Krebse, Fische.

D *Plectorhinchus gibbosus,* 30 cm. Felsen- und Korallenriffe des Indo-Pazifik. Carnivor: Krebse, Fische.
E *Plectorhinchus sordidus,* 30 cm. Westlicher Indischer Ozean; an Korallenriffen vor der kenianischen Küste weitverbreitet.
Carnivor: Krebse, Fische.

A *Parapristipoma trilineatum*

B *Plectorhinchus cinctus*

C *Plectorhinchus gibbosus* (Jugendform)

D *Plectorhinchus chaetodontoides* (juvenil)
Harlekin-Süßlippe

E *Plectorhinchus chaetodontoides* (adult)
Harlekin-Süßlippe

A *Parapristipoma trilineatum,* 30 cm. Südliches Japanisches und Ostchinesisches Meer; lebt in Schulen an Felsenriffen. Guter Speisefisch; wird mit Handleinen und stehenden Netzen gefangen. Carnivor: Zooplankton.
B *Plectorhinchus cinctus,* 40 cm. Indo-Westpazifik. Speisefisch; wird mit Handleinen und stehenden Netzen gefangen.
Carnivor: Krebse, Fische.

C *Plectorhinchus gibbosus* (Jugendform), 40 cm. Felsen- und Korallenriffe des Indo-Westpazifik. Speisefisch; wird mit Handleinen und Wandnetzen gefangen. Carnivor: Krebse, Fische.
D, E *Plectorhinchus chaetodontoides,* Harlekin-Süßlippe, D 10 cm, E 40 cm. Korallenriffe des Indo-Westpazifik. Die Jungen werden als Aquarienfische gehalten. Carnivor: Krebse, Fische.

F *Plectorhinchus diagrammus*
Phantom-Süßlippe

G *Plectorhinchus picus* (juvenil)

H *Plectorhinchus picus* (adult)

I *Pomadasys maculatum*

J *Pomadasys kaakan*

K *Hepalogenys kishinouyei*

L *Hepalogenys nigripinnis*

F *Plectorhinchus diagrammus,* Phantom-Süßlippe, 35 cm. Korallenriffe des Indo-Westpazifik. Speisefisch; wird mit Handleinen und stehenden Netzen gefangen. Carnivor: Krebse, Fische.
G, H *Plectorhinchus picus,* G 8 cm, H 40 cm. Korallen- und Felsenriffe des Indo-Westpazifik. Junge werden als Aquarienfische gehalten. Carnivor: Krebse, Fische.
I *Pomadasys maculatum,* 15 cm. Indo-Westpazifik; oft auf sandigen oder schlammigen Böden zu finden. Carnivor: Krebse, Fische.
J *Pomadasys kaakan,* 30 cm. Indo-Westpazifik; lebt auf Sand- und Schlammböden in seichten Küstengewässern. Speisefisch. Carnivor: Krebse, Fische.
K *Hepalogenys kishinouyei,* 20 cm. Südjapan und Philippinen; bewohnt Sand- und Schlammböden in Küstengewässern. Speisefisch; wird mit Schleppnetzen und stehenden Netzen gefangen. Carnivor: Krebse, Fische.
L *Hepalogenys nigripinnis,* 35 cm. Südliches Japanisches und Ostchinesisches Meer; bewohnt Felsenriffe in Küstengewässern. Speisefisch. Carnivor: Krebse, Fische.

A *Hepalogenys nitens*

B *Hepalogenys mucronatus*

C *Rhyncopelates oxyrhynchus*

D *Therapon theraps*

E *Therapon jarbua*
Dreistreifen-Tigerfisch

F *Mesopristes argenteus*

G *Banjos banjos*
Banjofisch

A *Hepalogenys nitens,* 30 cm. Südliches Japanisches und Ostchinesisches Meer. Speisefisch; wird mit Handleinen, stehenden Netzen und Wandnetzen gefangen.

B *Hepalogenys mucronatus,* 20 cm. Art ist endemisch im Südlichen Japanischen und Ostchinesischen Meer. Speisefisch; wird mit Handleinen, stehenden Netzen und Wandnetzen gefangen. Carnivor: Fische, Krebse.

TERAPONIDAE, TIGERFISCHE

C *Rhyncopelates oxyrhynchus,* 25 cm. Indo-Westpazifik. Lebt in Küstengewässern, häufig in Meeresarmen und Ästuarien, und dringt oft auch in Flüsse vor. Diese Art erzeugt Töne durch Kontraktion der Schwimmblase. Carnivor: Fische, Krebse.

D *Therapon theraps,* 15 cm (bis zu 25 cm). Indo-Westpazifik. Speisefisch; wird mit Handleinen und Wandnetzen gefangen.
Carnivor: Fische, Krebse.

E *Therapon jarbua,* Dreistreifen-Tigerfisch, 25 cm. Indo-Westpazifik, häufig in Ästuarien; dringt oft in Flüsse vor. Erzeugt Töne durch Kontraktion der Schwimmblase. Carnivor: Fische, Krebse.

F *Mesopristes argenteus,* 20 cm. Westpazifik, häufig in Ästuarien; dringt oft in Flüsse vor. Carnivor: Fische, Krebse.

G *Banjos banjos,* Banjofisch (BANJOSIDAE, BANJOFISCHE), 20 cm. Südliches Japanisches und Ostchinesisches Meer, Australien; lebt auf sandigen und schlammigen Böden in Tiefen von 30 bis 50 m. ird gelegentlich mit Schleppnetzen gefangen. Carnivor: Fische, Krebse.

Fadenflosser 21

Klasse: Knochenfische

Familie: NEMIPTERIDAE, FADENFLOSSER, SCHEINSCHNAPPER

A *Scolopsis margaritifer.*

Fadenflosser

Fadenflosser (Fam. Nemipteridae; nicht zu verwechseln mit den Polynemidae – s. o. –, die im Deutschen ebenfalls Fadenflosser heißen) sind auf die indo-westpazifische Region – primär in tropischen und subtropischen Breiten – beschränkt. Die Familie umfaßt rund 45 Arten, von denen viele bisher noch nicht beschrieben sind. Die größten Gattungen sind Scolopsis und Nemipterus, zu denen jeweils etwa 15–18 Arten gehören. Vertreter beider Gattungen werden häufig auf Fischmärkten (in Japan und Australien) angeboten, obwohl sie mit meist weniger als 40 cm Gesamtlänge recht klein sind. Scolopsis und die Gattung Pentapodus sind häufig in Korallenriffen oder auch in den sandigen Bereichen zwischen Riffen anzutreffen. Nemipterus und Parascolopsis treten im allgemeinen in tieferem Wasser auf, am häufigsten findet man sie zwischen 30 und 100 m Tiefe. Sie bilden einen bedeutenden Teil der Trawlerfänge im Bereich der Kontinentalsockel. Jungfische einiger Solenopsis-Arten ahmen das Farbmuster von giftigen Säbelzahnschleimfischen (Meiacanthus) nach, vermutlich, um Freßfeinde abzuschrekken. Fadenflosser suchen nach Würmern, Krebsen, Weichtieren und anderen Wirbellosen; gelegentlich fressen sie auch kleine Fische. Den umgangssprachlichen Namen „Fadenflosser" verdankt diese Familie den langen, fadenartig ausgezogenen Flossenspitzen, die sich bei einigen Nemipterus- und Pentapodus-Arten finden.

A *Pentapodus trivittatus.*

B *Pentapodus nagasakiensis.*

C *Pentapodus paradiseus.*

NEMIPTERIDAE, FADENFLOSSER, SCHEINSCHNAPPER (alle Tiere dieses Kapitels)

◄ (S. 213) **A** *Scolopsis margaritifer,* 20 cm. Korallenriffe des Indo-Westpazifik. Carnivor: Krebse, Weichtiere, Würmer.

A *Pentapodus trivittatus,* 15 cm. Korallenriffe des Westpazifik. Carnivor: Krebse.

B *Pentapodus nagasakiensis,* 10 cm. Südjapan, Australien. Carnivor: Krebse, Würmer.

C *Pentapodus paradiseus,* 10 cm. Westpazifik. Carnivor: Krebse.

D *Scolopsis monogramma,* 30 cm. Indo-Westpazifik; bewohnt Sandböden an Korallenriffen. Carnivor: Krebse, Würmer, Weichtiere.

D *Scolopsis monogramma.*

A *Scolopsis ciliatus.*

B *Scolopsis frenatus.*

C *Scolopsis bilineatus,* Schärpen-Brachsen.

D *Scolopsis ghanam,* Weißstreifen-Brachsen, Ghanam.

E *Scolopsis xenochrous,* Blaufleckenbrachsen.

A *Scolopsis ciliatus,* 15 cm. Westpazifik. ird mit Wandnetzen in der Nähe großer Felsblöcke auf Sand- und Schlammböden gefangen. Carnivor: Krebse, Würmer.
B *Scolopsis frenatus,* 12 cm. Bewohnt Korallen- und Felsenriffe im westlichen Indischen Ozean. Carnivor: Krebse, Würmer.
C *Scolopsis bilineatus,* Schärpen-Brachsen, 15 cm. Korallenriffe des Indo-Westpazifik. Carnivor: Krebse, Weichtiere, Würmer.
D *Scolopsis ghanam,* Weißstreifen-Brachsen, Ghanam, 15 cm. Westlicher Indischer Ozean, otes Meer; bewohnt Korallenriffe. Carnivor: Krebse, Würmer.
E *Scolopsis xenochrous,* Blaufleckenbrachsen, 15 cm. Westlicher Pazifischer und östlicher Indischer Ozean. Carnivor: Krebse, Würmer.

F *Pentapodus caninus*

G *Parascolopsis inermis*

H *Parascolopsis eriomma*

I *Scolopsis lineatus*

J *Scolopsis affinis*

F *Pentapodus caninus,* 18 cm. Korallenriffe des Indo-Westpazifik. Carnivor: Krebsplankton.
G *Parascolopsis inermis,* 20 cm. Gemäßigte Regionen des Indo-Westpazifik; bewohnt felsige Küstengebiete. Wird mit Handleinen und stehenden Netzen gefangen. Carnivor: Krebse.
H *Parascolopsis eriomma,* 20 cm. Südjapan und Südostasien; an Felsenriffen zu finden. Speisefisch; wird mit Handleinen und stehenden Netzen gefangen. Carnivor: Krebse.
I *Scolopsis lineatus,* 20 cm. Korallenriffe des Indo-Westpazifik. Wird mit Wand- und stehenden Netzen gefangen. Carnivor: Krebse.
J *Scolopsis affinis,* 15 cm. ndo- und Westpazifik; bewohnt Sandböden an Korallenriffen. Carnivor: Krebse, Würmer.

A *Nemipterus peronii*

B *Nemipterus furcosus*

C *Nemipterus zysron*

D *Nemipterus bathybius*

E *Nemipterus virgatus*

A *Nemipterus peronii,* 20 cm. Indo- und Westpazifik; auf schlammigen Böden weitverbreitet. Speisefisch; wird mit Handleinen gefangen. Carnivor: Krebse.
B *Nemipterus furcosus,* 30 cm. Indo-Westpazifik; lebt auf sandigen und schlammigen Böden. Speisefisch; wird mit Handleinen gefangen. Carnivor: Krebse.
C *Nemipterus zysron,* 20 cm. Westlicher Pazifischer und östlicher Indischer Ozean. Speisefisch; wird über sandigen und schlammigen Böden mit Handleinen gefangen. Carnivor: Krebse.

D *Nemipterus bathybius,* 30 cm. Südliches Japanisches und Ostchinesisches Meer; lebt in 40 bis 100 m Tiefe auf Schlammböden. Guter Speisefisch; wird mit Handleinen und Schleppnetzen gefangen.
Carnivor: Krebse.
E *Nemipterus virgatus,* 30 cm. Südliches Japanisches und Ostchinesisches Meer; lebt in 40 bis 100 m Tiefe auf schlammigen Böden. Guter Speisefisch; wird mit Handleinen und Schleppnetzen gefangen. Carnivor: Krebse.

Meerbrassen und Straßenkehrer

22

Klasse: Knochenfische

Familie: Sparidae, Meerbrassen · **Familie:** Lethrinidae, Straßenkehrer

A *Acanthopagrus bifasciatus,* Indischer Zweistreifenbrassen.

Meerbrassen und Straßenkehrer

Auf Meerbrassen und Straßenkehrer trifft man in allen seichten tropischen und gemäßigten Meeresregionen; besonders häufig halten sie sich in der Nachbarschaft von Riffen auf. Viele Arten sind wohlschmeckend und bei Sportanglern sehr begehrt. Diese Fische werden maximal etwas über 1 m lang, doch die meisten Arten bleiben weit darunter. Die Familie der Meerbrassen (Sparidae) umfaßt rund 100 Arten, von denen fast die Hälfte in küstennahen südafrikanischen Gewässern beheimatet sind. Viele Meerbrassen weisen kräftige Mahlzähne im Kiefer auf, mit denen sie Weichtiere und Krebse zermalmen. Andere Arten ernähren sich von Algen oder bodenbewohnenden Wirbellosen oder beidem. Einige Mitglieder dieser Familie können ihr Geschlecht ändern oder während eines bestimmten Stadiums in ihrem Leben auch Zwitter sein.

Straßenkehrer (Lethrinidae) sind auf die indo-westpazifische Region beschränkt. Die meisten der schätzungsweise 65 Arten bewohnen sandige Regionen in der Nachbarschaft von Riffen, wo sie sich von verschiedenen Wirbellosen und kleinen Fischen ernähren. Einige Arten können in kürzester Zeit von einer gleichmäßig hellen Färbung zu einer gesprenkelten Musterung übergehen.

◄ (S. 219) **A** *Acanthopagrus bifasciatus,* Indischer Zweistreifenbrassen (Sparidae, Meerbrassen), 30 cm. Westlicher Indischer Ozean und Rotes Meer; gewöhnlich an Korallenriffen zu finden. Carnivor: Krebse, Weichtiere, Würmer.

A *Pagus major* (Sparidae, Meerbrassen), 40 cm. Südliches Japanisches und Ostchinesisches Meer; lebt in 30 bis 200 m Tiefe auf felsigem Grund. Guter Speisefisch. Carnivor: Krebse, Weichtiere, Würmer.

A Charakteristisch für *Pagus major* ist die schwarzgeränderte Schwanzflosse.

A *Gymnocranius griseus.*

B *Gymnocranius bitorquatus.*

C *Gnathodentex aurolineatus.*

D *Monotaxis grandoculis.*

LETHRINIDAE, STRAßENKEHRER (bis S. 225 C)

A *Gymnocranius griseus,* 20 cm. Indo-Westpazifik; auf felsigen Böden weitverbreitet. Carnivor: Krebse, Weichtiere.

B *Gymnocranius bitorquatus,* 30 cm. Ostaustralien. Carnivor: Krebse, Weichtiere, Würmer.

C *Gnathodentex aurolineatus,* 20 cm. Indo-Westpazifik. Carnivor: Krebse, Weichtiere, Würmer.

D *Monotaxis grandoculis,* 35 cm. Korallenriffe des Indo-Pazifik. Speisefisch. Carnivor: Krebse, Weichtiere.

A *Eine Lethrinus elongatus*-Varietät.

B *Lethrinus miniatus.*

C *Lethrinus lentjan.*

D *Chrysoblephus anglicus.*

A *Lethrinus elongatus* (var.), 50 cm. Korallenriffe des Indo-Westpazifik. Carnivor: Krebse, Fische, Weichtiere.
B *Lethrinus miniatus,* 60 cm (bis zu 100 cm). Australien; an Korallenriffen weitverbreitet. Carnivor: Krebse, Weichtiere, Fische.
C *Lethrinus lentjan,* 30 cm. Korallenriffe des Indo-Westpazifik. Carnivor: Krebse, Weichtiere, Fische.
D *Chrysoblephus anglicus* (Sparidae, Meerbrassen), 38 cm. Südafrika, Mozambique. Carnivor: Krebse, Weichtiere, Würmer.

A *Dentex tumifrons*

B *Evynnis japonica*

C *Evynnis cardinalis*

D *Rhabdosargus sarba*

E *Acanthopagrus schlegeli*

F *Acanthopagrus latus*

G *Acanthopagrus sivicolus*

I *Acanthopagrus australis*

H *Acanthopagrus berda*

Sparidae, Meerbrassen

A *Dentex tumifrons,* 20 cm. Südjapanisches und Ostchinesisches Meer. Speisefisch; wird mit Schleppnetzen gefangen. Carnivor: Krebse, Weichtiere.
B *Evynnis japonica,* 18 cm. Südliches Japanisches und Ostchinesisches Meer. Speisefisch; wird mit Handleinen gefangen. Carnivor: Krebse, Weichtiere.
C *Evynnis cardinalis,* 15 cm. Ostchinesisches Meer; in japanischen Küstengewässern selten. Speisefisch. Carnivor: Krebse, Würmer.
D *Rhabdosargus sarba,* 25 cm. Indo- und Westpazifik; auf sandigen Böden in Buchten weitverbreitet. Speisefisch. Carnivor: Krebse, Weichtiere.
E *Acanthopagrus schlegeli,* 35 cm. Japanisches und Ostchinesisches Meer; häufig auf sandigen Böden in seichten Buchten. Speise- und Sportfisch. Carnivor: Krebse, Würmer.
F *Acanthopagrus latus,* 25 cm. Indo-Westpazifik; auf Sandböden weitverbreitet. Speisefisch. Carnivor: Krebse, Weichtiere, Würmer.
G *Acanthopagrus sivicolus,* 30 cm. Okinawa, Japan; lebt in seichten Buchten und Brackwasser. Carnivor: Krebse, Weichtiere, Würmer.
H *Acanthopagrus berda,* 30 cm. Indo-Westpazifik; lebt in Ästuarien und dringt oft auch in Flüsse vor. Carnivor: Krebse, Weichtiere, Würmer.
I *Acanthopagrus australis,* 30 cm. Westpazifik; lebt in Buchten und Ästuarien. Speisefisch. Carnivor: Krebse, Weichtiere, Würmer.

Lethrinidae, Strassenkehrer

J *Wattsia mossambica,* 30 cm. Indo-Westpazifik. Wird an Felsenriffen mit Handleinen gefangen. Speisefisch. Carnivor: Krebse, Weichtiere, Würmer.

K *Gymnocranius affinis,* 40 cm. Südliches Japanisches und Ostchinesisches Meer; bewohnt sandige Böden an Felsenriffen. Guter Speisefisch. Carnivor: Krebse, Weichtiere, Würmer.

L *Gymnocranius microdon,* 30 cm. Südjapan, Ostindien; lebt auf sandigen Böden an Felsenriffen. Carnivor: Krebse, Weichtiere, Würmer.

M *Gymnocranius* sp., 40 cm. Indo-Westpazifik; auf Sandböden an Felsenriffen anzutreffen. Carnivor: Krebse, Weichtiere, Würmer.

N *Gymnocranius elongatus,* 25 cm. Indo-Westpazifik; auf Sandböden an Felsenriffen anzutreffen. Carnivor: Krebse, Weichtiere, Würmer.

O *Lethrinus harak,* 35 cm. Indo-Pazifik; gewöhnlich in Küstennähe zu finden. Speisefisch. Carnivor: Krebse, Weichtiere, Fische.

P *Lethrinus nematacanthus,* 20 cm. Lebt an Korallenriffen und in Tang im Westpazifik. Carnivor: Krebse, Weichtiere, Würmer.

B *Lethrinus atkinsoni*

A *Lethrinus kallopterus*
Gelbflossen-Ruderfisch

C *Lethrinus nebulosus*

D *Lethrinus elongatus*

E *Lethrinus xantochilus*

F *Lethrinus rubrioperculatus*

G *Lethrinus amamianus*

A *Lethrinus kallopterus,* Gelbflossen-Ruderfisch, 70 cm. Felsen- und Korallenriffe des Indo-Westpazifik.
Carnivor: Krebse, Weichtiere, Fische.
B *Lethrinus atkinsoni,* 25 cm. Korallenriffe des Westpazifik. Speisefisch.
Carnivor: Krebse, Weichtiere, Fische.
C *Lethrinus nebulosus,* 50 cm. Indo-Westpazifik; lebt auf sandigen Böden an Felsen- und Korallenriffen. Guter Speisefisch. Carnivor: Krebse, Weichtiere, Fische.
D *Lethrinus elongatus,* 70 cm. Korallenriffe des Indo-Pazifik. Carnivor: Krebse, Weichtiere, Fische.
E *Lethrinus xantochilus,* 50 cm. Korallenriffe des Indo-Pazifik. Speisefisch. Carnivor: Krebse, Weichtiere, Fische.
F *Lethrinus rubrioperculatus,* 40 cm. Korallenriffe des Indo-Westpazifik. Speisefisch. Carnivor: Krebse, Weichtiere, Fische.
G *Lethrinus amamianus,* 45 cm. Südjapan und Ostindien; an Korallenriffen weitverbreitet. Speisefisch. Carnivor: Krebse, Weichtiere, Fische.

Spatenfische und Halbmondfische

Klasse: Knochenfische **23**

Familie: Ephippidae, Spatenfische · **Familie:** Scorpididae, Halbmondfische

A Ein adulter Rotsaum-Fledermausfisch, *Platax pinnatus*.

Spatenfische und Halbmondfische

Spatenfische (Fam. Ephippidae; ca. 14 Arten) sind in allen tropischen und subtropischen Meeren verbreitet. Typisch für diese Familie ist ein sehr hochrückiger, fast runder Körper. Die Vertreter der indopazifischen Gattung Platax (Unterfamilie Platacinae) sind allgemein als Fledermausfische bekannt und weisen deutlich verlängerte Rücken- und Afterflossen auf. Junge Fledermausfische besitzen besonders lange, hinterherschleppenden Flossen und zeigen oft ein stark kontrastierendes Farbmuster mit senkrechten Streifen. Sie sind bei Aquarianern sehr beliebt. Die größten Arten erreichen eine Gesamtlänge von etwa 75 cm. Fledermausfische und andere Spatenfische findet man oft einzeln oder gelegentlich auch in großen Schulen rund um Korallenriffe. Sie ernähren sich von kleinen bodenlebenden Wirbellosen und gelegentlich von Planktonorganismen. Junge Fledermausfische ahmen manchmal tote Blätter nach, indem sie auf der Seite schwimmen.

Halbmondfische (Scorpididae; ca. 10 Arten) bewohnen vornehmlich gemäßigte, algenbewachsene Riffe in der australischen Region, obwohl Microcanthus strigatus auch im westlichen Pazifik verbreitet ist und selbst bei den Hawaii-Insel angetroffen werden kann. Die meisten Vertreter dieser Familie sind etwa 25 cm lang und treten gewöhnlich in kleinen bis großen Schulen auf. Sie ernähren sich von einer Reihe kleiner Wirbelloser.

A *Platax pinnatus,* Rotsaum-Fledermausfisch (Jugendform).

B Ein junger Fledermausfisch der Spezies *Platax teira.*

C Ein junges Exemplar des Gewöhnlichen Fledermausfisches, *Platax orbicularis.*

Ephippidae, Spatenfische

◄ (S. 229) **A, A** *Platax pinnatus,* Rotsaum-Fledermausfisch, 12 cm (jung) bzw. 35 cm (adult). Bewohnt Felsen- und Korallenriffe im Indo-Westpazifik. Juvenile und jungen ausgewachsene Tiere sind hochgeschätzte Aquarienfische. Carnivor: benthische Wirbellose.

B *Platax teira,* 15 cm. Indo-Westpazifik. (vgl. S. 232 A.)

C, D *Platax orbicularis,* C 10 cm, D 35 cm. Korallenriffe des Indo-Westpazifik. Carnivor: benthische Wirbellose.

D Adulte Exemplare des Gewöhnlichen Fledermausfisches, *Platax orbicularis.*

A *Platax teira* (adult).

B *Platax batavianus.*

A, ◄ (auch S. 230 **B**) **B** *Platax teira,* A: 30 cm, B: 15 cm. Korallenriffe des Indo-Westpazifik. Carnivor: benthische Wirbellose.

B *Platax batavianus,* 40 cm. Ostaustralien. Carnivor: benthische Wirbellose.

Scorpididae, Halbmondfische

C *Microcanthus strigatus,* Nagasakifisch, 15 cm. Südliches Japanisches und Ostchinesisches Meer, Australien, Hawaii; häufig an Felsenriffen zu finden. Lebt in Schwärmen. Carnivor: benthische Wirbellose.

C Durch seine Streifen charakterisiert: der Nagasakifisch, *Microcanthus strigatus.*

A *Scorpis georgianus.*

B *Scorpis aequipinnis.*

C *Neatypus obliquus,* Diagonalstreifen-Steinbrassen.

D *Tilodon sexfasciatum.*

E *Atypichthys latus.*

A *Scorpis georgianus,* 35 cm. Südwestaustralien. Carnivor: Zooplankton.
B *Scorpis aequipinnis,* 30 cm. Südostaustralien. Carnivor: Zooplankton.
C *Neatypus obliquus,* Diagonalstreifen-Steinbrassen, 12 cm. Südwestaustralien. Carnivor: Zooplankton und benthische Wirbellose.
D *Tilodon sexfasciatum,* 30 cm. Südliche Regionen Australiens. Carnivor: benthische Wirbellose.
E *Atypichthys latus,* 15 cm. Lord-Howe-Inseln, Kermadec-Inseln, Neuseeland. Carnivor: benthische Tiere, Zooplankton.

Falterfische 24

Klasse: Knochenfische

Familie: Chaetodontidae, Falterfische

A *Chaetodon semilarvatus,* Rotmeer-Falterfisch.

Falterfische oder Borstenzähner

Falterfische oder Borstenzähner (Fam. Chaetodontidae) sind berühmt für ihre auffällig bunte Farbmusterung, ihre elegante Körperform und ihre graziösen Schwimmbewegungen. Die Familie umfaßt 116 Arten, die vorwiegend in tropischen Meeren rund um Korallenriffe anzutreffen sind. Die meisten Arten leben in Tiefen von weniger als 20 m, doch einige kommen auch in größeren Tiefen – 200 m und mehr – vor. Falterfische sind tagaktiv und suchen nachts Schutz in der Nähe der Riffoberfläche. Oft nehmen sie in der Nacht ein unauffälliges Farbmuster an. Die Verbreitung der meisten Arten beschränkt sich auf einen relativ kleinen Riffbereich, vielleicht ein isoliert gelegenes Fleckenriff oder einen Teilbereich eines ausgedehnteren Riffkomplexes. Auf Nahrungssuche schwimmen sie unermüdlich in ihrem Territorium umher; viele Arten fressen lebende Korallenpolypen, andere leben von einer Mischkost aus kleinen bodenbewohnenden Wirbellosen und Algen. Einige wenige Arten, z. B. Vertreter der Gattung Hemitaurichthys, ernähren sich in mittleren Wasserschichten von Zooplankton. Junge Falterfische sind als Aquariumfische sehr begehrt. Die meisten Arten erreichen eine Gesamtlänge von weniger als 30 cm.

A *Chaetodon xanthurus.*

B *Chaetodon madagascariensis,* der indische Winkel-Orangenfalterfisch.

C *Chaetodon mertensii.*

CHAETODONTIDAE, FALTERFISCHE (ganzes Kapitel)

◄ (S. 235) **A** *Chaetodon semilarvatus,* Rotmeer-Falterfisch, 20 cm. Endemisch im Roten Meer; an Korallenriffen weitverbreitet. Aquarienfisch. Carnivor: benthische Wirbellose.

A *Chaetodon xanthurus,* 10 cm. Korallenriffe des Westpazifik. Omnivor: benthische Wirbellose, Algen.

B *Chaetodon madagascariensis,* Indischer Winkel-Orangenfalterfisch, 10 cm, Korallenriffe des Indischen Ozeans. Omnivor: benthische Wirbellose, Algen.

C *Chaetodon mertensii,* 12 cm. Korallenriffe des Westpazifik. Omnivor: benthische Wirbellose, Algen.

D *Chaetodon paucifasciatus,* Kronen-Falterfisch, 12 cm. Korallenriffe des Roten Meeres; ist dort endemisch. Omnivor: benthische Wirbellose.

D *Chaetodon paucifasciatus,* Kronen-Falterfische im Roten Meer.

A *Chaetodon guentheri,* Günthers Falterfisch.

B *Chaetodon citrinellus,* Zitronen-Falterfisch.

C Drei Exemplare von *Chaetodon miliaris.*

D *Chaetodon guttatissimus,* Tüpfelfalterfisch.

E *Chaetodon dolosus,* Mozambique-Falterfisch.

A *Chaetodon guentheri,* Günthers Falterfisch, 12 cm. Westpazifik. Omnivor: benthische Wirbellose, Algen.
B *Chaetodon citrinellus,* Zitronen-Falterfisch, 10 cm. Indo-Pazifik. Omnivor: benthische Wirbellose, Algen.
C *Chaetodon miliaris,* 12 cm. Hawaii. Omnivor: benthische Wirbellose, Algen.
D *Chaetodon guttatissimus,* Tüpfelfalterfisch, 12 cm. Korallenriffe des Indischen Ozeans. Omnivor: benthische Wirbellose, Algen.
E *Chaetodon dolosus,* Mozambique-Falterfisch, 16 cm. Indischer Ozean. Omnivor: benthische Wirbellose, Algen.
F, G *Chaetodon auriga,* Augenfleck-Falterfisch, beide 18 cm. Korallenriffe des Indo-Pazifik. Omnivor: benthische Wirbellose, Algen.

F *Chaetodon auriga auriga,* eine Varietät des Augenfleck-Falterfisches, die im Roten Meer lebt.

G *Chaetodon auriga,* Augenfleck-Falterfisch.

A Die pazifische Varietät des Gelben Tränentropfen-Falterfisches, *Chaetodon unimaculatus.*

B Diese Varietät des Gelben Tränentropen-Falterfisches, *Chaetodon unimaculatus,* lebt im Indischen Ozean.

A, B *Chaetodon unimaculatus,* Gelber Tränentropfen-Falterfisch, beide 15 cm. Korallenriffe des Indo-Pazifik. Carnivor: benthische Wirbellose.
C *Chaetodon bennetti,* Bennetts Falterfisch, 14 cm. Korallenriffe des Indo-Westpazifik. Omnivor: Korallenpolypen, benthische Wirbellose, Algen.
D *Chaetodon zanzibariensis,* Afrikanischer Einfleck-Falterfisch, 15 cm. Westlicher Indischer Ozean. Carnivor: Korallenpolypen.
E *Chaetodon speculum,* 14 cm. Korallenriffe des Indo-Westpazifik. Carnivor: Korallenpolypen.

C *Chaetodon bennetti,* Bennetts Falterfisch.

D *Chaetodon zanzibariensis,* Afrikanischer Einfleck-Falterfisch.

E *Chaetodon speculum.*

A *Chaetodon lineolatus,* Gestreifter Falterfisch.

B *Chaetodon oxycephalus,* Falscher Gitterfalterfisch.

A *Chaetodon lineolatus,* Gestreifter Falterfisch, 30 cm. Korallenriffe des Indo-Pazifik. Carnivor: benthische Wirbellose, Korallenpolypen.
B *Chaetodon oxycephalus,* Falscher Gitterfalterfisch, 25 cm. Korallenriffe des Indo-Westpazifik. Carnivor: benthische Wirbellose, Korallenpolypen.
C *Chaetodon collare,* Halsband-Falterfisch, 18 cm. Korallenriffe des Indo-Westpazifik. Carnivor: benthische Wirbellose, Korallenpolypen.
D *Chaetodon auripes,* Goldfalterfisch, 15 cm. Südliches Japanisches und Ostchinesisches Meer; an Felsen- und Korallenriffen weitverbreitet. Carnivor: benthische Wirbellose.

C Woher der Halsband-Falterfisch, *Chaetodon collare,* seinen Namen hat, ist offensichtlich.

D *Chaetodon auripes,* Goldfalterfisch.

A *Chaetodon lunula,* Mondsichel-Falterfisch.

B *Chaetodon fasciatus,* Tabakfalterfisch.

C *Chaetodon ulietensis,* Pazifischer Doppelsattel-Falterfisch.

A *Chaetodon lunula,* Mondsichel-Falterfisch, 15 cm. Indo-Pazifik. Omnivor: benthische Wirbellose, Algen.
B *Chaetodon fasciatus,* Tabakfalterfisch, 15 cm. Endemisch im Roten Meer. Omnivor: benthische Wirbellose, Algen.
C *Chaetodon ulietensis,* Pazifischer Doppelsattel-Falterfisch, 13 cm. Westpazifik. Omnivor: benthische Wirbellose, Algen.
D *Chaetodon falcula,* Sattelbinden-Falterfisch, 17 cm. Korallenriffe des Indischen Ozeans. Omnivor: benthische Wirbellose, Algen.

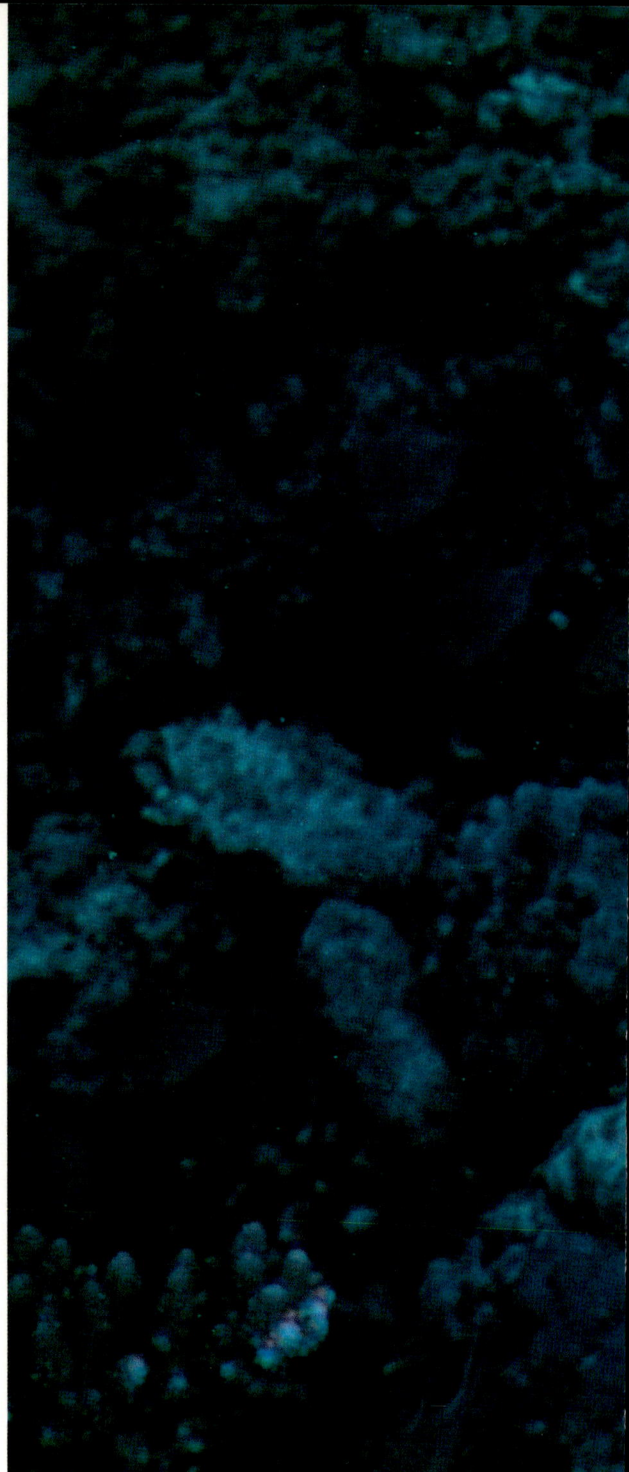

D Der Sattelbinden-Falterfisch, *Chaetodon falcula,* tritt gewöhnlich in

Paaren auf.

A *Chaetodon baronessa,* die Baroneß.

B *Chaetodon larvatus,* Rotmeer-Masken-Falterfisch.

C *Chaetodon triangulum,* Triangel-Falterfisch.

A *Chaetodon baronessa,* Baroneß, 13 cm. Korallenriffe des Westpazifik. Carnivor: Korallenpolypen.
B *Chaetodon larvatus,* Rotmeer-Masken-Falterfisch, 12 cm. Korallenriffe des Roten Meeres. Carnivor: Korallenpolypen.

C *Chaetodon triangulum,* Triangel-Falterfisch, 13 cm. Korallenriffe des Indischen Ozeans. Carnivor: Korallenpolypen.

D *Chaetodon trifasciatus.*

E Eine *Chaetodon trifasciatus*-Varietät, die das Rote Meer bewohnt.

F *Chaetodon austriacus.*

D, E *Chaetodon trifasciatus,* beide 12 cm. Korallenriffe des Indo-Pazifik. Carnivor: Korallenpolypen.

F *Chaetodon austriacus,* 12 cm. Korallenriffe des Roten Meeres; die Art ist dort endemisch. Carnivor: Korallenpolypen.

A *Chaetodon xanthocephalus,* Gelbkopf-Falterfisch.

B *Chaetodon ephippium.*

A *Chaetodon xanthocephalus,* Gelbkopf-Falterfisch, 20 cm. Korallenriffe des Indischen Ozeans. Omnivor: benthische Wirbellose, Algen.
B *Chaetodon ephippium,* 17 cm. Korallenriffe des Indo-Pazifik. Omnivor: benthische Wirbellose, Algen.
C *Chaetodon pelewensis,* Punkt-Diagonalstreifen-Falterfisch, 10 cm. Zentral- und Westpazifik. Omnivor: benthische Wirbellose, Algen.
D *Chaetodon punctatofasciatus,* Punktstreifen-Falterfisch, 10 cm. Zentral- und Westpazifik. Omnivor: benthische Wirbellose, Algen.
E *Chaetodon leucopleura,* Gelbschwanz-Falterfisch, 13 cm. Westlicher Indischer Ozean und Rotes Meer. Omnivor: benthische Wirbellose, Algen.
F *Chaetodon flavirostris,* Schwarzer Falterfisch, 15 cm. entral- und Westpazifik. Omnivor: benthische Wirbellose, Algen.
G *Chaetodon selene,* Goldtupfen-Falterfisch, 17 cm. Westpazifik. Omnivor: benthische Wirbellose, Algen.
H *Chaetodon fremblii,* Blaustreifen-Falterfisch, 13 cm. Endemisch in Hawaii; auf Felsen- und Korallenriffen anzutreffen. Omnivor: benthische Wirbellose, Algen.

C *Chaetodon pelewensis,* Punkt-Diagonalstreifen-Falterfisch.

D *Chaetodon punctatofasciatus,* Punktstreifen-Falterfisch.

E *Chaetodon leucopleura,* Gelbschwanz-Falterfisch.

F *Chaetodon flavirostris,* Schwarzer Falterfisch.

G *Chaetodon selene,* Goldtupfen-Falterfisch.

H *Chaetodon fremblii,* Blaustreifen-Falterfisch.

A *Chaetodon mitratus,* Mitra-Falterfisch.

B *Chaetodon marleyi,* Südafrikanischer Falterfisch.

C *Amphichaetodon howensis.*

D *Chaetodon blackburni,* Strahlen-Falterfisch.

E *Chaetodon nigropunctatus,* Schwarzpunkt-Falterfisch.

F *Hemitaurichthys thompsoni,* Thompsons Falterfisch.

A *Chaetodon mitratus,* Mitra-Falterfisch, 13 cm. Indischer Ozean. Carnivor: benthische Wirbellose.
B *Chaetodon marleyi,* Südafrikanischer Falterfisch, 15 cm. Südafrika. Omnivor: benthische Wirbellose, Algen.
C *Amphichaetodon howensis,* 15 cm. Südostaustralien, Neuseeland. Omnivor: benthische Wirbellose, Algen.
D *Chaetodon blackburni,* Strahlen-Falterfisch, 15 cm. Westlicher Indischer Ozean. Omnivor: benthische Wirbellose, Algen.
E *Chaetodon nigropunctatus,* Schwarzpunkt-Falterfisch, 13 cm. Endemisch im Arabischen Meer und im Persischen Golf. Carnivor: Korallenpolypen.
F *Hemitaurichthys thompsoni,* Thompsons Falterfisch, 18 cm. Hawaii, Marcus-Inseln; in Schulen an Korallenriffen zu finden.
Carnivor: Zooplankton.
G *Hemitaurichthys zoster,* Pyramiden-Falterfisch, 15 cm. Indischer Ozean; schwimmt in Schulen an Korallenriffen.
Carnivor: Zooplankton.

G *Hemitaurichthys zoster,* Pyramiden-Falterfische.

A *Heniochus acuminatus,* Wimpelfisch.

B *Heniochus intermedius.*

C *Heniochus pleurotaenia,* Phantom-Wimpelfisch.

D *Johnrandallia nigrirostris,* Barbier-Falterfisch.

A *Heniochus acuminatus,* Wimpelfisch, 18 cm. Bewohnt Felsen- und Korallenriffe im Indo-Pazifik. Carnivor: Zooplankton, benthische Wirbellose.
B *Heniochus intermedius,* 18 cm. Korallenriffe des Roten Meeres. Carnivor: benthische Wirbellose.

C *Heniochus pleurotaenia,* Phantom-Wimpelfisch, 20 cm. Korallenriffe des Indischen Ozeans. Carnivor: benthische Tiere.
D *Johnrandallia nigrirostris,* Barbier-Falterfisch, 13 cm. Ostpazifik. Omnivor: benthische Wirbellose, Algen, sucht Parasiten von anderen Fischen ab.

E *Forcipiger flavissimus*
Gelber Pinzettfisch

F *Forcipiger longirostris*
Röhrenmaul-Pinzettfisch

G *Forcipiger longirostris* (var.)
Röhrenmaul-Pinzettfisch

H *Chelmon rostratus*
Gebänderter Pinzettfisch

J *Chelmonops truncatus*
Schwarzbinden-Pinzettfisch,
Talma

I *Chelmon mulleri*
Müllers Pinzettfisch

K *Chaetodon trifascialis*
Sparren-Falterfisch

E *Forcipiger flavissimus,* Gelber Pinzettfisch, 12 cm. Indo-Pazifik einschließlich Ostpazifik; gewöhnlich an Felsen- und Korallenriffen zu finden. Carnivor: benthische Wirbellose.
F *Forcipiger longirostris,* Röhrenmaul-Pinzettfisch. beide 14 cm. Korallenriffe des Indo-Pazifik. Carnivor: benthische Wirbellose.
H *Chelmon rostratus,* Gebänderter Pinzettfisch, 13 cm. Felsen- und Korallenriffe des Indo-Westpazifik. Carnivor: benthische Wirbellose.

I *Chelmon mulleri,* Müllers Pinzettfisch, 15 cm. Nordostaustralien; lebt an Küstenriffen. Carnivor: benthische Tiere.
J *Chelmonops truncatus,* Schwarzbinden-Pinzettfisch, Talma, 15 cm. Südaustralien; lebt auf Felsenböden.
Carnivor: benthische Wirbellose.
K *Chaetodon trifascialis,* Sparren-Falterfisch, 12 cm. Korallenriffe des Indo-Pazifik. Carnivor: Korallenpolypen.

A *Chaetodon plebeius,* 10 cm. Korallenriffe des Indo-Pazifik. Carnivor: Korallenpolypen.
B *Chaetodon argentatus,* Silberfalterfisch, 10 cm. Bewohnt Korallenriffe von Japan bis zu den Philippinen. Omnivor: benthische Wirbellose, Algen.
C *Chaetodon burgessi,* Burgess Falterfisch, 13 cm. Philippinen; lebt an steilen Hängen in 40 bis 50 m Tiefe. Carnivor: benthische Wirbellose.
D *Chaetodon tinkeri,* Tinkers Falterfisch, 13 cm. Hawaii; lebt auf Felsenböden in 40 bis 50 m Tiefe. Carnivor: benthische Wirbellose.
E *Chaetodon rafflesi,* Großschuppen-Falterfisch, 12 cm. Korallenriffe des Indo-Pazifik. Carnivor: benthische Wirbellose.
F *Chaetodon semeion,* Graupunkt-Falterfisch, 15 cm. Korallenriffe des Indo-Pazifik. Omnivor: benthische Wirbellose, Algen.
G *Chaetodon vagabundis,* Vagabundengaukler, 13 cm. Korallenriffe des Indo-Pazifik. Omnivor: benthische Wirbellose, Algen.
H *Chaetodon decussatus,* Schwarzflossen-Vagabund, 12 cm. elsen- und Korallenriffe des Indischen Ozeans. Omnivor: benthische Wirbellose, Algen.

I *Chaetodon wiebeli*
Hongkong-Falterfisch

J *Chaetodon adiergastos*
Philippinen-Falterfisch

K *Chaetodon ornatissimus*
Prachtfalterfisch

L *Chaetodon meyeri*
Gebänderter Falterfisch

M *Chaetodon reticulatus*
Perlen-Falterfisch

O *Chaetodon daedalma*
Eisfalterfisch

N *Chaetodon octofasciatus*
Achtbinden-Falterfisch

P *Chaetodon kleinii*
Goldgelber Falterfisch

I *Chaetodon wiebeli,* Hongkong-Falterfisch, 15 cm. Westpazifik; bewohnt felsige Böden an Küstenriffen.
Omnivor: benthische Wirbellose, Algen.
J *Chaetodon adiergastos,* Philippinen-Falterfisch, 15 cm. Korallenriffe des Westpazifik. Carnivor: benthische Wirbellose.
K *Chaetodon ornatissimus,* Prachtfalterfisch, 15 cm. Korallenriffe des Indo-Pazifik. Carnivor: Korallenpolypen.
L *Chaetodon meyeri,* Gebänderter Falterfisch, 15 cm. Korallenriffe des Indo-Pazifik. Carnivor: Korallenpolypen.
M *Chaetodon reticulatus,* Perlen-Falterfisch, 13 cm. Korallenriffe des Zentral- und Westpazifik. Carnivor: Korallenpolypen.
N *Chaetodon octofasciatus,* Achtbinden-Falterfisch, 10 cm. Indo-Westpazifik; in Korallenriffen und geschützten Meeresarmen zu finden. Carnivor: Korallenpolypen.
O *Chaetodon daedalma,* Eisfalterfisch, 14 cm. Südjapan, an Felse- und Korallenriffen. Omnivor: benthische Wirbellose, Algen.
P *Chaetodon kleinii,* Goldgelber Falterfisch, 10 cm. Korallenriffe des Indo-Pazifik. Omnivor: benthische Wirbellose, Algen.

A *Chaetodon multicinctus*
Hawaii-Streifenfalterfisch

B *Chaetodon melanotus*

C *Chaetodon ocellicaudus*
Schlußpunkt-Falterfisch

D *Chaetodon nippon*
Japanfalterfisch

E *Chaetodon quadrimaculatus*
Vierflecken-Falterfisch

G *Chaetodon rainfordi*
Doppelband-Falterfisch

F *Chaetodon aureofasciatus*
Goldstreifen-Falterfisch

A *Chaetodon multicinctus,* Hawaii-Streifenfalterfisch, 12 cm. Endemisch in Hawaii; häufig an Felsen- und Korallenriffen zu finden. Omnivor: benthische Wirbellose, Algen.
B *Chaetodon melanotus,* 12 cm. Korallenriffe des Indo-Pazifik. Carnivor: Korallenpolypen.
C *Chaetodon ocellicaudus,* Schlußpunkt-Falterfisch, 10 cm. Korallenriffe des Indo-Westpazifik.
Carnivor: Korallenpolypen.

D *Chaetodon nippon,* Japanfalterfisch, 13 cm. Von Japan bis zu den Philippinen; lebt in Schulen an Felsenriffen. Carnivor: Zooplankton, benthische Wirbellose.
E *Chaetodon quadrimaculatus,* Vierflecken-Falterfisch, 13 cm. Korallenriffe des Zentral- und Westpazifik. Carnivor: benthische Wirbellose.
F *Chaetodon aureofasciatus,* Goldstreifen-Falterfisch, 13 cm. Korallenriffe im nördlichen Australien. Carnivor: Korallenpolypen.
G *Chaetodon rainfordi,* Doppelband-Falterfisch, 13 cm. Nordostaustralien; lebt an Korallenriffen. Carnivor: Korallenpolypen.

H *Chaetodon modestus*
Braunband-Falterfisch

I *Chaetodon melapterus*
Persischer Falterfisch

J *Chaetodon humeralis*
Ostpazifik-Falterfisch

K *Coradion altivelis* (adult)
Hochflossen-Coradion

L *Coradion altivelis* (Jugendform)
Hochflossen-Coradion

M *Coradion chrysozonus*
Novara-Coradion

H *Chaetodon modestus,* Braunband-Falterfisch, 12 cm. Felsenriffe in subtropischen Regionen des Indo-Pazifik. Carnivor: benthische Wirbellose.
I *Chaetodon melapterus,* Persischer Falterfisch, 12 cm. Korallenriffe des Persischen Golfs und des Arabischen Meeres. Carnivor: Korallenpolypen.
J *Chaetodon humeralis,* Ostpazifik-Falterfisch, 15 cm. Korallen- und Felsenriffe des Ostpazifik. Omnivor: benthische Wirbellose, Algen.

K, L *Coradion altivelis,* Hochflossen-Coradion, K 14 cm, L 6 cm. Korallen- und Felsenriffe des Westpazifik. Die Jungen haben einen schwarzen Fleck auf der weichen Rückenflosse.
Omnivor: benthische Wirbellose, Algen.
M *Coradion chrysozonus,* Novara-Coradion, 13 cm. Felsen- und Korallenriffe des Westpazifik. Omnivor: benthische Wirbellose, Algen.

B *Heniochus monoceros*
Bannerträger

C *Heniochus singularis*
Malayen-Wimpelfisch

A *Heniochus diphreutus*

E *Heniochus varius*
Schwarzer Wimpelfisch

D *Heniochus chrysostomus*
Pazifik-Wimpelfisch

G *Parachaetodon ocellatus*
Segelfalterfisch

F *Hemitaurichthys polylepis*
Gelber Pyramiden-Falterfisch

A *Heniochus diphreutus,* 13 cm. Indo-Pazifik; lebt in Schulen an Felsen- und Korallenriffen.
B *Heniochus monoceros,* Bannerträger, 20 cm. An Korallenriffen des Indo-Pazifik weitverbreitet. Carnivor: benthische Wirbellose.
C *Heniochus singularis,* Malayen-Wimpelfisch, 20 cm. Korallenriffe des Zentral- und Westpazifik. Carnivor: benthische Wirbellose.
D *Heniochus chrysostomus,* Pazifik-Wimpelfisch, 12 cm. Korallenriffe des Zentral- und Westpazifik. Carnivor: Korallenpolypen.
E *Heniochus varius,* Schwarzer Wimpelfisch, 15 cm. Korallenriffe des Zentral- und Westpazifik.
Carnivor: benthische Wirbellose.
F *Hemitaurichthys polylepis,* Gelber Pyramiden-Falterfisch, 13 cm. Zentral- und Westpazifik; in Schulen an Korallenriffen anzutreffen. Carnivor: Zooplankton.
G *Parachaetodon ocellatus,* Segelfalterfisch, 10 cm. Korallenriffe des Indo-Pazifik. Omnivor: benthische Wirbellose, Algen.

Kaiserfische 25

Familie: Pomacanthidae, Kaiserfische

Klasse: Knochenfische

A *Pomacanthus maculosus,* ein Sichel-Kaiserfisch.

Kaiserfische

Die Kaiserfische (Fam. Pomacanthidae) sind enge Verwandte der Falterfische; beide wurden bis vor kurzem in eine einzige Familie eingeordnet. Die 76 bekannten Arten bewohnen tropische Meere, und man findet sie hauptsächlich in der Nähe von Korallenriffen, sei es als Einzeltiere oder im Schwarm. Viele Arten leben in seichtem Wasser, in 2–3 m bis 10–15 m Tiefe. Andere sind auf tieferes Wasser beschränkt; einige Vertreter der Gattung Centropyge und Genicanthus findet man gewöhnlich nicht in Wassertiefen von weniger als 20 m, manchmal sogar in Tiefen von 75 m und mehr. Kaiserfische sind beliebte Aquarienpfleglinge und berühmt für ihre prachtvoll bunte Zeichnung. Viele Arten durchlaufen beim Übergang vom Jugend- zum Erwachsenenstadium einen frappierenden Farbwechsel. Die meisten Kaiserfische benötigen Verstecke und Rückzugsmöglichkeiten in Form von Felsblöcken, Höhlen und Korallengrotten. Fast alle Arten sind mehr oder minder territorial und verbringen die Stunden des Tageslichtes nahe am Boden auf Nahrungssuche. Einige Arten fressen beinahe ausschließlich Algen, andere ziehen Schwämme samt einer Reihe bodenbewohnender Wirbelloser vor, und einige wenige sind Planktonfresser in mittleren Wasserzonen.

A Eine Varietät des Imperator-Kaiserfisches, *Pomacanthus imperator,* die im Indischen Ozean vorkommt.

B Ein Jungtier des Imperator-Kaiserfisches, *Pomacanthus imperator.*

Pomacanthidae, Kaiserfische (ganzes Kapitel)

◄ (S. 259) **A** *Pomacanthus maculosus,* Sichel-Kaiserfisch, 25 cm. Korallenriffe des Roten Meeres. Aquarienfisch. Omnivor: Schwämme, Algen, Manteltiere.

A, B, C *Pomacanthus imperator,* Imperator-Kaiserfisch, A 25 cm, B 10 cm, C 30 cm. Korallenriffe des Indo-Westpazifik. Von der Jugend- zur Erwachsenenform findet ein Farbwechsel statt. Die vorderen Strahlen der weichen Rükkenflosse laufen bei der pazifischen Varietät zipflig aus. Omnivor: Schwämme, Algen, Manteltiere.

C Die pazifische Varietät des Imperator-Kaiserfisches, *Pomacanthus imperator* (adult).

A *Pomacanthus xanthometopon,* Blaukopf-Kaiserfisch.

B *Pomacanthus asfur,* Halbmond-Kaiserfisch.

A *Pomacanthus xanthometopon,* Blaukopf-Kaiserfisch, 40 cm. Korallenriffe des Indo-Westpazifik. Omnivor: Schwämme, Manteltiere, Algen.
B *Pomacanthus asfur,* Halbmond-Kaiserfisch, 25 cm. Korallenriffe des Roten Meeres. Omnivor: Schwämme, Manteltiere, Algen.
C *Pomacanthus chrysurus,* Gelbschwanz-Kaiserfisch, 25 cm. Korallenriffe des westlichen Indischen Ozeans. Omnivor: Schwämme, Manteltiere, Algen.
D *Pomacanthus annularis,* Ring-Kaiserfisch, 30 cm. Felsen- und Korallenriffe des Indo-Pazifik. Omnivor: Schwämme, Manteltiere, Algen.

C *Pomacanthus chrysurus,* Gelbschwanz-Kaiserfisch.

D *Pomacanthus annularis,* Ring-Kaiserfisch.

A Ein adultes Exemplar des Koran-Kaiserfisches, *Pomacanthus semicirculatus.*

B Ein junges Exemplar des Koran-Kaiserfisches, *Pomacanthus semicirculatus.*

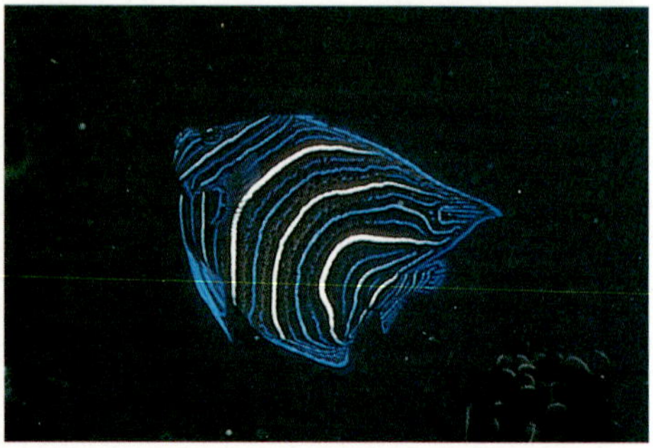

C Ein juveniles Exemplar des Koran-Kaiserfisches, *Pomacanthus semicirculatus.*

A, B, C *Pomacanthus semicirculatus,* Koran-Kaiserfisch, A 35 cm, B 15 cm, C 10 cm. Felsen- und Korallenriffe des Indo-Pazifik. Omnivor: Schwämme, Manteltiere, Algen.

D *Pomacanthus navarchus.*

E *Pomacanthus zonipectus,* Cortez-Kaiserfisch.

F *Pomacanthus striatus,* Trapez-Kaiserfisch.

D *Pomacanthus navarchus,* 15 cm. Korallenriffe des Westpazifik. Omnivor: Schwämme, Manteltiere, Algen.
E *Pomacanthus zonipectus,* Cortez-Kaiserfisch, 30 cm. Ostpazifik. Omnivor: Schwämme, Manteltiere, Algen.
F *Pomacanthus striatus,* Trapez-Kaiserfisch, 30 cm. Westlicher Indischer Ozean. Omnivor: Schwämme, Manteltiere, Algen.

A In 20 m Tiefe wurde dieser Schwarzbinden-Kaiserfisch, *Holacanthus arcuatus,* fotografiert.

B *Apolemichthys trimaculatus,* Gelber Dreipunkt-Kaiserfisch.

A *Holacanthus arcuatus,* Schwarzbinden-Kaiserfisch, 15 cm. Hawaii; an Felsen- und Korallenriffen anzutreffen. Omnivor: Schwämme, Manteltiere, Algen.

B *Apolemichthys trimaculatus,* Gelber Dreipunkt-Kaiserfisch, 20 cm. Korallenriffe des Indo-Pazifik. Omnivor: Schwämme, Manteltiere, Algen.
C *Pygoplites diacanthus,* Pfauen-Kaiserfisch, 20 cm. Korallenriffe des Indo-Pazifik. Omnivor: Schwämme, Manteltiere, Algen.

C Der Pfauen-Kaiserfisch, *Pygoplites diacanthus,* ist eine besonders schöne Spezies.

A *Chaetodontoplus septentrionalis,* Blaustreifen-Zwergkaiserfisch.

B *Centropyge eibli,* Schmuck-Herzogfisch.

C *Centropyge heraldi,* Goldener Herzogfisch.

D *Centropyge joculator,* Kokos-Herzogfisch.

E *Centropyge acanthops,* Afrikanischer Herzogfisch.

F *Centropyge flavissimus,* Zitronen-Herzogfisch (adult).

G *Centropyge flavissimus,* Zitronen-Herzogfisch (Jugendform).

A *Chaetodontoplus septentrionalis,* Blaustreifen-Zwergkaiserfisch, 20 cm. Gemäßigte Regionen des Westpazifik; auf Felsenböden anzutreffen. Omnivor: Schwämme, Manteltiere, Algen.
B *Centropyge eibli,* Schmuck-Herzogfisch, 15 cm. Korallenriffe, überwiegend im Indischen Ozean. Omnivor: Algen, Korallenpolypen.
C *Centropyge heraldi,* Goldener Herzogfisch, 10 cm. Zentral- und Westpazifik. Omnivor: Algen, Korallenpolypen, Manteltiere.

D *Centropyge joculator,* Kokos-Herzogfisch, 9 cm. Kokosinseln, Weihnachtsinseln. Omnivor: Algen, Korallenpolypen, Manteltiere.
E *Centropyge acanthops,* Afrikanischer Herzogfisch, 7 cm. Westlicher Indischer Ozean. Omnivor: Algen, Korallenpolypen, Manteltiere.
F,G *Centropyge flavissimus,* Zitronen-Herzogfisch, F 10 cm, G 5 cm. Zentral- und Westpazifik.
Omnivor: Algen, Korallenpolypen, Manteltiere.

A *Centropyge bicolor,* Blaugelber Herzogfisch.

B *Centropyge ferrugatus,* Rotbrauner Herzogfisch.

C *Centropyge vroliki,* Perlen-Herzogfisch.

D *Centropyge interruptus,* Japanischer Herzogfisch.

E *Centropyge multispinis,* Blaubrauner Herzogfisch.

F *Centropyge flavicauda,* Weißschwanz-Herzogfisch.

A *Centropyge bicolor,* Blaugelber Herzogfisch, 10 cm. Zentral- und Westpazifik. Omnivor: Algen, Korallenpolypen, Manteltiere.
B *Centropyge ferrugatus,* Rotbrauner Herzogfisch, 8 cm. Westpazifik. Omnivor: Algen, Korallenpolypen, Manteltiere.

C *Centropyge vroliki,* Perlen-Herzogfisch, 10 cm. Zentral- und Westpazifik. Omnivor: Algen, Korallenpolypen, Manteltiere.
D *Centropyge interruptus,* Japanischer Herzogfisch, 13 cm. Bewohnt Korallenriffe in Südjapan. Omnivor: Algen, Manteltiere.

G *Genicanthus caudovittatus* (♂), Rotmeer-Lyrakaiserfisch.

H *Genicanthus caudovittatus* (♀), Rotmeer-Lyrakaiserfisch.

E *Centropyge multispinis,* Blaubrauner Herzogfisch, 10 cm. Indischer Ozean. Omnivor: Algen, Korallenpolypen, Manteltiere.
F *Centropyge flavicauda,* Weißschwanz-Herzogfisch, 8 cm. Zentral- und Westpazifik. Omnivor: Algen, Korallenpolypen, Manteltiere.

G, H *Genicanthus caudovittatus,* Rotmeer-Lyrakaiserfisch, ♂ 18 cm, ♀ 15 cm. Westlicher Indischer Ozean, Rotes Meer; bewohnt Korallenhänge in 10 bis 40 m Tiefe.
Carnivor: Zooplankton.

A *Chaetodontoplus melanosoma*
Phantom-Kaiserfisch

B *Chaetodontoplus chrysocephalus*
Brauner Kaiserfisch

C *Chaetodontoplus mesolaucus*
Mond-Zwergkaiserfisch

D *Chaetodontoplus caeruleopunctatus*
Kristall-Kaiserfisch

E *Chaetodontoplus personifer*
Sternchen-Kaiserfisch

F *Chaetodontoplus duboulayi*
Australischer Zwergkaiserfisch

G *Chaetodontoplus conspicillatus*
Auffälliger Zwergkaiserfisch

A *Chaetodontoplus melanosoma,* Phantom-Kaiserfisch, 18 cm. Felsige Böden im Westpazifik. Omnivor: Schwämme, Manteltiere, Algen.
B *Chaetodontoplus chrysocephalus,* Brauner Kaiserfisch, 15 cm. Felsenriffe des Westpazifik. Omnivor: Schwämme, Manteltiere, Algen.
C *Chaetodontoplus mesolaucus,* Mond-Zwergkaiserfisch, 14 cm. Korallenriffe des Westpazifik. Omnivor: Schwämme, Manteltiere, Algen.
D *Chaetodontoplus caeruleopunctatus,* Kristall-Kaiserfisch, 14 cm. Philippinen; bewohnt Felsenböden. Omnivor: Schwämme, Manteltiere, Algen.
E *Chaetodontoplus personifer,* Sternchen-Kaiserfisch, 20 cm. Küstenriffe im Westpazifik. Omnivor: Schwämme, Manteltiere, Algen.
F *Chaetodontoplus duboulayi,* Australischer Zwergkaiserfisch, 25 cm. Küstenriffe im Westpazifik.
Omnivor: Schwämme, Manteltiere, Algen.
G *Chaetodontoplus conspicillatus,* Auffälliger Zwergkaiserfisch, 25 cm. Salomon-Inseln, Neukaledonien, Lord-Howe-Inseln. Omnivor: Schwämme, Manteltiere, Algen.

H *Pomacanthus sexstriatus*

I *Holacanthus passer*
Kalifornischer Kaiserfisch

J *Holacanthus clarionensis*
Orangen-Engelfisch

K *Holacanthus venustus*
Gelbhalsband-Engelfisch

L *Apolemichthys xanthopunctatus*
Goldtupfen-Kaiserfisch

M *Apolemichthys xanthurus*
Indischer Rauchglas-Zwergkaiserfisch

H *Pomacanthus sexstriatus,* 40 cm. Felsen- und Korallenriffe des Westpazifik. Omnivor: Schwämme, Manteltiere, Algen.
I *Holacanthus passer,* Kalifornischer Kaiserfisch, 20 cm. Ostpazifik; bildet Schulen in felsigen Regionen. Omnivor: Schwämme, Manteltiere, Algen.
J *Holacanthus clarionensis,* Orangen-Engelfisch, 20 cm. Ostpazifik; bildet Schulen in felsigen Regionen.
Omnivor: Schwämme, Manteltiere, Algen.
K *Holacanthus venustus,* Gelbhalsband-Engelfisch, 10 cm. Westpazifik; in Höhlen oder unter Vorsprüngen anzutreffen. Omnivor: Manteltiere, Algen.
L *Apolemichthys xanthopunctatus,* Goldtupfen-Kaiserfisch, 25 cm. Felsen- und Korallenriffe des Zentralpazifik. Omnivor: Schwämme, Manteltiere, Algen.
M *Apolemichthys xanthurus,* Indischer Rauchglas-Zwergkaiserfisch, 15 cm. Felsen- und Korallenriffe des Indischen Ozeans. Omnivor: Schwämme, Manteltiere, Algen.

A *Genicanthus bellus* (♂)
Pracht-Lyrakaiserfisch

B *Genicanthus bellus* (♀)
Pracht-Lyrakaiserfisch

C *Genicanthus lamarck* (♂)
Vierstreifen-Lyrakaiserfisch/Lamarcks Engelfisch

D *Genicanthus lamarck* (♀)
Vierstreifen-Lyrakaiserfisch/Lamarcks Engelfisch

E *Genicanthus watanabei* (♂)
Gelbstrich-Lyrakaiserfisch

F *Genicanthus watanabei* (♀)
Gelbstrich-Lyrakaiserfisch

A, B *Genicanthus bellus,* Pracht-Lyrakaiserfisch, ♂ 17 cm, ♀ 15 cm. Östlicher Indischer Ozean und westlicher Pazifik; bewohnt steile äußere Hänge von Korallenriffen. Diese Tiere sind protogyne Zwitter.
Carnivor: Zooplankton.
C, D *Genicanthus lamarck,* Vierstreifen-Lyrakaiserfisch/Lamarcks Engelfisch, ♂ 20 cm, ♀ 15 cm. Indo-Westpazifik; lebt an steilen äußeren Hängen von Korallenriffen. Carnivor: Zooplankton.
E, F *Genicanthus watanabei,* Gelbstrich-Lyrakaiserfisch, ♂ 18 cm, ♀ 15 cm. Westpazifik; lebt an steilen äußeren Hängen von Korallenriffen.
Carnivor: Zooplankton.

G *Genicanthus semifasciatus* (♂)
Japan-Lyrakaiserfisch

H *Genicanthus semifasciatus* (♀)
Japan-Lyrakaiserfisch

I *Genicanthus melanospilos* (♂)
Zebra-Lyrakaiserfisch

J *Genicanthus melanospilos* (♀)
Zebra-Lyrakaiserfisch

K *Genicanthus personatus* (♂)
Masken-Kaiserfisch

L *Genicanthus personatus* (♀)
Masken-Kaiserfisch

G, H *Genicanthus semifasciatus,* Japan-Lyrakaiserfisch, ♂ 18 cm, ♀ 15 cm. Südjapan und Philippinen; an den Izu-Inseln weitverbreitet, ansonsten selten. Carnivor: Zooplankton.
I, J *Genicanthus melanospilos,* Zebra-Lyrakaiserfisch, ♂ 18 cm, ♀ 15 cm. Indo-Westpazifik. An steilen Hängen am äußeren Riffhang von Korallenriffen zu finden. Carnivor: Zooplankton.

K, L *Genicanthus personatus,* Masken-Kaiserfisch, ♂ 20 cm, ♀ 18 cm. Kommt nur in Hawaii vor; lebt an steilen Riffhängen in großen Tiefen. Omnivor: Zooplankton, Algen.

A *Centropyge multifasciatus*
Vielstreifen-Herzogfisch

B *Centropyge bispinosus*
Blauschwarzer Streifenherzogfisch

C *Centropyge loriculus*
Feuer-Herzogfisch

D *Centropyge nox*
Schwarzer Herzogfisch

E *Centropyge potteri*
Potters Herzogfisch

F *Centropyge tibicen*
Leuchtfleck-Herzogfisch

G *Centropyge multicolor*
Bunter Herzogfisch

A *Centropyge multifasciatus,* Vielstreifen-Herzogfisch, 8 cm. entral- und Westpazifik; in Höhlen an äußeren Riffhängen anzutreffen. Omnivor: Algen, Korallenpolypen, Manteltiere.
B *Centropyge bispinosus,* Blauschwarzer Streifenherzogfisch, 10 cm. Korallenriffe des Indo-Westpazifik. Omnivor: Algen, Korallenpolypen, Manteltiere.
C *Centropyge loriculus,* Feuer-Herzogfisch, Korallenriffe des Zentral- und Westpazifik. Omnivor: Algen, Korallenpolypen, Manteltiere.
D *Centropyge nox,* Schwarzer Herzogfisch, 10 cm. Korallenriffe des Westpazifik. Omnivor: Algen, Korallenpolypen, Manteltiere.
E *Centropyge potteri,* Potters Herzogfisch, 13 cm. Hawaii; lebt an Felsen- und Korallenriffen.
Omnivor: Algen, Korallenpolypen, Manteltiere.
F *Centropyge tibicen,* Leuchtfleck-Herzogfisch, 10 cm. Korallenriffe des Westpazifik. Omnivor: Algen, Korallenpolypen, Manteltiere.
G *Centropyge multicolor,* Bunter Herzogfisch, 9 cm. Zentralpazifik; an äußeren Korallenhängen in großen Tiefen anzutreffen.
Omnivor: Algen, Korallenpolypen, Manteltiere.

Pentacerotidae und Oplegnathidae

Klasse: Knochenfische

26

A *Enoplosus armatus,* Doppel-Rückenflosser.

Pentacerotidae, Oplegnathidae, Brandungsbarsche und Buntbarsche

Die Pentacerotidae (ca. 13 Arten, engl. armorheads, Panzerköpfe) bewohnen subtropische und gemäßigte Zonen im Indopazifik. Man findet sie im allgemeinen rund um Felsenriffe oder über Sandboden, in geringen (10–30 m) bis größeren (300 m und mehr) Tiefen. Sie ernähren sich von Krebsen, Stachelhäutern, Würmern und anderen Wirbellosen. Die größte Art erreicht eine Gesamtlänge von etwa 1 m.

Mitglieder der Familie Oplegnathidae (4 Arten, engl. knifejaws, Messerkiefer) sind hauptsächlich in subtropischen Meeren verbreitet. Man kann sie leicht an ihren Papageienfisch-ähnlichen Zähnen erkennen. Erwachsene Tiere bilden Paare und sind sehr territorial. Auf ihrem Speiseplan stehen Algen, Schwämme, Entenmuscheln, Napfschnecken und Manteltiere. Ihre maximale Gesamtlänge liegt bei 80 cm.

Brandungsbarsche (Embiotocidae; ca. 25 Arten) sind in kühlen nordpazifischen Meeresregionen verbreitet, hauptsächlich längs der Küste von Nordamerika. Sie leben in der Brandungszone, in Kelpwäldern oder in Gezeitentümpeln. Sie haben eine innerer Befruchtung, und die Weibchen sind lebendgebärend; gewöhnlich werden drei bis zehn Junge geboren.

Buntbarsche (Cichlidae; ca. 1100 Arten) sind Süßwasser- (selten Brackwasser-) Bewohner und kommen vornehmlich im Südamerika und Afrika. Einige wenige Arten (z.B. Tilapia spp.) sind inzwischen weltweit verbreitet.

A *Pentaceropsis recurvirostris.*

B *Histiopterus typus.*

◄ (S. 277) **A** *Enoplosus armatus,* Doppel-Rückenflosser (ENOPLOSIDAE), 22 cm. Südaustralien; lebt in Schulen an Felsenriffen. Carnivor: Krebse, Würmer.

A *Pentaceropsis recurvirostris* (PENTACEROTIDAE), 70 cm. Südaustralien. Omnivor: Krebse, Würmer, Stachelhäuter, Algen.

B *Histiopterus typus* (PENTACEROTIDAE), 25 cm. Indo-Westpazifik; bewohnt sandige Böden an Felsenriffen. Carnivor: Krebse.

C *Evistias acutirostris* (PENTACEROTIDAE), 30 cm. Felsen- und Korallenriffe des Westpazifik. Carnivor: Krebse.

C *Evistias acutirostris.*

A *Embiotoca jacksoni.*

B *Oplegnathus fasciatus* (Jugendform)

D *Oplegnathus fasciatus*
großes adultes Exemplar

C *Oplegnathus fasciatus* (adult)

F *Oplegnathus punctatus* (adult)

E *Oplegnathus punctatus* (Jugendform)

G *Oplegnathus punctatus*
großes adultes Exemplar

A *Embiotoca jacksoni* (EMBIOTOCIDAE, BRANDUNGSBARSCHE), 20 cm. Ostpazifik; vor allem felsige Regionen mit Seetang. Carnivor: Krebse, Weichtiere, Würmer.
B, C, D *Oplegnathus fasciatus* (OPLEGNATHIDAE), B 10 cm, C 20 cm, D 50 cm. Gemäßigte Gewässer bei Südjapan. Guter Speise- und Sportfisch. Carnivor: Krebse, Weichtiere.

E, F, G *Oplegnathus punctatus* (OPLEGNATHIDAE), E 10 cm, F 20 cm, G 60 cm. Südliches Japanisches und Südchinesisches Meer. Guter Speise- und Sportfisch. Carnivor: Krebse, Weichtiere.

A *Ditrema temmincki*
Doppelloch

B *Ditrema temmincki* (var., ♂)
Doppelloch

C *Ditrema temmincki* (var., ♀)
Doppelloch

D *Ditrema viridis*

E *Neoditrema ransonneti*
Doppelloch

F *Tilapia nilotica*
Nilbuntbarsch

G *Tilapia mossambica*
Mozambique-Buntbarsch

A, B, C *Ditrema temmincki,* Doppelloch (Embiotocidae, Brandungsbarsche), A 20 cm, B 20 cm, C 19 cm. Japan und Korea; bewohnt *Sargassum*-Wälder und Felsenriffe. Lebendgebärend; Anzahl der Embryos ca. 13. Speise- und Sportfisch. Carnivor: Krebse, Weichtiere, Würmer.
D *Ditrema viridis* (Embiotocidae, Brandungsbarsche), 12 cm. Südjapan; bewohnt *Zostera*-Betten in flachem Wasser. Lebendgebärend; Anzahl der Embryos ca. 30. Carnivor: Krebse, Weichtiere, Würmer.
E *Neoditrema ransonneti,* Doppelloch (Embiotocidae, Brandungsbarsche), 12 cm. Südjapan und Korea; lebt in Schulen auf Felsenböden. Lebendgebärend; Anzahl der Embryos 9 bis 17. Carnivor: Zooplankton.
F *Tilapia nilotica,* Nilbuntbarsch (Cichlidae, Buntbarsche), 25 cm (bis zu 50 cm). Afrika, mittlerweile weltweit eingeführt; bewohnt Süßwasser. Eier und Larven werden im Maul des Weibchens aufbewahrt. Speisefisch. Omnivor.
G *Tilapia mossambica,* Mozambique-Buntbarsch (Cichlidae, Buntbarsche), 30 cm. Afrika, mittlerweile weltweit eingeführt. Bewohnt Süß- und Brackwasser. Speisefisch. Omnivor.

Riffbarsche 27

Familie: Pomacentridae, Riffbarsche

Klasse: Knochenfische

A Zweibinden-Clownfische, *Amphiprion polymnus,* mit Jungen.

Riffbarsche

Riffbarsche (Pomacentridae) sind sind kleine (gewöhnlich unter 10–15 cm lange), riffbewohnende Fische, die man in allen warmen Meeren findet; wenige Arten, z. B. Vertreter der Gattung Parma aus der australischen Region und einige Chromis-Arten sind in ihrer Verbreitung auf kühlere gemäßigte oder subtropische Meeresgewässer beschränkt. Abgesehen von ihrem Reiz als Aquarienfische sind Riffbarsche im allgemeinen zu klein, um von wirtschaftlicher Bedeutung zu sein, wenn sie auch gelegentlich als Köder benutzt werden.

Riffbarsche gehören zu den auffälligsten Fischen in tropischen Korallenriffen, sowohl was die Anzahl als auch die Artenzahl angeht. Es gibt ungefähr 315 Arten, die in 28 Gattungen zusammengefaßt werden. Die überwiegende Mehrheit der Arten (85%) und Gattungen (80%) lebt in der riesigen indopazifischen Region. Die umfangreichsten Gattungen sind Chromis (73 Arten), Pomacentrus (53 Arten), Stegastes (38 Arten), Amphiprion (26 Arten) und Chrysiptera (25 Arten).

A *Amphiprion clarkii,* Clarks Anemonenfisch.

B *Amphiprion chrysopterus.*

Pomacentridae, Riffbarsche (ganzes Kapitel)

◄ (S. 283) **A** *Amphiprion polymnus,* Zweibinden-Clownfisch, Indo-Westpazifik; lebt in seichten Lagunen, symbiontisch mit den Seeanemonen *Stichodactyla haddoni* und *Heteractis crispa.* Omnivor: benthische Algen, Zooplankton.

A *Amphiprion clarkii,* Clarks Anemonenfisch, 9 cm. Indo-Westpazifik; lebt symbiontisch mit verschiedenen Seeanemonen-Art. Omnivor: Algen, Zooplankton.

B *Amphiprion chrysopterus,* 10 cm. Westpazifik. Omnivor: benthische Algen, Zooplankton.

C *Amphiprion fuscocaudatus,* Seychellen-Anemonenfisch, 10 cm. Seychellen. Omnivor: Algen, Zooplankton.

C *Amphiprion fuscocaudatus,* Seychellen-Anemonenfisch.

D *Amphiprion akindynos,* Barriere-Anemonenfisch.

E *Amphiprion leucokranos,* Weißkäppchen-Anemonenfisch.

F *Amphiprion chrysogaster,* Mauritius-Anemonenfisch.

G *Amphiprion latezonatus.*

H *Amphiprion sebae,* ein Gelbschwanzringelfisch oder Goldflößchen.

I *Amphiprion nigripes,* der Malediven-Clownfisch.

D *Amphiprion akindynos,* Barriere-Riff-Anemonenfisch, 12 cm. Korallenmeer. Omnivor: Algen, Zooplankton.
E *Amphiprion leucokranos,* Weißkäppchen-Anemonenfisch, 7,5 cm. Von Neuguinea bis zu den Salomon-Inseln. Omnivor: Algen, Zooplankton.
F *Amphiprion chrysogaster,* Mauritius-Anemonenfisch, 13 cm. Endemisch bei Mauritius. Omnivor: Algen, Zooplankton.
G *Amphiprion latezonatus,* Weißband-Anemonenfisch, 6 cm. Südostaustralien bis Lord-Howe-Inseln. Omnivor: Algen, Zooplankton.
H *Amphiprion sebae,* Gelbschwanzringelfisch, Goldflößchen, 8 cm. Zentral- und westlicher Indischer Ozean. Omnivor: Algen, Zooplankton.
I *Amphiprion nigripes,* Malediven-Clownfisch, 6 cm. Malediven, Sri Lanka. Omnivor: Algen, Zooplankton.

A *Amphiprion sandaracinos,* Weißrücken-Anemonenfisch.

B *Amphiprion akallopisos,* Weißrücken-Clownfisch.

C *Amphiprion rubrocinctus,* Australischer Anemonenfisch.

D *Amphiprion ephippum,* Glühkohlenfisch.

E *Amphiprion mccullochi,* McCullochs Anemonenfisch.

F *Amphiprion bicinctus,* Rotmeer-Anemonenfisch.

A *Amphiprion sandaracinos,* Weißrücken-Anemonenfisch, 6 cm. Westpazifik. Omnivor: Algen, Zooplankton.
B *Amphiprion akallopisos,* Weißrücken-Clownfisch, 7 cm. Indischer Ozean. Omnivor: Algen, Zooplankton.
C *Amphiprion rubrocinctus,* Australischer Anemonenfisch, 7 cm. Nordwestaustralien. Omnivor: Algen, Zooplankton.
D *Amphiprion ephippum,* Glühkohlenfisch, 9 cm. Indo-Australischer Archipel. Omnivor: Algen, Zooplankton.
E *Amphiprion mccullochi,* McCullochs Anemonenfisch, 7 cm. Lord-Howe-Inseln, Norfolk-Inseln. Omnivor: Algen, Zooplankton.
F *Amphiprion bicinctus,* Rotmeer-Anemonenfisch, 7 cm. Endemisch im Roten Meer. Omnivor: Algen, Zooplankton.

G *Amphiprion melanopus,* Schwarzer Anemonenfisch.

H *Amphiprion frenatus.*

I *Amphiprion ocellaris,* Orange-Ringelfisch.

J *Amphiprion perideraion,* Rosa-Anemonenfisch.

K *Amphiprion allardi,* Allards Anemonenfisch.

G *Amphiprion melanopus,* Schwarzer Anemonenfisch, 8 cm. Westpazifik. Omnivor: Algen, Zooplankton.
H *Amphiprion frenatus,* 9 cm. Indo-Pazifik. Lebt in seichten Gewässern, symbiontisch mit *Entacmaea quadricolor.* Omnivor: Algen, Zooplankton.
I *Amphiprion ocellaris,* Orange-Ringelfisch, 5 cm. Westpazifik; symbiontisch mit verschiedenen Seeanemonen. Omnivor: Algen, Zooplankton.
J *Amphiprion perideraion,* Rosa-Anemonenfisch, 6 cm. Westpazifik; symbiontisch mit der Seeanemone *Heteractis magnifica.* Omnivor: Algen, Zooplankton.
K *Amphiprion allardi,* Allards Anemonenfisch, 8 cm. Westlicher Indischer Ozean. Omnivor: Algen, Zooplankton.

A *Premnas biaculeatus,* Samtanemonenfisch, 12 cm. Indo-Australischer Archipel. Weibchen deutlicher größer als Männchen. Omnivor: Algen, Zooplankton.
B *Dascyllus trimaculatus,* Dreipunkt-Preußenfisch, 10 cm. Korallenriffes des Indo-Westpazifik. Junge sammeln sich um Seeanemonen. Omnivor: Algen, Zooplankton.
C *Dascyllus marginatus,* Rotmeer-Mönchfisch, 6 cm. Rotes Meer, Arabisches Meer. Bildet Schwärme in der Nähe von Korallen. Omnivor: Zooplankton, Algen.
D *Dascyllus reticulatus,* Netz-Preußenfisch, 5 cm. Indo-Westpazifik. Omnivor: Zooplankton, Algen.
E *Dascyllus carneus,* Bauchflossen-Mönchfisch, 7 cm. Indischer Ozean. Omnivor: Zooplankton, Algen.
F *Dascyllus albisella,* "Aloiloi-Paapaa", 9 cm. Hawaii. Omnivor: Zooplankton, Algen.
G *Dascyllus aruanus,* Dreibinden-Preußenfisch, 5 cm. Indo-Westpazifik. Omnivor: Zooplankton, Algen.
H *Dascyllus melanurus,* Philippinen-Preußenfisch, 5 cm. Westpazifik. Omnivor: Zooplankton, Algen.
I *Acanthochromis polyacanthus,* Stachel-Riffbarsch, 10 cm. Indo-Australischer Archipel. Omnivor: Zooplankton, Algen.
J *Acanthochromis polyacanthus* (var.), Stachel-Riffbarsch, 8 cm. Indo-Australischer Archipel.
K *Cheiloprion labiatus,* Großlippen-Riffbarsch, 8 cm. Indo-Westpazifik. Omnivor: Korallenpolypen, Algen.
L *Chromis margaritifer,* Zweifarben-Riffbarsch, 5 cm. Westpazifik. Omnivor: Zooplankton, Algen.
M *Chromis atripes,* Schwarzflossen-Riffbarsch, 5 cm. Westpazifik. Omnivor: Zooplankton, Algen.
N *Chromis retrofasciatus,* Schwarzband-Riffbarsch, 4 cm. Westpazifik. Omnivor: Zooplankton, Algen.

A *Premnas biaculeatus,* Samtanemonenfisch.

B Ein Schwarm Dreipunkt-Preußenfische, *Dascyllus trimaculatus.*

C *Dascyllus marginatus,* Rotmeer-Mönchfisch.

D *Dascyllus reticulatus,* Netz-Preußenfisch.

E *Dascyllus carneus,* Bauchflossen-Mönchfisch.

F *Dascyllus albisella,* ein „Aloiloi-Paapaa".

G *Dascyllus aruanus,* Dreibinden-Preußenfisch.

H *Dascyllus melanurus,* Philippinen-Preußenfisch.

I *Acanthochromis polyacanthus,* Stachel-Riffbarsch.

J Eine *Acanthochromis polyacanthus*-Varietät.

K *Cheiloprion labiatus,* Großlippen-Riffbarsch.

L *Chromis margaritifer,* Zweifarben-Riffbarsch.

M *Chromis atripes,* Schwarzflossen-Riffbarsch.

N *Chromis retrofasciata,* Schwarzband-Riffbarsch.

A *Chromis vanderbilti,* Vanderbilts Riffbarsch.

B *Chromis nigrura,* Schwarzsaum-Riffbarsch.

C *Chromis opercularis,* Doppelband-Chromis.

D *Chromis weberi,* Webers Riffbarsch.

E *Chromis xanthura.*

F *Chromis ovatiformis,* Ovate Riffbarsch.

G *Chromis lepidolepis,* Geschuppter Riffbarsch.

A *Chromis vanderbilti,* Vanderbilts Riffbarsch, 4 cm. Westpazifik. Carnivor: Zooplankton.
B *Chromis nigrura,* Schwarzsaum-Riffbarsch, 6 cm. Indischer Ozean. Carnivor: Zooplankton.
C *Chromis opercularis,* Doppelband-Riffbarsch, 12 cm. Indischer Ozean. Omnivor: Zooplankton, Algen.
D *Chromis weberi,* Webers Riffbarsch, 10 cm. Korallenriffe des Indo-Pazifik. Carnivor: Zooplankton.
E *Chromis xanthura,* 12 cm. Indo-Pazifik; lebt in äußeren Riffbereichen. Carnivor: Zooplankton.
F *Chromis ovatiformis,* Ovate Riffbarsch, 9 cm. Taiwan, Japan. Carnivor: Zooplankton.
G *Chromis lepidolepis,* Geschuppter Riffbarsch, 4 cm. Korallenriffe des Indo-Pazifik. Omnivor: Zooplankton, Algen.

H *Chromis chrysura,* Gedrungener Riffbarsch (adult).

I *Chromis chrysura,* Gedrungener Riffbarsch (Jugendform).

J *Chromis fumea,* Flaggen-Riffbarsch.

K *Chromis scotochiloptera,* Philippinen-Riffbarsch.

L *Chromis analis,* Gelber Riffbarsch.

M *Chromis notata miyakeensis.*

H, I *Chromis chrysura,* Gedrungener Riffbarsch, H 12 cm, I 4 cm. Westpazifik, Mauritius; lebt an äußeren Riffhängen. Carnivor: Zooplankton.
J *Chromis fumea,* Flaggen-Riffbarsch, 7 cm. Westpazifik, Westaustralien. Carnivor: Zooplankton.
K *Chromis scotochilopterus,* Philippinen-Riffbarsch, 10 cm. Philippinen, Indonesien; häufig an Korallenriffen. Carnivor: Zooplankton.
L *Chromis analis,* Gelber Riffbarsch, 10 cm. Westpazifik. Carnivor: Zooplankton.
M *Chromis notata miyakeensis,* 12 cm. Izu-Halbinsel, Izu-Inseln. Carnivor: Zooplankton.
N *Chromis alleni,* Allens Riffbarsch, 9 cm. Südjapan bis Taiwan. Carnivor: Zooplankton.

N *Chromis alleni,* Allens Riffbarsch.

A *Chromis ternatensis,* Ternate-Chromis.

B *Chromis amboinensis,* Ambon-Riffbarsch.

C *Chromis pembae,* Pemba-Riffbarsch.

A *Chromis ternatensis,* Ternate-Chromis, 7 cm. Indo-Pazifik; bewohnt Korallenstöcke. Omnivor: Zooplankton.
B *Chromis amboinensis,* Ambon-Riffbarsch, 8 cm. Östlicher Indischer Ozean und Westpazifik. Omnivor: Zooplankton, Algen.
C *Chromis pembae,* Pemba-Riffbarsch, 9 cm. Westlicher Indischer Ozean. Omnivor: Zooplankton, Algen.
D *Chromis westaustralis,* Westaustralischer Riffbarsch, 5 cm. Südwestaustralien. Omnivor: Zooplankton, Algen.

D *Chromis westaustralis,* Westaustralischer Riffbarsch.

E *Chromis flavomaculata,* Gelbpunkte-Riffbarsch.

F *Chromis hypsilepis,* Flocken-Riffbarsch.

G *Chromis dasygenys,* Blaupunkt-Riffbarsch.

H *Chromis xanthochira,* Gelbschatten-Riffbarsch.

E *Chromis flavomaculatus,* Gelbpunkte-Riffbarsch, 13 cm. Westpazifik; gewöhnlich in großen Schwärmen in der Nähe von Korallenstöcken zu finden. Omnivor: Zooplankton, Algen.
F *Chromis hypsilepis,* Flocken-Riffbarsch, 12 cm. Südostaustralien. Omnivor: Zooplankton, Algen.
G *Chromis dasygenys,* Blaupunkt-Riffbarsch, 10 cm. Südafrika. Omnivor: Zooplankton, Algen.
H *Chromis xanthochira,* Gelbschatten-Riffbarsch, 10 cm. Westpazifik, östlicher Indischer Ozean. Omnivor: Zooplankton, Algen.

A *Chromis leucura,* Weißschwanz-Riffbarsch.

B *Chromis pelloura,* Dunkelschwanz-Riffbarsch.

C *Chromis dimidiata,* Zweifarb-Riffbarsch.

D *Chromis iomelas,* Halb-und-Halb-Riffbarsch.

E *Chromis klunzingeri,* Schwarzkopf-Riffbarsch.

F *Chromis cinerascens,* Grüner Riffbarsch (♂), in Hochzeitsfärbung.

A *Chromis leucura,* Weißschwanz-Riffbarsch, 6 cm. Indo-Pazifik. Omnivor: Zooplankton, Algen.
B *Chromis pelloura,* Dunkelschwanz-Riffbarsch, 8 cm. Endemisch im Roten Meer; bekannt vom Golf von Akaba. Omnivor: Zooplankton, Algen.
C *Chromis dimidiata,* Zweifarb-Riffbarsch, 6 cm. Indischer Ozean, Rotes Meer; eine weitverbreitete Flachwasser-Art. Omnivor: Zooplankton, Algen.

D *Chromis iomelas,* Halb-und-Halb-Riffbarsch, 6 cm. Südpazifik. Omnivor: Zooplankton, Algen.
E *Chromis klunzingeri,* Schwarzkopf-Riffbarsch, 8 cm. Südwestaustralien. Omnivor: Zooplankton, Algen.
F *Chromis cinerascens,* Grüner Riffbarsch, 9 cm. Indo-Australischer Archipel, östlicher Indischer Ozean. Omnivor: Zooplankton, Algen.

G *Chromis elerae,* Zweifleck-Riffbarsch.

H *Chromis trialpha,* Leuchtpunkt-Chromis.

I *Chromis punctipinnis,* Hufschmied-Riffbarsch.

J *Chromis nitida,* Barriereriff-Chromis.

K *Chromis ovalis,* Hawaiianischer Riffbarsch.

L *Chromis agilis,* Riff-Chromis.

M *Chromis albomaculata,* Weißflecken-Riffbarsch.

G *Chromis elerae,* Zweifleck-Riffbarsch, 6 cm. Indo-Westpazifik. Omnivor: Zooplankton, Algen.
H *Chromis trialpha,* Leuchtpunkt-Riffbarsch, 6 cm. Endemisch im Roten Meer. Omnivor: Zooplankton, Algen.
I *Chromis punctipinnis,* Hufschmied-Riffbarsch, 10 cm. Ostpazifik. Omnivor: Zooplankton, Algen.
J *Chromis nitida,* Barriereriff-Chromis, 7 cm. Ostaustralien. Omnivor: Zooplankton, Algen.
K *Chromis ovalis,* Hawaiianischer Riffbarsch, 10 cm. Endemisch in Hawaii. Omnivor: Zooplankton, Algen.
L *Chromis agilis,* Riff-Chromis, 12 cm. Indo-Pazifik. Omnivor: Zooplankton, Algen.
M *Chromis albomaculata,* Weißflecken-Riffbarsch, 16 cm. Südjapan. Omnivor: Zooplankton, Algen.

A Ein Schwarm *Chromis viridis.*

B *Chromis viridis.*

C *Chromis viridis* (♂) in Hochzeitsfärbung.

A, B, C *Chromis viridis,* A 6 cm, B 7 cm, C 7 cm. Indo-Pazifik; tritt in großen Schwärmen an Korallenstöcken auf. Omnivor: Zooplankton, Algen.

D *Dischistodus melanotus,* Schwarzloch-Riffbarsch.

E *Dischistodus prosopotaenia,* Honigkopf-Riffbarsch.

F *Dischistodus perspicillatus,* Weißer Riffbarsch.

G *Dischistodus fasciatus,* Gebänderter Riffbarsch.

H *Dischistodus pseudochrysopoecilus,* Monarch-Riffbarsch.

I *Dischistodus chrysopoecilus,* Kragen-Riffbarsch.

D *Dischistodus melanotus,* Schwarzloch-Riffbarsch, 12 cm. Westpazifik; bewohnt Lagunen und Küstenriffe. Herbivor: Algen.
E *Dischistodus prosopotaenia,* Honigkopf-Riffbarsch, 13 cm. Westpazifik; bewohnt Lagunen und Küstenriffe. Herbivor: Algen.
F *Dischistodus perspicillatus,* Weißer Riffbarsch, 12 cm. Indo-Westpazifik; bewohnt Lagunen und Küstenriffe. Herbivor: Algen.
G *Dischistodus fasciatus,* Gebänderter Riffbarsch, 5 cm. Indo-Australischer Archipel. Herbivor: Algen.
H *Dischistodus pseudochrysopoecilus,* Monarch-Riffbarsch, 15 cm. Indo-Australischer Archipel. Herbivor: Algen.
I *Dischistodus chrysopoecilus,* Kragen-Riffbarsch, 17 cm. Indo-Australischer Archipel. Herbivor: Algen.

A *Stegastes acapulcoensis,* Acapulco-Gregory (adult).

B *Stegastes acapulcoensis,* Acapulco-Gregory (Jugendform).

C *Stegastes nigricans,* Schwärzlicher Georg.

D *Stegastes nigricans* (♂) in Hochzeitsfärbung.

E *Stegastes insularis,* Insel-Georg.

F *Stegastes fasciolatus,* Persischer Georg.

G *Stegastes limbatus,* Ebenholz-Georg.

A, B *Stegastes acapulcoensis,* Acapulco-Gregory, A 17 cm, B 9 cm. Ostpazifik. Herbivor: benthische Algen.
C, D *Stegastes nigricans,* Schwärzlicher Georg, 8 cm. Lagunen und Küstenriffe im Indo-Pazifik; zwischen verzweigten Korallen zu finden. Herbivor: benthische Algen.
E *Stegastes insularis,* Insel-Georg, 10 cm. Weihnachtsinseln (Indischer Ozean), Markus-Inseln. Herbivor: benthische Algen.
F *Stegastes fasciolatus,* Persischer Georg, 9 cm. Indo-Pazifik. Herbivor: benthische Algen.
G *Stegastes limbatus,* Ebenholz-Georg, 18 cm. Mauritius, Madagaskar. Herbivor: benthische Algen.

H *Stegastes obreptus,* Westlicher Georg (adult).

I *Stegastes obreptus,* Westlicher Georg (Jugendform).

J *Stegastes flavilatus,* Beaubrummel-Georg (adult).

K *Stegastes flavilatus,* Beaubrummel-Georg (Jugendform).

L *Stegastes pelicieri,* Mauritius-Georg (adult).

M *Stegastes pelicieri,* Mauritius-Georg (Jugendform).

H, I *Stegastes obreptus,* Westlicher Georg, H 12 cm, I 3 cm. Westpazifik, östlicher Indischer Ozean; bewohnt Lagunen und Küstenriffe. Herbivor: benthische Algen.
J, K *Stegastes flavilatus,* Beaubrummel-Georg, J 12 cm, K 3 cm. Felsige Küstenriffe des Ostpazifik. Herbivor: benthische Algen.
L, M *Stegastes pelicieri,* Mauritius-Georg, L 14 cm, M 6 cm. Mauritius, bewohnt Lagunen und Küstenriffe. Herbivor: benthische Algen.
N *Stegastes altus,* Japanischer Georg, 12 cm. Südjapan, oft in seichten, felsigen Regionen. Herbivor: Algen.

N *Stegastes altus,* Japanischer Georg.

A *Chromis notata notata,* Perlfleck-Demoiselle, 5 cm. Westpazifik, Westaustralien. Carnivor: Zooplankton.
B *Neopomacentrus azysron,* Keildemoiselle, 7 cm. Indo-Westpazifik. Carnivor: Zooplankton.
C *Neopomacentrus fuliginosus,* Afrikanische Demoiselle, 6 cm. Westlicher Indischer Ozean. Carnivor: Zooplankton.
D *Neopomacentrus miryae,* Mirys Demoiselle, 6 cm. Endemisch im Roten Meer. Carnivor: Zooplankton.
E *Neopomacentrus filamentosus,* Braune Demoiselle, 9 cm. Indo-Australischer Archipel. Carnivor: Zooplankton.
F *Neopomacentrus violascens,* Violette Demoiselle, 9 cm. Indo-Australischer Archipel. Carnivor: Zooplankton.
G *Neopomacentrus xanthurus,* Rotmeer-Demoiselle, 9 cm. Endemisch im Roten Meer. Carnivor: Zooplankton.
H *Pomacentrus albicaudatus,* Weißflossen-Demoiselle, 6,5 cm. Endemisch im Roten Meer. Omnivor: Algen, Zooplankton.
I *Pomacentrus alexanderae,* Alexanders Demoiselle, 12 cm. Westpazifik. Omnivor: Algen, Zooplankton.
J *Pomacentrus alleni,* Andamanen-Demoiselle, 7 cm. Östlicher Indischer Ozean. Carnivor: Zooplankton.
K *Pomacentrus aquilus,* Dunkle Demoiselle, 9 cm. Westlicher Indischer Ozean. Omnivor: Algen, Zooplankton.
L *Pomacentrus australis,* Australische Demoiselle, 8 cm. Endemisch am Großen Barriere-Riff. Carnivor: Zooplankton.
M, N *Pomacentrus grammorhynchus,* Blaustich-Demoiselle, M 12 cm, N 3 cm. Westpazifik; bewohnt Lagunen. Omnivor: benthische Algen, Zooplankton.
O *Pomacentrus coelestis,* Neon-Demoiselle, 5 cm. Indo-Australischer Archipel; bewohnt Riffhänge in 1 bis 12 m Tiefe. Omnivor: Zooplankton, Algen.
P, Q *Pomacentrus coelestis* (var.), Neon-Demoiselle, P 9 cm, Q 5 cm. Westpazifik; bewohnt Geröllregionen. Omnivor: Zooplankton, Algen.
Q *Pomacentrus coelestis* (var.), Neon-Demoiselle.

A *Chromis notata notata,* Perlfleck-Demoiselle.

B *Neopomacentrus azysron,* Keildemoiselle.

C *Neopomacentrus fuliginosus,* Afrik. Demoiselle.

D *Neopomacentrus miryae,* Mirys Demoiselle.

E *Neopomacentrus filamentosus,* Braune Demoiselle.

F *Neopomacentrus violascens,* Violette Demoiselle.

G *Neopomacentrus xanthurus,* Rotmeer-Demoiselle.

H *Pomacentrus albicaudatus,* Weißflossen-Demoiselle.

I *Pomacentrus alexanderae,* Alexanders Demoiselle.

J *Pomacentrus alleni,* Andamanen-Demoiselle.

K *Pomacentrus aquilus,* Dunkle Demoiselle.

L *Pomacentrus australis,* Australische Demoiselle.

M *Pomacentrus grammorhynchus,* (adult).

N *Pomacentrus grammorhynchus,* (juvenil).

O *Pomacentrus coelestis,* Neon-Demoiselle.

P *Pomacentrus coelestis* (var.), Neon-Demoiselle.

Q *Pomacentrus coelestis* (var.), Neon-Demoiselle.

A *Pomacentrus lepidogenys,* Schuppen-Demoiselle.

B *Pomacentrus amboinensis,* Ambon-Demoiselle.

C *Pomacentrus moluccensis.*

D *Pomacentrus pikei,* (adult).

E *Pomacentrus pikei,* Jugendform).

A *Pomacentrus lepidogenys,* Schuppen-Demoiselle, 5 cm. Westpazifik; bewohnt Lagunen und äußere Riffhänge. Carnivor: Zooplankton.

B *Pomacentrus amboinensis,* Ambon-Demoiselle, 7 cm. Westpazifik. Omnivor: Algen, Zooplankton.

C *Pomacentrus moluccensis,* 5 cm. Westpazifik. Omnivor: Algen, Zooplankton.

D, E *Pomacentrus pikei,* Schwarzlippen-Demoiselle, D 12 cm, E 4 cm. Mauritius, Runion. Omnivor: Algen, Zooplankton.

F *Pomacentrus smithi,* Smiths Demoiselle, 4 cm. Westpazifik; lebt in Gruppen an verzweigten Korallen. Omnivor: Zooplankton, Algen.

G *Pomacentrus chrysurus,* Weißschwanz-Demoiselle, 5 cm. Indo-Westpazifik. Omnivor: Algen, Zooplankton.

H *Pomacentrus simsiang,* Molukken-Demoiselle, 12 cm. Indo-Australischer Archipel. Omnivor: Algen, Zooplankton.

I *Pomacentrus leptus,* Schlanke Demoiselle, 6 cm. Rotes und Arabisches Meer. Omnivor: Zooplankton, Algen.

J, K *Pomacentrus tripunctatus,* Dreipunkt-Demoiselle, J 12 cm, K 5 cm. Westpazifik, östlicher Indischer Ozean. Herbivor: benthische Algen.

L *Pomacentrus stigma,* Schwarzfleck-Demoiselle, 6 cm. Westpazifik. Omnivor: Algen, Zooplankton.

F *Pomacentrus smithi,* Smiths Demoiselle.

G *Pomacentrus chrysurus,* Weißschwanz-Demoiselle.

H *Pomacentrus simsiang,* Molukken-Demoiselle.

I *Pomacentrus leptus,* Schlanke Demoiselle.

J *Pomacentrus tripunctatus* (adult).

K *Pomacentrus tripunctatus* (Jugendform).

L *Pomacentrus stigma,* Schwarzfleck-Demoiselle.

A *Pomacentrus trilineatus,* Dreilinien-Demoiselle.

B *Pomacentrus milleri,* Millers Demoiselle.

C *Pomacentrus pulcherrimus.*

D *Pomacentrus agassizi,* Kreolen-Demoiselle.

E *Pomacentrus burroughi,* Burroughs Demoiselle.

F *Pomacentrus nigromanus,* Schwarzrand-Demoiselle.

G *Pomacentrus pavo,* Blaue Demoiselle.

A *Pomacentrus trilineatus,* Dreilinien-Demoiselle, 12 cm. Westlicher Indische Ozean, Rotes Meer. Omnivor: Algen, Zooplankton.
B *Pomacentrus milleri,* Millers Demoiselle, 7 cm. Nordwestaustralien. Omnivor Algen, Zooplankton.
C *Pomacentrus pulcherrimus,* 7 cm. Westlicher Indischer Ozean. Omnivor: Zoo plankton, Algen.
D *Pomacentrus agassizi,* Kreolen-Demoiselle, 8 cm. Madagarskar, Mauritius Runion. Omnivor: Algen, Zooplankton.
E *Pomacentrus burroughi,* Burroughs Demoiselle, 12 cm. Indo-Australischer Archi pel. Herbivor: benthische Algen.
F *Pomacentrus nigromanus,* Goldrücken-Demoiselle, 9 cm. Westpazifik. Omnivor Algen, Zooplankton.
G *Pomacentrus pavo,* Blaue Demoiselle, 8 cm. Westpazifik. Omnivor: Zoo plankton, Algen.

H *Pomacentrus vaiuli,* Prinzessinnen-Demoiselle.

I *Pomacentrus philippinus* Philippinen-Demoiselle.

J *Pomacentrus sulfureus,* Gelbe Demoiselle.

K *Pomacentrus trichorus,* Nebelschwanz-Demoiselle.

L *Pomacentrus reidi,* Reids Demoiselle.

M *Pomacentrus nagasakiensis,* Nagasaki-Demoiselle.

H *Pomacentrus vaiuli,* Prinzessinnen-Demoiselle, 6 cm. Westpazifischer, östlicher Indischer Ozean. Omnivor: Zooplankton, Algen.
I *Pomacentrus philippinus,* Philippinen-Demoiselle, 10 cm. Westpazifischer und östlicher Indischer Ozean. Omnivor: Zooplankton, Algen.
J *Pomacentrus sulfureus,* Gelbe Demoiselle, 6 cm. Westlicher Indischer Ozean, Rotes Meer. Omnivor: Zooplankton, Algen.
K *Pomacentrus trichorus,* Nebelschwanz-Demoiselle, 12 cm. Westlicher Indischer Ozean, Rotes Meer. Omnivor: Zooplankton, Algen.
L *Pomacentrus reidi,* Reids Demoiselle, 15 cm. Westpazifik. Omnivor: Zooplankton, Algen.
M *Pomacentrus nagasakiensis,* Nagasaki-Demoiselle, 15 cm. Südjapan. Omnivor: Zooplankton, Algen.
N *Pomacentrus arenarius,* 8 cm. Westpazifik, östlicher Indischer Ozean. Omnivor: Zooplankton, Algen.

N *Pomacentrus arenarius.*

A Ein Schwarm *Abudefduf saxatilis* (Sergeant Major).

B *Abudefduf sexfasciatus,* Scherenschwanz-Feldwebelfisch.

C *Abudefduf sexfasciatus* (♂) in Hochzeitsfärbung.

A *Abudefduf saxatilis,* Sergeant Major, 13 cm. Felsen- und Korallenriffe des Indo-Westpazifik. Omnivor: Zooplankton, Algen.

B, C *Abudefduf sexfasciatus,* Scherenschwanz-Feldwebelfisch, B 13 cm, C 16 cm. Indo-Westpazifik; häufig in Schwärmen an Korallenriffen anzutreffen. Omnivor: Zooplankton, Algen.

D *Abudefduf troscheli,* Panama-Feldwebelfisch.

E *Abudefduf natalensis,* Natal-Feldwebelfisch.

F *Abudefduf abdominalis,* Bengalischer Feldwebelfisch.

G *Abudefduf whitleyi,* Whitleys Sergeantfisch.

H *Abudefduf margariteus,* Perlen-Feldwebelfisch.

I *Abudefduf concolor.*

D *Abudefduf troscheli,* Panama-Feldwebelfisch, 16 cm. Ostpazifik. Omnivor: Zooplankton, Algen.
E *Abudefduf natalensis,* Natal-Feldwebelfisch, 15 cm. Südafrika, Madagaskar. Omnivor: Zooplankton, Algen.
F *Abudefduf abdominalis,* Bengalischer Feldwebelfisch, 13 cm. Endemisch in Hawaii. Omnivor: Zooplankton, Algen.
G *Abudefduf whitleyi,* Whitleys Sergeantfisch, 18 cm. Ostaustralien, Neukaledonien. Omnivor: Zooplankton, Algen.
H *Abudefduf margariteus,* Perlen-Feldwebelfisch, 18 cm. Mauritius und Runion. Omnivor: Zooplankton, Algen.
I *Abudefduf concolor,* 15 cm. Ostpazifik. Omnivor: Zooplankton, Algen.

A *Abudefduf septemfasciatus,* Gestreifter Feldwebelfisch.

B *Abudefduf notatus,* Gelbschwanz-Feldwebelfisch.

C *Abudefduf sordidus.*

D *Abudefduf lorenzi,* Schwarzschwanz-Feldwebelfisch.

E *Abudefduf bengalensis,* Dunkler Feldwebelfisch.

F *Abudefduf sparoides,* Falschaugen-Feldwebelfisch.

A *Abudefduf septemfasciatus,* Gestreifter Feldwebelfisch, 15 cm. Indo-Westpazifik. Omnivor: benthische Algen, Zooplankton.
B *Abudefduf notatus,* Gelbschwanz-Feldwebelfisch, 16 cm. Indo-Westpazifik. Omnivor: Algen, Zooplankton.
C *Abudefduf sordidus,* 18 cm. Indo-Westpazifik. Omnivor: Zooplankton, benthische Algen.
D *Abudefduf lorenzi,* Schwarzschwanz-Feldwebelfisch, 18 cm. Westpazifik. Omnivor: Zooplankton, Algen.
E *Abudefduf bengalensis,* Dunkler Feldwebelfisch, 15 cm. Indo-Westpazifik. Omnivor: Zooplankton, Algen.
F *Abudefduf sparoides,* Falschaugen-Feldwebelfisch, 13 cm. Westlicher Indischer Ozean. Omnivor: Zooplankton, Algen.

G *Amblyglyphidodon flavilatus* (var.), Gelbseiten-Riffbarsch.

H *Amblyglyphidodon curacao,* Geweihkorallen-Riffbarsch.

I *Amblyglyphidodon ternatensis,* Ternate-Riffbarsch.

G *Amblyglyphidodon flavilatus* (var.), Gelbseiten-Riffbarsch, 12 cm. Indo-Westpazifik. Omnivor: Zooplankton, benthische Algen.
H *Amblyglyphidodon curacao,* Geweihkorallen-Riffbarsch, 10 cm. Korallenriffe des Westpazifik. Omnivor: Zooplankton, Algen.

I *Amblyglyphidodon ternatensis,* Ternate-Riffbarsch, 10 cm. Westpazifik; lebt an seichten Riffen, an denen es viele Hirschhornkorallen gibt. Omnivor: Zooplankton, Algen.

A *Amblyglyphidodon aureus,* Goldener Riffbarsch.

B Eine Varietät des Goldenen Riffbarsches, *Amblyglyphidodon aureus.*

C *Amblyglyphidodon leucogaster,* Weißbauch-Riffbarsch.

D Eine Varietät des Weißbauch-Riffbarsches, *Amblyglyphidodon leucogaster.*

E *Amblyglyphidodon breviceps.*

A, B *Amblyglyphidodon aureus,* Goldener Riffbarsch, A und B 12 cm. Westpazifik; lebt an steilen Korallenhängen. Omnivor: Zooplankton, Algen.
C, D *Amblyglyphidodon leucogaster,* Weißbauch-Riffbarsch, C und D 10 cm. Korallenriffe des Indo-Westpazifik. Omnivor: Zooplankton, Algen.
E *Amblyglyphidodon breviceps,* 6 cm. Indo-Australischer Archipel; bewohnt Sand- und Schlickböden in 2 bis 35 m Tiefe. Carnivor: Zooplankton.

F *Paraglyphidodon* (heute *Glyphisodon*) *melas* (adult).

G *Paraglyphidodon melas* (Jugendform).

H *Paraglyphidodon nigroris* (adult).

I *Paraglyphidodon nigroris* (Jugendform).

J *Paraglyphidodon thoracotaeniatus.*

K *Paraglyphidodon polyacanthus.*

L *Paraglyphidodon oxyodon* (Jugendform).

F, G *Paraglyphidodon* (heute: *Glyphisodon*) *melas,* F 15 cm, G 5 cm. Korallenriffe des Indo-Westpazifik. Omnivor: Zooplankton, Algen.
H, I *Paraglyphidodon nigroris,* H 10 cm, I 4 cm. Korallenriffe des Indo-Westpazifik. Omnivor: Zooplankton, Algen.
J *Paraglyphidodon thoracotaeniatus,* 15 cm. Westpazifik; bewohnt Lagunen und äußere Riffhänge in 14 bis 45 m Tiefe. Omnivor: Zooplankton, Algen.
K *Paraglyphidodon polyacanthus,* 12 cm. Südostaustralien, Südliches Korallenmeer. Omnivor: Zooplankton, Algen.
L *Paraglyphidodon oxyodon,* 4 cm. Indo-Australischer Archipel. Omnivor: Zooplankton, Algen.

A *Parma bicolor,* Zweifarben-Schuppenflosser.

B *Parma victoriae,* Victoria-Schuppenflosser.

C *Parma mccullochi,* McCullochs Schuppenflosser.

D *Parma oligolepis,* Groß-Schuppenflosser.

E *Parma polylepis,* Gebänderter Schuppenflosser.

A *Parma bicolor,* Zweifarben-Schuppenflosser, 18 cm. Südwestaustralien. Omnivor: Algen, benthische Tiere.
B *Parma victoriae,* Victoria-Schuppenflosser, 20 cm. Korallenriffe in Südaustralien. Omnivor: Algen, benthische Tiere.
C *Parma mccullochi,* McCullochs Schuppenflosser, 22 cm. Südwestaustralien. Omnivor: Algen, benthische Tiere.
D *Parma oligolepis,* Groß-Schuppenflosser, 20 cm. Ostaustralien. Omnivor: Algen, benthische Tiere.
E *Parma polylepis,* Gabänderter Schuppenflosser, 15 cm. Südliches Korallenmeer, nördliches Neuseeland. Omnivor: Algen, benthische Tiere.

F *Parma occidentalis,* Westlicher Schuppenflosser (adult).

G *Parma occidentalis,* Westlicher Schuppenflosser (Jugendform).

H *Parma microlepis,* Weißohr-Schuppenflosser (adult).

I *Parma microlepis,* Weißohr-Schuppenflosser (Jugendform).

J *Parma unifasciata,* Gürtel-Schuppenflosser (adult).

K *Parma unifasciata,* Gürtel-Schuppenflosser (Jugendform).

F, G *Parma occidentalis,* Westlicher Schuppenflosser, F 30 cm, G 7 cm. Südwestaustralien. Omnivor: Algen, benthische Tiere.
H, I *Parma microlepis,* Weißohr-Schuppenflosser, H 15 cm, I 9 cm. Südostaustralien. Omnivor: Algen, benthische Tiere.

J, K *Parma unifasciata,* Gürtel-Schuppenflosser, J 9 cm, K 4,5 cm. Südostaustralien. Omnivor: Algen, benthische Tiere.

A *Plectroglyphidodon lacrymatus,* Tropfen-Riffbarsch.

B *Plectroglyphidodon imparipennis,* Hellaugen-Riffbarsch.

C *Plectroglyphidodon johnstonianus,* Johnstons Riffbarsch.

D *Plectroglyphidodon dickii,* Dicks Riffbarsch.

E *Plectroglyphidodon phoenixensis,* Phönix-Riffbarsch.

F *Plectroglyphidodon leucozonus,* Weißband-Riffbarsch.

A *Plectroglyphidodon lacrymatus,* Tropfen-Riffbarsch, 15 cm. Indo-Pazifik. Herbivor: benthische Algen.
B *Plectroglyphidodon imparipennis,* Hellaugen-Riffbarsch, 5 cm. Indo-Pazifik. Omnivor: Algen, benthische Tiere.
C *Plectroglyphidodon johnstonianus,* Johnston-Riffbarsch, 5 cm. Indo-Pazifik. Omnivor: Algen, Korallenpolypen.
D *Plectroglyphidodon dickii,* Dicks Riffbarsch, 6 cm. Indo-Pazifik. Herbivor: benthische Algen.
E *Plectroglyphidodon phoenixensis,* Phönix-Riffbarsch, 5 cm. Indo-Pazifik. Herbivor: benthische Algen.
F *Plectroglyphidodon leucozonus,* Weißband-Riffbarsch, 9 cm. Indo-Pazifik. Herbivor: benthische Algen.
G *Plectroglyphidodon sindonis,* Hawaiianischer Felsen-Riffbarsch, 12 cm. Endemisch in Hawaii. Herbivor: benthische Algen.

G *Plectroglyphidodon sindonis,* Hawaiianischer Felsen-Riffbarsch.

H *Chrysiptera unimaculata* (adult), Einfleck-Demoiselle.

I *Chrysiptera unimaculata* (Jugendform), Einfleck-Demoiselle.

J *Chrysiptera glauca,* Graue Demoiselle (adult).

K *Chrysiptera glauca,* Graue Demoiselle (Jugendform).

L *Chrysiptera leucopoma,* Wellen-Demoiselle (adult).

M *Chrysiptera leucopoma,* Wellen-Demoiselle (Jugendform).

H, I *Chrysiptera unimaculata,* Einfleck-Demoiselle, H 9 cm, I 4 cm. Indo-Pazifik; bewohnt Regionen mit milder Brandung in 0,2 bis 2 m Tiefe. Herbivor: benthische Algen.

J, K *Chrysiptera glauca,* Graue Demoiselle, J 9 cm, K 3 cm. Indo-Pazifik; bevorzugt flache Riffregionen mit schwacher Brandung in 0,5 bis 2 m Tiefe. Herbivor: benthische Algen.

L, M *Chrysiptera leucopoma,* Wellen-Demoiselle, L 7 cm, M 4 cm. Indo-Pazifik, bewohnt Regionen mit schwacher Brandung in 0,2 bis 2 m Tiefe. Omnivor: benthische Algen, Krebse.

A *Chrysiptera springeri,* Springers Demoisellen.

B *Chrysiptera parasema,* Gelbschwanz-Demoiselle.

C Eine Varietät der Gelbschwanzdemoiselle, *Chrysiptera parasema.*

D *Chrysiptera cyanea,* die Blaue oder Saphir-Demoiselle.

A *Chrysiptera springeri,* Springers Demoiselle, 4 cm. Westpazifik; lebt in verzweigten Korallen. Omnivor: Zooplankton, benthische Algen.
B, C *Chrysiptera parasema,* Gelbschwanz-Demoiselle, B und C 4 cm. Westpazifik; bewohnt Lagunen und küstennahe Riffe in 1 bis 16 m Tiefe. Omnivor: Zooplankton, benthische Algen.
D *Chrysiptera cyanea,* Blaue Demoiselle/Saphir-Demoiselle, 4 cm. Indo-Westpazifik. Omnivor: Zooplankton, benthische Algen.

E *Chrysiptera taupou,* Südsee-Demoiselle.

F *Chrysiptera flavipinna,* Gelbflossen-Demoiselle.

G *Chrysiptera starcki,* Starcks Demoiselle.

H *Chrysiptera hemicyanea,* Azur-Demoiselle.

I *Chrysiptera talboti,* Talbots Demoiselle.

J *Chrysiptera sinclairi,* Sinclairs Demoiselle.

E *Chrysiptera taupou,* Südsee-Demoiselle, 9 cm. Südpazifik. Omnivor: Zooplankton, Algen.
F *Chrysiptera flavipinna,* Gelbflossen-Demoiselle, 6 cm. Ostaustralien, Neuguinea. Omnivor: Zooplankton, Algen.
G *Chrysiptera starcki,* Starcks Demoiselle, 6 cm. Westpazifik. Omnivor: Zooplankton, Algen.
H *Chrysiptera hemicyanea,* Azur-Demoiselle, 6 cm. Indo-Australischer Archipel. Omnivor: Zooplankton, Algen.
I *Chrysiptera talboti,* Talbots Demoiselle, 4 cm. Westpazifik. Omnivor: Zooplankton, Algen.
J *Chrysiptera sinclairi,* Sinclairs Demoiselle, 5 cm. Bismarck-Archipel. Omnivor: Zooplankton, Algen.

A *Chrysiptera tricincta,* Dreiband-Demoiselle.

B *Chrysiptera annulata,* Fußballer-Riffbarsch.

C *Chrysiptera caeruleolineata,* Blaustreifen-Demoiselle.

D *Chrysiptera biocellata,* Zweifleck-Demoiselle.

E *Chrysiptera oxycephala,* Blaugesprenkelte Demoiselle.

F *Chrysiptera rex,* Königsdemoiselle.

A *Chrysiptera tricincta,* Dreiband-Demoiselle, 4 cm. Westpazifik. Omnivor: Zooplankton, Algen.
B *Chrysiptera annulata,* Fußballer-Riffbarsch, 9 cm. Westlicher Indischer Ozean, Rotes Meer; lebt in Regionen mit Mangroven oder Seegras. Omnivor: benthische Algen, Zooplankton.
C *Chrysiptera caeruleolineata,* Blaustreifen-Riffbarsch, 6 cm. Westpazifik; lebt in 20 bis 30 m Tiefe an Korallenhängen. Omnivor: Zooplankton, Algen.
D *Chrysiptera biocellata,* Zweifleck-Demoiselle, 10 cm. Indo-Pazifik; in seichten Lagunen häufig. Herbivor: Algen.
E *Chrysiptera oxycephala,* Blaugesprenkelte Demoiselle, 5 cm. Indo-Australischer Archipel. Omnivor: Zooplankton, Algen.
F *Chrysiptera rex,* Königsdemoiselle, 7 cm. Flache Korallenriffe des Westpazifik. Herbivor: Algen.
G *Mecaenichthys immaculatus,* Neugefleckter Riffbarsch, 9 cm. Südostaustralien. Herbivor: benthische Algen.

G *Mecaenichthys immaculatus,* Neugefleckter Riffbarsch.

H *Hypsypops rubicundus,* Garibaldi-Fisch.

I *Microspathodon dorsalis,* Riesen-Riffbarsch.

J *Microspathodon bairdi,* Höckerkopf-Riffbarsch.

K *Hemiglyphidodon plagiometopon,* Lagunen-Riffbarsch.

L *Teixeirichthys jordani,* Jordans Demoiselle.

M *Lepidozygus tapeinosoma,* Füsilier-Riffbarsch.

H *Hypsypops rubicundus,* Garibaldi-Fisch, 30 cm. Kalifornien. Omnivor: Wirbellose, Algen.
I *Microspathodon dorsalis,* Riesen-Riffbarsch, 20 cm. Ostpazifik. Omnivor: kleine Wirbellose, Algen, Detritus.
J *Microspathodon bairdi,* Höckerkopf-Riffbarsch, 25 cm. Ostpazifik. Omnivor: kleine Wirbellose, Algen, Detritus.
K *Hemiglyphidodon plagiometopon,* Lagunen-Riffbarsch, 20 cm. Westpazifik, östlicher Indischer Ozean. Herbivor: Algen.
L *Teixeirichthys jordani,* Jordans Demoiselle, 10 cm. Indo-Pazifik; lebt in Schwärmen über Seegraswiesen oder sandigen Regionen. Carnivor: Zooplankton.
M *Lepidozygus tapeinosoma,* Füsilier-Riffbarsch, 5 cm. Indo-Pazifik; lebt in Schulen an Korallenhängen. Carnivor: Zooplankton.

A *Chromis mirationis*
Japanischer Riffbarsch

B *Chromis notata miyakeensis*

C *Pristotis jerdoni*
Golf-Korallenbarsch

D *Neopomacentrus anabatoides*
Silber-Demoiselle

E *Neopomacentrus taeniurus*
Süßwasser-Demoiselle

F *Neopomacentrus sindensis*
Schwarzgelbe Demoiselle

G *Pomacentrus nigromarginatus*
Schwarzrand-Demoiselle

H *Pomacentrus* sp.

I *Chrysiptera rollandi*
Rollands Demoiselle

A *Chromis mirationis,* Japanischer Riffbarsch, 10 cm. Südjapan; bewohnt Felsenriffe in mehr als 20 m Tiefe. Omnivor: Zooplankton, Algen.
B *Chromis notata miyakeensis,* 10 cm. Südliches Japanisches und Ostchinesisches Meer; lebt in Schwärmen in Küstengewässern. Omnivor: Zooplankton, Algen.
C *Pristotis jerdoni,* Golf-Korallenbarsch, 12 cm. Indo-Westpazifik; lebt auf sandigen Böden in 15 bis 40 m Tiefe. Carnivor: Zooplankton.
D *Neopomacentrus anabatoides,* Silber-Demoiselle, 5 cm. Indo-Westpazifik; lebt in Schwärmen an Korallenstöcken. Carnivor: Zooplankton.
E *Neopomacentrus taeniurus,* Süßwasser-Demoiselle, 5 cm. Indo-Westpazifik; in Brachwasser und Mangrovensümpfen anzutreffen. Carnivor: Zooplankton.
F *Neopomacentrus sindensis,* Schwarzgelbe Demoiselle, 6 cm. Arabisches Meer, Persischer Golf. Carnivor: Zooplankton.
G *Pomacentrus nigromarginatus,* Schwarzrand-Demoiselle, 7 cm. Westpazifik; lebt an Korallenriffen in mehr als 15 m Tiefe. Omnivor: Algen, Zooplankton.
H *Pomacentrus* sp., 5 cm. Nur von den Ryukyu-Inseln bekannt. Omnivor: Zooplankton, Algen.
I *Chrysiptera rollandi,* Rollands Demoiselle, 5 cm. Indo-Australischer Archipel. Omnivor: Zooplankton, Algen.

Büschelbarsche und Morwongs

28

Klasse: Knochenfische

Familie: Cirrhitidae, Büschelbarsche · **Familie:** Cheilodactylidae, Morwongs

A *Oxycirrhites typus,* ein Büschelbarsch.

Büschelbarsche und Morwongs

Büschelbarsche (Fam. Cirrhitidae) sind Bodenbewohner in Korallenriffen. Obwohl man sie in allen tropischen Meeren antrifft, leben die meisten der 35 Arten in der indopazifischen Region. Die unteren 5–7 Strahlen der Brustflosse stehen frei und ermöglichen es den Fischen, sich auf Korallenästen oder Gorgonien zu verankern. Büschelbarsche (Gesamtlänge gewöhnlich nicht über 15 cm) leben räuberisch und ernähren sich von kleinen Fischen und Krebsen.

Morwongs (Cheilodactylidae) sind im Indopazifik weit verbreitet, hauptsächlich in subtropischen und gemäßigten Zonen. Es gibt etwa 15 Arten, von denen die meisten die australisch-neuseeländische Region bewohnen. Morwongs besitzen vergrößerte, fleischige Lippen, mit denen sie Sand mitsamt den darin lebenden Wirbellosen einsaugen. Die Filtrierung erfolgt mittels der Kiemenrechen, und die Nahrungsbestandteile – Krabben, Würmer, Seeigel und Seesterne – werden von den Schlundzähnen zermalmt. Die größte Art wird etwa 60 cm lang. Andere eng verwandte Familien, die vorwiegend in der australisch-neuseeländischen Region verbreitet sind, sind die Kelpfische (Chironemidae; 4 Arten), die Aplodactylidae (5 Arten) und die Trompeter (Latridae; 10 Arten).

A *Cirrhitops fasciatus.*

B *Cirrhitus splendens.*

C *Cirrhitus hubbardi.*

Cirrhitidae, Büschelbarsche

◀ (S. 321) **A** *Oxycirrhites typus,* 7 cm. Indo-Pazifik einschließlich Ostpazifik; unterhalb 10 m in Höhlen und an steilen Hängen anzutreffen. Carnivor: Krebse.

A *Cirrhitops fasciatus,* 12 cm. Indo-Pazifik. Carnivor: Krebse, Fische.

B *Cirrhitus splendens,* 10 cm. Endemisch an den Lord-Howe-Inseln. Carnivor: Krebse, Fische.

C *Cirrhitus hubbardi,* 10 cm. Südjapan, Ozeanien außer Hawaii. Carnivor: Krebse, Fische.

Cheilodactylidae, Morwongs

D *Cheilodactylus vestitus,* 30 cm. Südostaustralien; lebt an Felsenriffen. Omnivor: benthische Tiere, Algen.

E *Cheilodactylus quadricornis,* 25 cm. Nur Südjapan. Omnivor: benthische Tiere, Algen.

F *Cheilodactylus gibbosus,* 30 cm. Südwestaustralien. Omnivor: benthische Tiere, Algen.

D *Cheilodactylus vestitus.*

E *Cheilodactylus quadricornis.*

F *Cheilodactylus gibbosus.*

A *Cheilodactylus fuscus.*

B *Cheilodactylus plessisi.*

A *Cheilodactylus fuscus,* 35 cm. Südostaustralien; bewohnt Felsenriffe. Omnivor: benthische Tiere, Algen.
B *Cheilodactylus plessisi,* 30 cm. Nur Osterinseln. Omnivor: benthische Tiere, Algen.
C *Cheilodactylus rubrolabiatus,* 35 cm. Südwestaustralien. Omnivor: benthische Tiere, Algen.
D *Cheilodactylus nigripes,* 30 cm. Südaustralien; bewohnt felsige Regionen. Omnivor: benthische Tiere, Algen.

C *Cheilodactylus rubrolabiatus.*

D *Cheilodactylus nigripes.*

A *Cirrhitus pinnulatus*

C *Cirrhitichthys aprinus*
Gefleckter Korallenklimmer

B *Neocirrhites armatus*
Flammenbüschelbarsch

D *Cirrhitichthys aureus*
Goldener Korallenklimmer

E *Cirrhitichthys falco*
Falken-Büschelbarsch

F *Paracirrhites forsteri*
Schlanker Korallenklimmer, Forsters Büschelbarsch

I *Cheilodactylus zonatus*

J *Cheilodactylus zebra*

G *Paracirrhites arcatus*
Roter Schlanker Büschelbarsch

H *Cyprinocirrhites polyactis*
Schwalben-Büschelbarsch

Cirrhitidae, Büschelbarsche
A *Cirrhitus pinnulatus,* 20 cm. Indo-Pazifik; bewohnt Schlickregionen an Korallenriffen. Carnivor: Krebse, Fische.
B *Neocirrhites armatus,* Flammenbüschelbarsch, 7 cm. Westpazifik; gewöhnlich in Kolonien der Koralle *Pocillopora verrucosa* anzutreffen.
Carnivor: Krebse.
C *Cirrhitichthys aprinus,* Gefleckter Korallenklimmer, 10 cm. Felsige Regionen des Indo-Westpazifik. Carnivor: Krebse, Fische.
D *Cirrhitichthys aureus,* Goldener Korallenklimmer, 10 cm. Südjapan, China, Indien; lebt in felsigen Regionen. Carnivor: Krebse, Fische.
E *Cirrhitichthys falco,* Falken-Büschelbarsch, 6 cm. Korallenriffe des Westpazifik. Carnivor: Krebse, Fische.
F *Paracirrhites forsteri,* Schlanker Korallenklimmer, 13 cm. Korallenriffe des Indo-Pazifik. Carnivor: Krebse, Fische.
G *Paracirrhites arcatus,* Roter Schlanker Büschelbarsch, 10 cm. Korallenriffe des Indo-Pazifik. Carnivor: Krebse, Fische.
H *Cyprinocirrhites polyactis,* Schwalben-Büschelbarsch, 8 cm. Indo-Westpazifik; auf felsigen Böden weitverbreitet. Carnivor: Zooplankton.

Cheilodactylidae, Morwongs
I *Cheilodactylus zonatus,* 30 cm. Südliches Japanisches und Ostchinesisches Meer; häufig an Felsenriffen. Omnivor: benthische Tiere, Algen.
J *Cheilodactylus zebra,* 30 cm. Felsige Küstenregionen Südjapans. Omnivor: benthische Tiere, Algen.

Lippfische 29

Familie: LABRIDAE, LIPPFISCHE

Klasse: Knochenfische

A *Choerodon azurio.*

Lippfische

Die farbenprächtigen Lippfische (Fam. Labridae) sind eine der auffälligsten Fischfamilien in tropischen Korallenriffen. Sie sind auch in wärmeren gemäßigten Meeresregionen, z. B. längs der Südküste von Australien, gut vertreten. Es gibt schätzungsweise 400 Arten, darunter auch einige, die noch nicht wissenschaftlich beschrieben sind. Die Familie ist in bezug auf Färbung, Gestalt, Verhalten und ökologische Vorlieben außerordentlich heterogen. Die meisten Arten leben über Sand, Korallenschutt, Seegraswiesen oder Korallen- bzw. Felsgrund. Man findet Lippfische in ganz verschiedenen Wassertiefen, von flachen Gezeitentümpeln bis zu 100 m Meerestiefe und darunter. Sie sind tagaktiv und ernähren sich von einer breiten Palette benthischer und pelagischer Wirbelloser. Bei Dämmerung graben sich einige Arten in den Sand ein und verbringen so die Nacht. Schermesserfische (Hemipteronotus) verbuddeln sich auch im Sand, wenn sie erschreckt werden. Bei vielen Arten findet im Lauf des Erwachsenenlebens ein Geschlechtswechsel von Weibchen zu Männchen statt. Während des Wachstums kommt es gelegentlich zu dramatischen Farbwechseln; Jungtiere, Männchen und Weibchen weisen bei diesen Arten verschiedene Farbmuster auf. Die meisten Arten sind mittelgroß (etwa 20–40 cm), wenn der mächtige Napoleon-Lippfisch (Cheilinus undulatus) auch fast 2 m lang werden kann. Die größeren Arten sind häufig gute Speisefische.

A Ein *Semicossyphus pulcher*-Weibchen.

B *Choerodon fasciata.*

Labridae, Lippfische (ganzes Kapitel)
◄ (S. 327) **A** *Choerodon azurio,* 40 cm. Südliches Japanisches und Ostchinesisches Meer; bewohnt felsige Küstenregionen. Carnivor: benthische Tiere.
A, C *Semicossyphus pulcher,* A 40 cm, C 50 cm. Ostpazifik; in Kalifornien und Niederkalifornien weitverbreitet. Bewohnt Tangwälder und Felsenböden. Carnivor: benthische Tiere.
B *Choerodon fasciata,* 20 cm. Korallenriffe des Westpazifik. Carnivor: benthische Tiere.

C *Semicossyphus pulcher* (♂).

A Eine *Bodianus diana*-Varietät aus dem Roten Meer.

B Ein adultes Exemplar von *Bodianus diana,* Dianas Lippfisch.

C *Bodianus diana* (Jugendform).

A, B, C *Bodianus diana,* Dianas Lippfisch, A 15 cm, B 15 cm, C 6 cm. Korallenriffe des Indo-Westpazifik. Die Jungen entfernen Parasiten von anderen Fischen. Carnivor: benthische Tiere.

A *Bodianus hirsutus.*

B *Bodianus opercularis.*

A *Bodianus hirsutus,* 30 cm (bis zu 40 cm). Korallenriffe des Indo-Westpazifik. Speisefisch; wird mit Handleinen gefangen. Carnivor: benthische Tiere.

B *Bodianus opercularis,* 10 cm. Indischer Ozean. Carnivor: benthische Tiere.

C *Bodianus bilunulatus,* „Aawa", 30 cm. Korallenriffe des Indo-Pazifik. Speisefisch; wird mit Handleinen gefangen. Carnivor: benthische Tiere.

D *Bodianus vulpinus,* 25 cm. Westpazifik, Hawaii; lebt auf felsigen Böden. Speisefisch; wird mit Handleinen gefangen. Carnivor: benthische Tiere.

C Ein „Aawa“, *Bodianus bilunulatus.*

D Dieser *Bodianus vulpinus* wurde in 30 m Tiefe fotografiert.

A *Pseudodax mollucanus,* Meißelzahn-Lippfisch.

B *Bodianus masudai.*

C *Semicossyphus reticulatus* (Jugendform).

A *Pseudodax mollucanus,* Meißelzahnlippfisch, 25 cm. Korallenriffe des Indo-Westpazifik. Carnivor: benthische Tiere.
B *Bodianus masudai,* 12 cm. Endemisch in Südjapan, auf tiefgelegenen Felsenböden. Carnivor: benthische Tiere.
C, D *Semicossyphus reticulatus,* C 30 cm, D 100 cm. Südjapan, Südkorea, Südchinesisches Meer; bewohnt felsige Küstenregionen in gemäßigten Gewässern. Carnivor: Krebse, Weichtiere.

D Bei großen ausgewachsenen Männchen von *Semicossyphus reticulatus*

sind Stirn- und Kinnpartie überentwickelt und haben ein buckelförmiges Aussehen.

A *Gomphosus varius* (♂), der in der Landessprache Akilolo heißt.

B *Gomphosus varius* (♀), Akilolo.

C *Gomphosus caeruleus,* Schnabel-Lippfisch.

A, B *Gomphosus varius,* „Akilolo“, A 15 cm, B 13 cm. Korallenriffe des Indo-Westpazifik. Carnivor: benthische Tiere.

C *Gomphosus caeruleus,* Schnabel-Lippfisch, 13 cm. Korallenriffe des Roten Meeres; endemisch. Carnivor: benthische Tiere.

D *Thalassoma hardwickei,* Hardwicks Lippfisch.

E *Thalassoma janseni,* Jansens Lippfisch.

F *Thalassoma hebraicum,* Rotkopf-Meerjunker.

G *Thalassoma klunzingeri,* Klunzingers Lippfisch.

H *Thalassoma ballieui.*

I *Thalassoma genivittatum.*

D *Thalassoma hardwickei,* Hardwicks Lippfisch, 15 cm. Korallenriffe des Indo-Westpazifik. Carnivor: benthische Tiere.
E *Thalassoma janseni,* Jansens Lippfisch, 15 cm. Flache Korallenriffe des Indo-Westpazifik. Carnivor: benthische Tiere.
F *Thalassoma hebraicum,* Rotkopf-Meerjunker, 15 cm. Korallenriffe des westlichen Indischen Ozeans. Carnivor: benthische Tiere.
G *Thalassoma klunzingeri,* Klunzingers Lippfisch, 18 cm. Nur Korallenriffe des Roten Meeres. Carnivor: benthische Tiere.
H *Thalassoma ballieui,* 18 cm. Nur Felsen- und Korallenriffe Hawaiis. Carnivor: benthische Tiere.
I *Thalassoma genivittatum,* 20 cm. Westlicher Indischer Ozean. Carnivor: benthische Tiere.

A *Choerodon shoenleinii*

B *Choerodon robustus* (♂)

C *Choerodon robustus* (♀)

D *Choerodon anchorago*

E *Choerodon jordani*

F *Choerodon russeli*

A *Choerodon shoenleinii,* 100 cm. Korallenriffe des Westpazifik. Einer der größten Lippfische. Carnivor: benthische Tiere.
B, C *Choerodon robustus,* ♂ 30 cm, ♀ 25 cm. Indo-Pazifik. Speisefisch; wird aus Tiefen von ca. 100 m mit Handleinen gefangen. Carnivor: benthische Tiere.
D *Choerodon anchorago,* 30 cm. Korallenriffe des Westpazifik. Speisefisch; wird mit Schleppnetzen und Handleinen gefangen. Carnivor: benthische Tiere.
E *Choerodon jordani,* 12 cm. Südjapan bis Taiwan; lebt an Korallenriffen. Carnivor: benthische Tiere.
F *Choerodon russeli,* 25 cm. Südjapan, Hawaii. Wird mit Handleinen aus über 100 m Tiefe gefangen.
Carnivor: benthische Tiere.

G *Bodianus anthioides*
Lyraschwanz-Lippfisch

I *Bodianus axillaris* (Jugendform)
Achselpunkt-Lippfisch

H *Bodianus axillaris* (adult)
Achselpunkt-Lippfisch

J *Bodianus mesothorax* (adult)
Schwarzgürtel-Lippfisch

K *Bodianus mesothorax* (Jugendform)
Schwarzgürtel-Lippfisch

L *Bodianus izuensis*
Izus Lippfisch

M *Bodianus bimaculatus*

G *Bodianus anthioides,* Lyraschwanz-Lippfisch, 20 cm. Korallenriffe des Indo-Westpazifik. Junge entfernen Parasiten von anderen Fischen. Carnivor: benthische Tiere.
H, I *Bodianus axillaris,* Achselpunkt-Lippfisch, H 15 cm, I 5 cm. Korallenriffe des Indo-Westpazifik. Junge in Höhlen oder unter Vorsprüngen anzutreffen. Carnivor: benthische Tiere.
J, K *Bodianus mesothorax,* Schwarzgürtel-Lippfisch, J 15 cm, K 5 cm. Korallenriffe des Indo-Westpazifik. Junge in Höhlen oder unter Vorsprüngen anzutreffen. Carnivor: benthische Tiere.
L *Bodianus izuensis,* Izus Lippfisch, 10 cm. Izu-Halbinsel, Japan; nur von dort bekannt. In Tiefen unter 30 m auf felsigen Böden anzutreffen. Carnivor: benthische Tiere.
M *Bodianus bimaculatus,* 10 cm. Westpazifik; in mehr als 30 m Tiefe auf Felsenböden und an steilen Hängen anzutreffen. Carnivor: benthische Tiere.

A *Bodianus perditio* (adult)

B *Bodianus perditio* (Jugendform)

C *Thalassoma qunquevittatum* (♂)
Rotstreifen-Lippfisch

D *Thalassoma qunquevittatum* (♀)
Rotstreifen-Lippfisch

E *Thalassoma purpureum* (♂)
Purpur-Meerpfau

F *Thalassoma purpureum* (♀)
Purpur-Meerpfau

A, B *Bodianus perditio,* A 40 cm, B 7 cm (bis zu 90 cm). In felsigen Küstenregionen des Indo-Westpazifik. Speisefisch; wird mit Handleinen gefangen. Carnivor: benthische Tiere.
C, D *Thalassoma qunquevittatum,* Rotstreifen-Lippfisch, ♂ 15 cm, ♀ 8 cm. Flache Korallenriffe des Indo-Pazifik. Carnivor: benthische Tiere.

E, F *Thalassoma purpureum,* Purpur-Meerpfau, ♂ 20 cm, ♀ 15 cm. Indo-Pazifik; lebt in Schlickregionen an Korallenriffen.
Carnivor: benthische Tiere, Fische.

G *Thalassoma trilobatum*

H *Thalassoma lutescens* (♂)
Gelber Lippfisch, Zitronenjunker

I *Thalassoma lutescens* (♀)
Gelber Lippfisch, Zitronenjunker

J *Thalassoma lunare*
Mondsichel-Lippfisch

K *Thalassoma cupido*

L *Thalassoma amblycephalus* (♂)
Zweiton-Lippfisch

M *Thalassoma amblycephalus* (♀)
Zweiton-Lippfisch

N *Thalassoma duperrey* (♂)
Duperreys Lippfisch

G *Thalassoma trilobatum,* 20 cm. Flache Felsenregionen des Indo-Pazifik. Carnivor: benthische Tiere.
H, I *Thalassoma lutescens,* Gelber Lippfisch, Zitronenjunker, ♂ 15 cm (bis zu 25 cm), ♀ 13 cm. Korallenriffe des Westpazifik und des östlichen Indischen Ozeans. Carnivor: benthische Tiere.
J *Thalassoma lunare,* Mondsichel-Lippfisch. 15 cm (bis zu 25 cm). Korallenriffe des Indo-Pazifik. Carnivor: benthische Tiere.
K *Thalassoma cupido,* 15 cm. Zentraljapan; lebt in flachen, felsigen Regionen. Carnivor: benthische Tiere.
L, M *Thalassoma amblycephalus,* Zweiton-Lippfisch, ♂ 12 cm, ♀ 9 cm. Pazifik; lebt in Schulen an Korallenriffen. Carnivor: Zooplankton.
N *Thalassoma duperrey,* Duperreys Lippfisch, 10 cm. Hawaii; an Felsen- und Korallenriffen weitverbreitet.
Carnivor: benthische Tiere.

A *Anampses caeruleopunctatus* (♂)
Diamant-Perllippfisch

C *Anampses meleagrides* (♀)
Gelbschwanz-Lippfisch

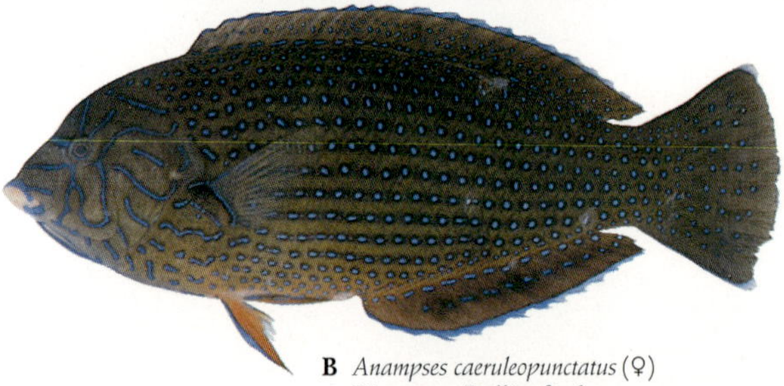

B *Anampses caeruleopunctatus* (♀)
Diamenat-Perllippfisch

D *Anampses geographicus* (♀)

E *Anampses chrysocephalus*
Rotschwanz-Lippfisch

F *Anampses melanurus*
Schwarzschwanz-Lippfisch

G *Anampses neoguinaicus*
Neuguinea-Perllippfisch

H *Anampses twistii*
Gelbbrust-Lippfisch

A, B *Anampses caeruleopunctatus,* Diamant-Perllippfisch, ♂ 20 cm, ♀ 15 cm. Felsen- und Korallenriffe des Indo-Pazifik. Carnivor: benthische Tiere.
C *Anampses meleagrides* (♀), Gelbschwanz-Lippfisch, 15 cm. Korallenriffe des Indo-Westpazifik. Carnivor: benthische Tiere.
D *Anampses geographicus* (♀), 18 cm. Korallenriffe des Indo-Westpazifik. Carnivor: benthische Tiere.
E *Anampses chrysocephalus,* Rotschwanz-Lippfisch, 8 cm. Hawaii; bewohnt Felsen- und Korallenriffe. Carnivor: benthische Tiere.
F *Anampses melanurus,* Schwarzschwanz-Lippfisch, 10 cm. West- und Zentralpazifik. Carnivor: benthische Tiere.
G *Anampses neoguinaicus,* Neuguinea-Perllippfisch, 10 cm. Korallenriffe des Indo-Westpazifik.
Carnivor: benthische Tiere.
H *Anampses twistii,* Gelbbrust-Lippfisch, 10 cm. Korallenriffe des Indo-Westpazifik. Carnivor: benthische Tiere.

I *Pseudolabrus japonicus* (♂).

J *Pseudolabrus japonicus* (♀).

I, J *Pseudolabrus japonicus,* ♂ 20 cm, ♀ 17 cm. Bewohnt flache, felsige Regionen in Zentraljapan. Schläft nachts unter niedrigen Felsvorsprüngen. Überwintert im Sand. Carnivor: benthische Tiere.

A *Hemigymnus melapterus,* ein Zweifarbiger Lippfisch.

B Eine Varietät des Zweifarbigen Lippfisches, *Hemigymnus melapterus.*

A, B *Hemigymnus melapterus,* Zweifarbiger Lippfisch, A und B 40 cm. Korallenriffe des Indo-Pazifik. Frißt, indem er Sand aufnimmt, die tierischen Bestandteile aussortiert und die anorganischen Reste durch Maul oder Kiemenöffnungen wieder ausstößt. Carnivor: benthische Tiere.

C *Hemigymnus fasciatus,* 22 cm. Korallenriffe des Indo-Westpazifik. Carnivor: benthische Tiere.

D *Hemigymnus fasciatus* (var.), 20 cm. Indischer Ozean.

C *Hemigymnus fasciatus.*

D Eine *Hemigymnus fasciatus*-Varietät.

A *Pseudolabrus biserialis.*

B *Achoerodus gouldii.*

C *Eupetrichthys angustipes.*

A *Pseudolabrus biserialis,* 20 cm. Felsenriffe Südwestaustraliens. Carnivor: benthische Tiere.

B *Achoerodus gouldii,* 90 cm. Felsenriffe Südwestaustraliens. Carnivor: benthische Tiere.

C *Eupetrichthys angustipes,* 12 cm. Südaustralien. Carnivor: benthische Tiere.

D *Australabrus maculatus* (♂).

E *Australabrus maculatus* (♀).

F *Ophthalmolepis lineolatus.*

G *Suezichthys gracilis.*

H *Suezichthys arquatus* (♂).

I *Suezichthys arquatus* (♀).

D, E *Australabrus maculatus,* ♂ 12 cm, ♀ 10 cm. Südaustralien. Carnivor: benthische Tiere.
F *Ophthalmolepis lineolatus,* 30 cm. Südaustralien. Carnivor: benthische Tiere.

G *Suezichthys gracilis,* 14 cm. Westpazifik. Carnivor: benthische Tiere.
H, I *Suezichthys arquatus,* ♂ 10 cm, ♀ 9 cm. Südjapan; lebt in 50 bis 80 m Tiefe in felsigen Regionen im Izu-Ozeanpark. Carnivor: benthische Tiere.

A *Halichoeres semicinctus.*

B *Oxyjulis californica.*

A *Halichoeres semicinctus,* 20 cm. Kalifornien, Niederkalifornien, Golf von Kalifornien; bewohnt flache Felsenriffe. Rechts im Bild das Männchen, links das Weibchen. Carnivor: benthische Tiere.
B *Oxyjulis californica,* 12 cm. Kalifornien, Niederkalifornien; bewohnt Felsenriffe und Tangbetten. Entfernt Parasiten von anderen Fischen. Carnivor: benthische Tiere.
C *Pseudoluloides cerasinus,* 10 cm. Indo-Pazifik; lebt in felsigen Regionen in 20 bis 60 m Tiefe. Carnivor: benthische Tiere.
D *Halichoeres melasmapomus,* 18 cm. Westpazifik, östlicher Indischer Ozean. Carnivor: benthische Tiere.
E *Macropharyngodon bipartitus,* 12 cm. Westlicher Indischer Ozean. Carnivor: benthische Tiere.

C *Pseudoluloides cerasinus.*

D *Halichoeres melasmapomus.*

E *Macropharyngodon bipartitus.*

A *Halichoeres hortulanus,* Schachbrett-Lippfisch (adult).

B *Halichoeres hortulanus,* Schachbrett-Lippfisch (Jugendform).

A, B *Halichoeres hortulanus,* Schachbrett-Lippfisch, A 22 cm (bis zu 25 cm), B 3 cm. Korallenriffe des Indo-Pazifik. Carnivor: benthische Tiere.
C *Halichoeres purpurescens,* 15 cm. Korallenriffe der Philippinen, Indo-Australischer Archipel. Carnivor: benthische Tiere.
D *Halichoeres chloropterus,* Grün-Brauner Meerjunker, 15 cm. Korallenriffe der Philippinen, Indo-Australischer Archipel. Carnivor: benthische Tiere.

C *Halichoeres purpurescens.*

D *Halichoeres chloropterus,* Grün-Brauner Meerjunker.

A *Pteragogus flagellifera* (♂)

B *Pteragogus flagellifera* (♀)

C *Labropsis manabei* (adult)

D *Labropsis manabei* (Jugendform)

E *Labroides dimidiatus*
Putzer-Lippfisch

F *Labroides pectoralis*
Brustflecken-Putzerfisch

G *Labroides phthirophagus*
Hawaii-Putzerfisch

H *Labroides bicolor*
Zweifarben-Putzerfisch

I *Labrichthys unilineatus*

A, B *Pteragogus flagellifera,* ♂ 17 cm, ♀ 15 cm. Indo-Westpazifik; lebt häufig in Seetang und weichen Korallen. Carnivor: benthische Tiere.
C, D *Labropsis manabei,* C 10 cm, D 4 cm. Korallenriffe des Westpazifik. Junge entfernen Parasiten von anderen Fischen.
Carnivor: Korallenpolypen.
E *Labroides dimidiatus,* Putzer-Lippfisch, 9 cm. Indo-Westpazifik; auf Felsen- und Korallenriffen weitverbreitet. Carnivor: Ektoparasiten (Krebse) und Schleim anderer Fische.

F *Labroides pectoralis,* Brustflecken-Putzerfisch, 6 cm. Korallenriffe des Westpazifik. Carnivor: Ektoparasiten (Krebse) und Schleim anderer Fische.
G *Labroides phthirophagus,* Hawaii-Putzerfisch, 8 cm. Nur Felsen- und Korallenriffe Hawaiis. Carnivor: Ektoparasiten (Krebse) und Schleim anderer Fische.
H *Labroides bicolor,* Zweifarben-Putzerfisch, 12 cm. Korallenriffe des Westpazifik. Carnivor: Ektoparasiten (Krebse) und Schleim anderer Fische.
I *Labrichthys unilineatus,* 15 cm. Indo-Westpazifik; zwischen Hirschhornkorallen anzutreffen. Carnivor: Korallenpolypen.

J *Stethojulis terina* (♂)

K *Stethojulis terina* (♀)

L *Stethojulis strigiventer* (♂)
Dreistreifen-Lippfisch

M *Stethojulis strigiventer* (♀)
Dreistreifen-Lippfisch

N *Stethojulis bandanensis* (♂)
Rotbrust-Lippfisch

O *Stethojulis bandanensis* (♀)
Rotbrust-Lippfisch

P *Stethojulis meleagris* (♂)
Leoparden-Lippfisch

Q *Stethojulis meleagris* (♀)
Leoparden-Lippfisch

J, K *Stethojulis terina,* ♂ 10 cm, ♀ 7 cm. Felsige und tangreiche Gegenden des Westpazifik. Carnivor: benthische Tiere.
L, M *Stethojulis strigiventer,* Dreistreifen-Lippfisch, ♂ 10 cm, ♀ 7 cm. Indo-Westpazifik; bewohnt flache Korallenriffe. Carnivor: benthische Tiere.
N, O *Stethojulis bandanensis,* Rotbrust-Lippfisch, ♂ 10 cm (bis zu 15 cm), ♀ 8 cm. Flache Korallenriffe des Westpazifik. Carnivor: benthische Tiere.
P, Q *Stethojulis meleagris,* Leoparden-Lippfisch, ♂ 12 cm, ♀ 8 cm. Korallenriffe des Westpazifik. Carnivor: benthische Tiere.

A *Macropharyngodon moyeri* (♂)
Panther-Lippfisch

D *Macropharyngodon negrosensis* (♀)
Negros Lippfisch

B *Macropharyngodon moyeri* (♀)
Panther-Lippfisch

C *Macropharyngodon negrosensis* (♂)
Negros Lippfisch

E *Pseudojuloides elongatus* (♂)

G *Halichoeres trimaculatus* (♂)

F *Pseudojuloides elongatus* (♀)

H *Halichoeres trimaculatus* (♀)

A, B *Macropharyngodon moyeri,* Panther-Lippfisch, ♂ 12 cm, ♀ 8 cm. Nur von den Miyake-Inseln in Japan bekannt; an Felsblöcken mit Algenbewuchs auf sandigem Grund in 7 bis 17 m Tiefe anzutreffen. Carnivor: benthische Tiere.
C, D *Macropharyngodon negrosensis,* Negros Lippfisch, ♂ 12 cm, ♀ 7 cm. Westpazifik; lebt an Felsblöchen an sandigen Korallenriffen. Carnivor: benthische Tiere.

E, F *Pseudojuloides elongatus,* ♂ 12 cm, ♀ 10 cm. Izu-Halbinsel, Miyake-Inseln, Japan, subtropische Regionen des Westpazifik; lebt in Seetang. Carnivor: benthische Tiere.
G, H *Halichoeres trimaculatus,* ♂ 15 cm, ♀ 12 cm. Westpazifik; auf sandigen Böden an Korallenriffen zu finden.
Carnivor: benthische Tiere.

I *Halichoeres scapularis*

J *Halichoeres marginatus*
Pracht-Regenbogenfisch

K *Halichoeres melanochir*
Schwarzohren-Junker

L *Halichoeres prosopeion*

M *Halichoeres ornatissimus*

N *Halichoeres nebulosus* (♂)

P *Halichoeres melanurus* (♂)
Gestreifter Regenbogenfisch

O *Halichoeres nebulosus* (♀)

Q *Halichoeres melanurus* (♀)
Gestreifter Regenbogenfisch

I *Halichoeres scapularis,* 7 cm. Indo-Westpazifik; auf sandigen Böden an Korallenriffen zu finden. Carnivor: benthische Tiere.
J *Halichoeres marginatus,* Pracht-Regenbogenfisch, 15 cm. Korallenriffe des Westpazifik. Carnivor: benthische Tiere.
K *Halichoeres melanochir,* Schwarzohren-Junker, 12 cm. Korallen- und Felsenriffe des Westpazifik. Carnivor: benthische Tiere.
L *Halichoeres prosopeion,* 13 cm. Korallenriffe des Westpazifik. Carnivor: benthische Tiere.

M *Halichoeres ornatissimus,* 8 cm. Korallenriffe des Zentral- und Westpazifik. Carnivor: benthische Tiere.
N, O *Halichoeres nebulosus,* ♂ 10 cm, ♀ 8 cm. Felsen- und Korallenriffe des Indo Pazifik. Carnivor: benthische Tiere.
P, Q *Halichoeres melanurus,* Gelbstreifen-Regenbogenfisch, ♂ 10 cm, ♀ 7 cm. Korallenriffe des Westpazifik.
Carnivor: benthische Tiere.

A *Halichoeres chrysus*
Kanarien-Junker

B *Halichoeres hartzfeldii* (♂)
Hartzfelds Junger

C *Halichoeres hartzfeldii* (♀)
Hartzfelds Junker

D *Halichoeres tenuispinnis* (♂)

E *Halichoeres tenuispinnis* (♀)

F *Halichoeres poecilopterus* (♂)

G *Halichoeres poecilopterus* (♀)

A *Halichoeres chrysus,* Kanarien-Junker, 7 cm. Westpazifik; lebt in 5 bis 30 m Tiefe in sandigen Regionen an Korallenriffen.
Carnivor: benthische Tiere.

B, C *Halichoeres hartzfeldii,* Hartzfelds Junker, ♂ 20 cm, ♀ 16 cm. Westpazifik; lebt in 10 bis 25 m Tiefe auf sandigen Böden an Korallenriffen.
Carnivor: benthische Tiere.

D, E *Halichoeres tenuispinnis,* ♂ 12 cm, ♀ 10 cm. Südliches Japanisches und Ostchinesisches Meer; lebt in felsigen Gegenden gemäßigter Gewässer.
Carnivor: benthische Tiere.

F, G *Halichoeres poecilopterus,* ♂ 20 cm, ♀ 18 cm. Südjapan, Korea, Ostchinesisches Meer; an Felsblöcken auf sandigen Böden anzutreffen. Überwintert im Sand. Speisefisch. Carnivor: benthische Tiere.

H Ein adulter Spiegelfleck-Lippfisch, *Coris aygula.*

I *Coris aygula* (Jugendform), Spiegelfleck-Lippfisch.

J *Coris aygula* (juvenil).

H, I, J *Coris aygula,* Spiegelfleck-Lippfisch, H 45 cm, I 10 cm, J 5 cm. Korallenriffe des Indo-Pazifik. Die Stirnpartie ist bucklig, und bei großen adulten Exemplaren ist der erste und zweite Rückenstachel verlängert.
Carnivor: benthische Tiere

A Ein adulter Falscher Clown-Lippfisch, *Coris gaimard.*

B Ein junger Falscher Clown-Lippfisch, *Coris gaimard.*

A, B *Coris gaimard,* Falscher Clown-Lippfisch, A 20 cm, B 5 cm. Korallenriffe des Indo-Pazifik. Bei Jung- und Alttieren gibt es geographische Farbvarianten. Juvenile Exemplare sind geschätzte Aquarienfische. Carnivor: benthische Tiere.

C, D *Coris formosa,* Clown-Lippfisch, ♂ 40 cm, ♀ 30 cm. Westlicher Indischer Ozean; an Korallenriffen bei den Seychellen und Ostafrika weitverbreitet. Carnivor: benthische Tiere.

C Ein Männchen des Clown-Lippfisches (*Coris formosa*), der auch Bijouteriefisch genannt wird.

D Ein Weibchen derselben Spezies.

A *Coris venusta.*

B *Coris flavovittata.*

C *Coris dorsomacula.*

D *Coris caudimacula,* Schwanzfleck-Junker.

E *Coris auricularis* (♂).

F *Coris auricularis* (♀).

A *Coris venusta,* 14 cm. Endemisch in Hawaii; bewohnt Felsen- und Korallenriffe. Carnivor: benthische Tiere.
B *Coris flavovittata,* 18 cm. Endemisch in Hawaii; bewohnt Felsen- und Korallenriffe. Carnivor: benthische Tiere.
C *Coris dorsomacula,* 20 cm. Felsen- und Korallenriffe des Indo-Pazifik. Carnivor: benthische Tiere.

D *Coris caudimacula,* Schwanzfleck-Junker, 18 cm. Korallenriffe des Indischen Ozeans. Carnivor: benthische Tiere.
E, F *Coris auricularis,* ♂ 20 cm, ♀ 15 cm. Westaustralien; bewohnt Sandböden an Korallenriffen.
Carnivor: benthische Tiere.

G Ein adultes Männchen von *Hologymnosus doliatus.*

H *Hologymnosus doliatus* (♀, adult).

I *Hologymnosus doliatus* (Jugendform).

G, H, I *Hologymnosus doliatus,* G 29 cm (bis zu 40 cm), H 25 cm, I 5 cm. Indo-Westpazifik; bewohnt flache Lagunen und tiefe Sandböden an Korallenriffen. Farbe verändert sich mit zunehmendem Alter. Carnivor: überwiegend kleine Fische.

A *Cirrhilabrus lubbocki,* Lubbocks Lippfisch.

B *Cirrhilabrus* sp.

C *Cirrhilabrus exquisitus.*

A *Cirrhilabrus lubbocki,* Lubbocks Lippfisch, 5 cm. Korallenriffe der Philippinen. Carnivor: Zooplankton.
B *Cirrhilabrus* sp., 8 cm. Westlicher Indischer Ozean; bewohnt tiefgelegene Felsenriffe. Carnivor: Zooplankton.
C *Cirrhilabrus exquisitus,* 6 cm. Korallenriffe des Indo-Pazifik. Carnivor: Zooplankton.
D *Cheilinus lunulatus,* Besenschwanz-Lippfisch, 40 cm. Rotes Meer; lebt an Korallenriffen in 10 bis 20 m Tiefe. Carnivor: benthische Tiere.

D *Cheilinus lunulatus,* ein Besenschwanz-Lippfisch.

A Bei großen adulten Exemplaren des Napoleon-Lippfisches, *Cheilinus undulatus,* bildet sich ein Buckel auf der Stirn.

B *Cheilinus unifasciatus.*

C *Cheilinus diagrammus,* Regenbogen-Lippfisch.

D *Equibulus insidiator,* Teleskopfisch.

A *Cheilinus undulatus,* Napoleon-Lippfisch, 100 cm (ist mit bis zu 230 cm der größte Lippfisch). Korallenriffe des Indo-Pazifik. Carnivor: Fische, Krebse, Weichtiere, andere Wirbellose.

B *Cheilinus unifasciatus,* 20 cm. Zentral- und Westpazifik. Carnivor: Fische, benthische Wirbellose.

C *Cheilinus diagrammus,* Regenbogen-Lippfisch, 20 cm. Indo-Westpazifik. Carnivor: Fische, benthische Wirbellose.

D *Equibulus insidiator,* Teleskopfisch, 20 cm. Korallenriffe des Indo-Pazifik. Carnivor: Fische, Krabben, Garnelen.

A *Paracheilinus filamentosus,* Faden-Lippfisch.

B *Paracheilinus octotaenia,* Achtstreifen-Lippfisch.

A *Paracheilinus filamentosus,* Faden-Lippfisch, 10 cm. Indo-Australischer Archipel; bewohnt steile Korallenhänge. Carnivor: Zooplankton.
B *Paracheilinus octotaenia,* Achtstreifen-Lippfisch, 9 cm. Rotes Meer; lebt in Felsen- und Korallenregionen in über 20 m Tiefe. Die Weibchen haben 4–5, die Männchen 8 waagerechte blaue Linien auf dem Körper. Schwarmfisch. Carnivor: Zooplankton.

C *Coris variegata*
Flecken-Junker

D *Coris picta*
Kamm-Lippfisch

E *Pseudocoris yamashiroi* (♂)

G *Pseudocoris aurantifasciatus*

F *Pseudocoris yamashiroi* (♀)

H *Cheilio inermis* (♂)
Zigarren-Lippfisch

I *Cheilio inermis* (♀)
Zigarren-Lippfisch

C *Coris variegata,* Flecken-Junker, 10 cm. Indo-Westpazifik; bewohnt sandige Böden an Korallenriffen. Carnivor: benthische Tiere.
D *Coris picta,* Kamm-Lippfisch, 15 cm. Zentraljapan, Taiwan, Südostaustralien, Lord-Howe-Inseln; bewohnt Sandböden an Felsenriffen. Carnivor: benthische Tiere.
E, F *Pseudocoris yamashiroi,* ♂ 13 cm, ♀ 10 cm. Korallenriffe Südjapans. Carnivor: Zooplankton.

G *Pseudocoris aurantifasciatus,* 12 cm. Korallenriffe des Westpazifik. Das Foto zeigt ein Männchen.
Carnivor: Zooplankton.
H, I *Cheilio inermis,* Zigarren-Lippfisch, ♂ 25 cm (bis zu 40 cm), ♀ 20 cm. Indo-Pazifik; lebt in Seetang in flachen Küstengewässern. Carnivor: Weichtiere, Krabben, Seeigel, Garnelen.

A *Hologymnosus annulatus* (♂, adult)

B *Hologymnosus annulatus* (♀, adult)

D *Hologymnosus annulatus* (juvenil)

C *Hologymnosus annulatus*
(Jugendform)

E *Cirrhilabrus cyanopleura*
Blauband-Lippfisch

G *Cirrhilabrus temminckii*
Temmincks Lippfisch

F *Cirrhilabrus rubripinnis*

H *Cirrhilabrus temminckii* (var.)
Temmincks Lippfisch

A-D *Hologymnosus annulatus*, A 33 cm, B 25 cm, C 20 cm, D 5 cm. Indo-Pazifik; bewohnt flache Lagunen und tiefgelegene Sandböden in felsigen Regionen. Farbe variiert mit zunehmendem Alter. Carnivor: überwiegend kleine Fische.
E *Cirrhilabrus cyanopleura*, Blauband-Lippfisch, 10 cm. Westpazifik; lebt in Schwärmen an Korallenriffen. Carnivor: Zooplankton.

F *Cirrhilabrus rubripinnis*, 8 cm. Philippinen; lebt in Schwärmen an Korallenriffen. Carnivor: Zooplankton.
G, H *Cirrhilabrus temminckii*, Temmincks Lippfisch, G 10 cm, H 8 cm. Westpazifik; lebt in Schwärmen an Felsen- und Korallenriffen.
Carnivor: Zooplankton.

I *Cymolutes lecluse*

J *Novaculichthys macrolepidotus*

L *Xyrichthys pavo*
Blatt-Schermesserfisch

K *Xyrichthys dea*

M *Xyrichthys melanopus*

N *Xyrichthys evides*

Q *Novaculops taeniourus*
Brauner Bäumchenfisch

O *Xyrichthys pentadactylus*

P *Novaculops woodi*

I *Cymolutes lecluse,* 12 cm. Indo-Pazifik; bewohnt Sandböden an Korallenriffen. Carnivor: benthische Wirbellose.

J *Novaculichthys macrolepidotus,* 15 cm. Indo-Westpazifik; bewohnt Seegras-Betten. Carnivor: benthische Wirbellose.

K *Xyrichthys dea,* 25 cm. Zentral- und Westpazifik; bewohnt tiefgelegene Sandregionen. Speisefisch.
Carnivor: benthische Wirbellose

L *Xyrichthys pavo,* Blatt-Schermesserfisch, 25 cm. Indo-Pazifik einschließlich Ostpazifik. Speisefisch; wird mit Handleinen gefangen. Carnivor: benthische Tiere.

M *Xyrichthys melanopus,* 20 cm. Indo-Westpazifik; auf Sandböden anzutreffen. Speisefisch; wird mit Handleinen gefangen. Carnivor: benthische Tiere.

N *Xyrichthys evides,* 20 cm. Okinawa, Japan, Taiwan; lebt auf Sandböden. Speisefisch; wird mit Handleinen gefangen. Carnivor: benthische Tiere.

O *Xyrichthys pentadactylus,* 25 cm. Indo-Westpazifik; bewohnt Sandböden in flachen Küstengewässern. Carnivor: benthische Tiere.

P *Novaculops woodi,* 13 cm. Südjapan, Hawaii, Osterinseln; in 20 bis 40 m Tiefe anzutreffen. Carnivor: benthische Tiere

Q *Novaculops taeniourus,* Brauner Bäumchenfisch, 20 cm. Korallenriffe des Indo-Pazifik. Carnivor: benthische Tiere.

A *Cheilinus trilobatus,* 35 cm. Korallenriffe des Indo-Pazifik. Carnivor: Krebse, Weichtiere und andere Wirbellose.

B *Cheilinus chlorurus,* 25 cm. Korallenriffe des Indo-Pazifik. Carnivor: benthische Tiere.

C *Cheilinus fasciatus,* Rotbrust-Lippfisch, 30 cm. Korallenriffe des Indo-Pazifik. Intensität des Körperzeichnung variiert. Carnivor: benthische Tiere.

D *Cheilinus celebicus,* 15 cm. Flache Korallenriffe des Westpazifik. Carnivor: benthische Tiere.

E *Cheilinus bimaculatus,* 10 cm. Indo-Pazifik; bewohnt Seetangwälder und Seegraswiesen. Carnivor: benthische Tiere.

F *Pseudocheilinus evanidus,* Weißwangen-Lippfisch, 5 cm (bis zu 8 cm). Korallenriffe des Indo-Pazifik. Carnivor: benthische Tiere.

G *Pseudocheilinus hexataenia,* Sechsstreifen-Lippfisch, 5 cm (bis zu 7 cm). Korallenriffe des Indo-Pazifik. Carnivor: benthische Tiere.

H *Pseudocheilinus octotaenia,* 5 cm (bis zu 12 cm). Korallenriffe des Indo-Pazifik. Carnivor: benthische Tiere.

I *Paracheilinus angulatus* (♂), 12 cm. Philippinen; bewohnt tiefgelegene Felsenregionen. Carnivor: Zooplankton.

J *Wetmorella nigropinnata,* 6 cm. ndo- und Westpazifik; in Höhlen oder unter Vorsprüngen an Korallenriffen anzutreffen. Carnivor: benthische Tiere.

Papageienfische 30

Familie: Scaridae, Papageienfische **Klasse: Knochenfische**

A *Scarus ferrugineus,* Rostpapageienfisch (♂).

Papageienfische

Papageienfische (Fam. Scaridae) sind eng mit Lippfischen verwandt, doch statt einzelner Zähne im Kiefer sind bei ihnen die Zähne zu Zahnplatten verschmolzen und bilden eine schnabelartige Struktur. Dieser „Schnabel" eignet sich bestens dazu, Algen von der Oberfläche des Riffs zu kratzen. Papageienfische verdauen zusammen mit den Algen auch große Mengen von Korallen und Sand. Dieses Material wird durch besondere Zähne im Schlund zu einem feinen Pulver zerrieben, passiert den Darmtrakt und wird mit dem Kot ausgeschieden; es macht einen bedeutenden Anteil des Bodensediments aus. Wie Lippfische machen Papageienfische einen Geschlechtswechsel vom Weibchen zum Männchen hin durch und zeigen je nach Wachstumsphase und Geschlecht verschiedene Farbmuster. Die schätzungsweise 75 Arten sind hauptsächlich Bewohner von Korallenriffen, wenn man auch einige wenige Arten vorzugsweise in Algenwäldern antrifft. Papageienfische grasen einzeln oder in riesigen Schulen im Riff. Die größten Papageienfische werden etwas über 1 m lang, doch die meisten Arten bleiben unter 50 cm Gesamtlänge.

A *Scarus niger*, Schwarzer Papageienfisch.

B Eine *Scarus niger*-Varietät (♂).

C Das Weibchen derselben Varietät.

Scaridae, Papageienfische (ganzes Kapitel)
◀ (S. 371) **A** *Scarus ferrugineus*, Rostpapageienfisch, 40 cm. Korallenriffe des Roten Meeres. Herbivor: Algen.
A, B, C *Scarus niger*, Schwarzer Papageienfisch, A 50 cm, B 30 cm, C 25 cm. Korallenriffe des Indo-Pazifik. Herbivor: Algen.
D *Scarus ovifrons*, 60 cm. Zentraljapan; in kleinen Gruppen in felsigen Regionen anzutreffen. Stirn wird bei großen adulten Exemplaren bucklig. Speisefisch. Herbivor: Algen.

D *Scarus ovifrons.*

A Ein adultes Männchen des Zweifarben-Papageienfisches, *Cetoscarus bicolor.*

A Ein adultes Weibchen des Zweifarben-Papageienfisches, *Cetoscarus bicolor.*

B *Cetoscarus bicolor* (Jugendform).

◄◄ (S. 374/75) **A, A, B** *Cetoscarus bicolor,* Zweifarben-Papageienfisch, ◄ (S. 374/75) A 70 cm (bis zu 80 cm), A 60 cm, B 15 cm. Korallenriffe des Indo-Pazifik. Juvenile Tiere, Männchen und Weibchen haben unterschiedliche Körperzeichnungen. Speisefisch; wird mit Schleppnetzen gefangen. Herbivor: Algen.

C, D, E *Hipposcarus longiceps,* C 40 cm, D 35 cm, E 10 cm. Korallenriffe des West- und Zentralpazifik. Juvenile Tiere, Männchen und Weibchen haben unterschiedliche Körperzeichnungen. Speisefisch; wird mit Schleppnetzen gefangen. Herbivor: Algen.

C Ein adultes *Hipposcarus longiceps*-Männchen.

D *Hipposcarus longiceps* (♀, adult).

E *Hipposcarus longiceps* (Jugendform).

A *Calotomus japonicus* (♂)

B *Calotomus japonicus* (♀)

C *Calotomus spinidens*

D *Leptoscarus vaigiensis*

E *Bolbometopon muricatum*

A, B *Calotomus japonicus,* ♂ 35 cm, ♀ 25 cm. Japan; zwischen Seetang in felsigen Regionen zu finden. Speise- und Sportfisch; wird mit Wandnetzen und Angeln gefangen. Omnivor: Algen, benthische Tiere.
C *Calotomus spinidens,* 25 cm. Indo-Pazifik; in Seetangwäldern und Seegraswiesen zu finden. Omnivor: Algen, benthische Tiere.

D *Leptoscarus vaigiensis,* 25 cm. Indo-Pazifik; in Seetang und Seegras anzutreffen. Omnivor: Algen, benthische Tiere.
E *Bolbometopon muricatum,* 100 cm. Indo-Pazifik; bildet Schwärme in Korallenriffen. Die Stirn bildet mit zunehmender Größe einen Buckel aus. Speisefisch; wird mit Schleppnetzen gefangen. Herbivor: Algen.

F *Scarus gibbus* (♂)
Buckelkopf-Papageienfisch

G *Scarus prasiognathos* (♂)

H *Scarus prasiognathos* (♀)

I *Scarus ghobban* (♂)

K *Scarus forsteni* (♂)

J *Scarus ghobban* (♀)

L *Scarus forsteni* (♀)

F *Scarus gibbus,* Buckelkopf-Papageienfisch, 50 cm. Korallenriffe des Indo-Pazifik. Speisefisch. Herbivor: Algen.
G, H *Scarus prasiognathos,* ♂ 55 cm (bis zu 70 cm), ♀ 40 cm. Korallenriffe des Indo-Westpazifik. Speisefisch; wird mit Schleppnetzen gefangen. Herbivor: Algen.

I, J *Scarus ghobban,* ♂ 60 cm (bis zu 80 cm), ♀ 40 cm. Indo-Pazifik einschließlich Ostpazifik; bewohnt Korallenriffe. Speisefisch; wird mit Schleppnetzen gefangen. Herbivor Algen.
K, L *Scarus forsteni,* ♂ 45 cm, ♀ 40 cm. Korallenriffe des Indo-Westpazifik. Speisefisch; wird mit Schleppnetzen gefangen. Herbivor: Algen.

A *Scarus sordidus* (♂)
Grünflossen-Papageienfisch

B *Scarus sordidus* (♀)
Grünflossen-Papageienfisch

C *Scarus schlegeli* (♂)
Schlegels Papageienfisch

D *Scarus schlegeli* (♀)
Schlegels Papageienfisch

E *Scarus frenatus* (♂)

F *Scarus frenatus* (♀)

A, B *Scarus sordidus,* Grünflossen-Papageienfisch, ♂ 30 cm, ♀ 25 cm. Korallenriffe des Indo-Pazifik. Speisefisch; wird mit Schleppnetzen gefangen. Herbivor: Algen.
C, D *Scarus schlegeli,* Schlegels Papageienfisch, ♂ 40 cm, ♀ 30 cm. Korallenriffe des Westpazifik. Speisefisch; wird mit Schleppnetzen gefangen. Herbivor: Algen.
E, F *Scarus frenatus,* ♂ 35 cm, ♀ 30 cm. Korallenriffe des Indo-Pazifik. Speisefisch; wird mit Schleppnetzen gefangen. Herbivor: Algen.

G *Scarus rubroviolaceus* (♂)
Funken-Papageienfisch

H *Scarus rubroviolaceus* (♀)
Funken-Papageienfisch

I *Scarus dimidiatus* (♂)

J *Scarus dimidiatus* (♀)

K *Scarus oviceps* (♂)

L *Scarus oviceps* (♀)

G, H *Scarus rubroviolaceus,* Funken-Papageienfisch, ♂ 50 cm, ♀ 40 cm. Indo-Pazifik einschließlich Ostpazifik; bewohnt Korallenriffe. Speisefisch; wird mit Schleppnetzen gefangen.
Herbivor: Algen.

I, J *Scarus dimidiatus,* ♂ 30 cm, ♀ 27 cm. Korallenriffe des Westpazifik. Speisefisch; wird mit Schleppnetzen gefangen. Herbivor: Algen.
K, L *Scarus oviceps,* ♂ und ♀ 27 cm. Korallenriffe des Westpazifik. Speisefisch; wird mit Schleppnetzen gefangen. Herbivor: Algen.

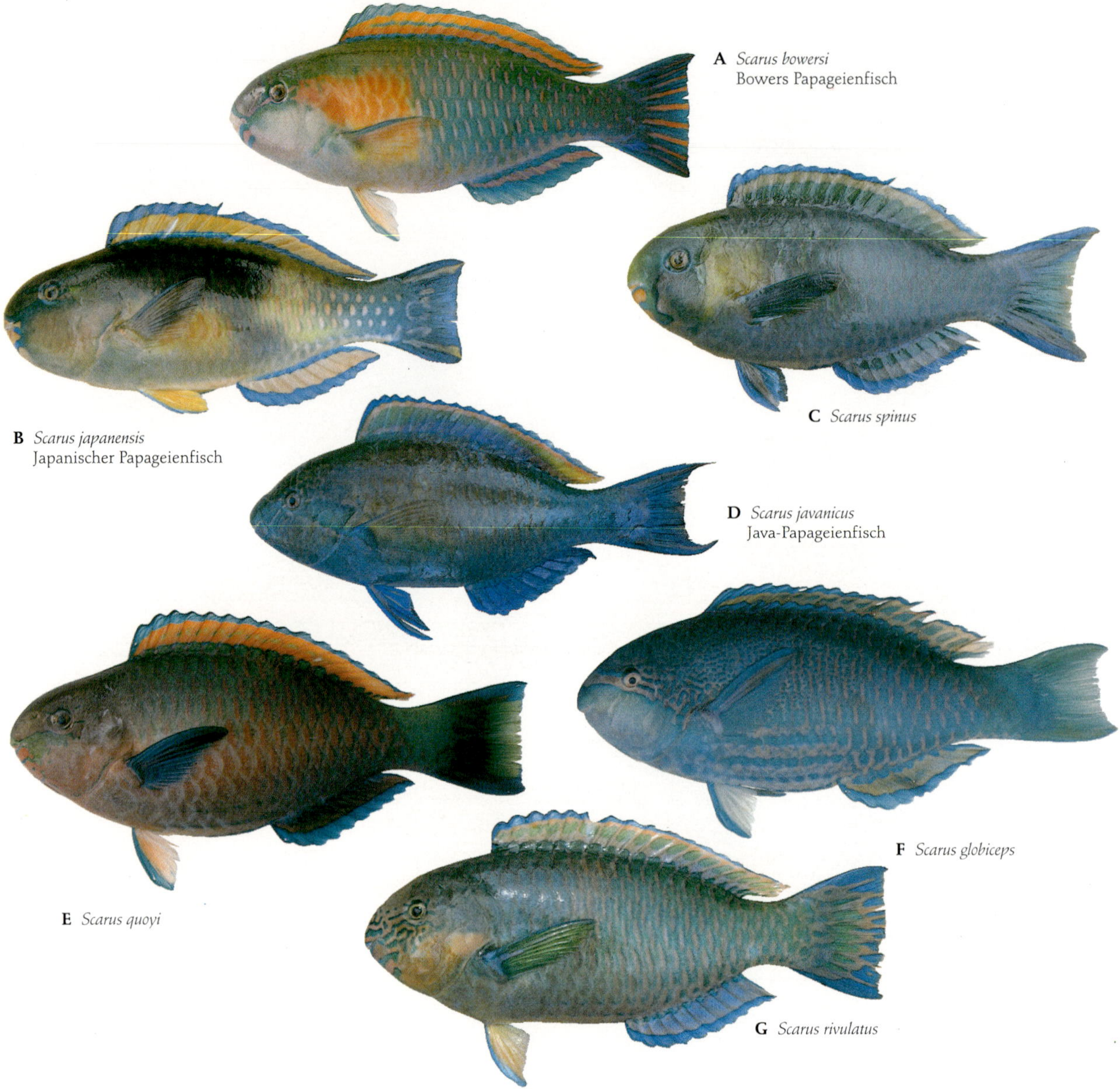

A *Scarus bowersi,* Bowers Papageienfisch, 25 cm. Korallenriffe des Westpazifik. Herbivor: Algen.
B *Scarus japanensis,* Japanischer Papageienfisch, 25 cm. Südjapan und Indonesien; bewohnt Korallenriffe. Eine kleine Art. Herbivor: Algen.
C *Scarus spinus,* 23 cm. Korallenriffe des Zentral- und Westpazifik. Eine kleine Art. Herbivor: Algen.
D *Scarus javanicus,* Java-Papageienfisch, 23 cm. Korallenriffe des Indo-Westpazifik. Speisefisch. Herbivor: Algen.
E *Scarus quoyi,* 30 cm. Korallenriffe des Indo-Westpazifik. Speisefisch. Herbivor: benthische Algen.
F *Scarus globiceps,* 30 cm. Korallenriffe des Indo-Pazifik. Speisefisch. Herbivor: Algen.
G *Scarus rivulatus,* 30 cm. Korallenriffe des Westpazifik. Speisefisch. Herbivor: Algen.

Makrelen und Thunfische 31

Klasse: Knochenfische

A *Scomberomorus commerson,* eine Spanische Makrele.

Thunfische, Schwertfischartige, Centrolophidae und Verwandte

Die Fische, die in diesem Abschnitt besprochen werden, sind weltweit verbreitet, leben vornehmlich aber in tropischen und gemäßigten Meeren. Sie kommen sowohl in Küstennähe als auch weit draußen, auf offener See, vor. Thunfische, Makrelen und Bonitos (Fam. Scombridae; ca. 49 Arten) sind allgemein als vorzügliche Speisefische bekannt; auch bei Sportanglern sind diese Fische sehr geschätzt. Innerhalb der letzten 10 Jahre betrug der Fang weltweit jährlich zwischen 5 und 6 Millionen Tonnen; Thunfische und ihre Verwandten bilden die Basis für den Lebensunterhalt vieler Fischer. Alle Arten sind kräftige und ausdauernde Schwimmer, und einige unternehmen ausgedehnte jährliche Wanderungen. Die größte Art wird etwa 3 m lang, die meisten Arten erreichen jedoch nur eine Gesamtlänge von 1–2 m.

Schwertfischartige (Unterordnung Xiphioidei) sind eng mit Thunfischen verwandt und zeigen ein ähnliches Verhalten. Man kann sie leicht an ihrer stark verlängerten, schwertförmigen Schnauze erkennen. Die Gruppe setzt sich aus den Schwertfischen (Xiphidae; 1 Art) und den Marlinen bzw. Segelfischen (Istiophoridae; 11 Arten) zusammen. Es sind bevorzugte Angelfische; einige Arten werden über 4,5 m lang und können bis zu 700 kg auf die Waage bringen.

Centrolophiden (22 Arten) und Medusenfische (Stromateidae; 15 Arten) leben manchmal in enger Gemeinschaft mit Quallen, oder man findet sie in der Nähe anderer flottierender Objekte.

◀ (S. 383) **A** *Scomberomorus commerson,* Spanische Makrele (Scombridae, Makrelen), 100 cm (bis zu 230 cm). Indo-Pazifik; bewohnt Küstengewässer. Speisefisch; wird mit Schleppangeln und treibenden Wandnetzen gefangen. Carnivor: Fische.

A *Gymnosarda unicolor* (Scombridae, Makrelen), 150 cm (bis zu 240 cm). Indo-Pazifik. Pelagisch; bildet kleine Schulen in Küstengewässern. Häufig an Korallenriffen anzutreffen. Wird mit Angeln und Langleinen gefangen. Carnivor: Fische.

A *Gymnosarda unicolor.*

A Ein Schwarm der Zwergmakrelenart *Rastrelliger kanagurta.*

B *Echeneis naucrates*
Schiffshalter

C *Istiophorus platypterus*

D *Tetrapturus audax*
Gestreifter Marlin

E *Makaira mazara*

F *Makaira indica*

A *Rastrelliger kanagurta* (Scombridae, Makrelen), 40 cm. Indo-Pazifik. Pelagisch; bildet große Schulen in Küstengewässern. An Korallenriffen anzutreffen. Bedeutender Speisefisch im tropischen Asien. Carnivor: Zooplankton.
B *Echeneis naucrates*, Schiffshalter (Echeneidae, Schiffshalter), 45 cm (bis zu 90 cm). Weltweit in tropischen und gemäßigten Meeren. Hat eine ovale Saugscheibe an der Oberseite des Kopfes. Carnivor: Fische, Krebse.
C *Istiophorus platypterus* (Istiophoridae, Fächerfische), 150 cm. Indo-Pazifik. Sport- und Speisefisch; wird mit Schleppangeln, treibenden Wandnetzen und stehenden Netzen gefangen. Carnivor: Fische.
D *Tetrapturus audax*, Gestreifter Marlin (Istiophoridae, Fächerfische), 300 cm (bis zu 380 cm). Indo-Pazifik; pelagische und ozeanische Art. Sport- und Speisefisch; wird mit Schleppangeln und Langleinen gefangen. Carnivor: Fische.
E *Makaira mazara* (Istiophoridae, Fächerfische), 400 cm (bis zu 450 cm). Indo-Pazifik; pelagische und ozeanische Art. Sport- und Speisefisch; wird mit Schleppangeln und Langleinen gefangen. Carnivor: Fische.
F *Makaira indica* (Istiophoridae, Fächerfische), 400 cm (bis zu 450 cm). Indo-Pazifik; pelagische und ozeanische Art. Sport- und Speisefisch; wird mit Schleppangeln und Langleinen gefangen. Carnivor: Fische.

A *Scomber japonicus*
Japanische Makrele

B *Scomber australasicus*
Australische Makrele

C *Grammatorcynus bilineatus*

D *Scomberomorus niphonius*

E *Scomberomorus koreanus*

F *Acanthocybium solandri*
Wahoo

SCOMBRIDAE, MAKRELEN (bis S. 390 C)

A *Scomber japonicus,* Japanische Makrele, 40 cm. Weltweit in tropischen und gemäßigten Meeren. Pelagisch; bildet große Schulen in Küstengewässern. Wichtiger Speisefisch; wird mit Handleinen und stehenden Netzen gefangen. Carnivor: Zooplankton.

B *Scomber australasicus,* Australische Makrele, 40 cm. Westpazifik einschließlich Südaustralien und Neuseeland. Pelagisch; bildet große Schulen in Küstengewässern. Wichtiger Speisefisch. Carnivor: Zooplankton.

C *Grammatorcynus bilineatus,* 50 cm. Indo-Westpazifik; in Küstengewässern weitverbreitet. Speisefisch; wird mit Handleinen und stehenden Netzen gefangen. Carnivor: Fische.

D *Scomberomorus niphonius,* 80 cm. Zentraljapan, Südkorea, Ostchinesisches Meer; bewohnt Küstengewässer. Guter Speisefisch. Carnivor: Fische.

E *Scomberomorus koreanus,* 60 cm. Indo-Westpazifik. Pelagische Art. Guter Speisefisch. Carnivor: Fische.

F *Acanthocybium solandri,* Wahoo, 100 cm. Weltweit in tropischen und gemäßigten Meeren. Küstenferne pelagische Art. Speisefisch; wird gelegentlich mit Angelleinen gefangen. Carnivor: Fische.

G *Sarda orientalis*

H *Auxis thazard*

I *Auxis rochei*

J *Euthynnus affinis*

K *Katsuwonus pelamis*
Echter Bonito

L *Thunnus alalunga*
Weißer Thunfisch

G *Sarda orientalis,* 50 cm. Weltweit in tropischen und gemäßigten Meeren. Pelagisch; bewohnt Küstengewässer.
Carnivor: Fische.
H *Auxis thazard,* 50 cm. Weltweit in tropischen und gemäßigten Meeren. Pelagisch; bewohnt Küstengewässer. Speisefisch; wird mit stehenden Netzen und Schleppangeln gefangen. Carnivor: Fische.
I *Auxis rochei,* 40 cm. Weltweit in tropischen und gemäßigten Meeren. Pelagisch; bewohnt Küstengewässer. Speisefisch; wird mit stehdenden Netzen und Schleppangeln gefangen.
Carnivor: Fische.
J *Euthynnus affinis,* 60 cm. Indo-Pazifik. Pelagisch; bildet kleine Schulen. Speisefisch; wird mit stehenden Netzen und Schleppangeln gefangen.
Carnivor: Fische.
K *Katsuwonus pelamis,* Echter Bonito, 60 cm (bis zu 100 cm). Weltweit in tropischen und gemäßigten Meeren. Eine pelagische, ozeanische Art, die große Schulen bildet. Wichtiger Speisefisch; wird mit Beutelnetzen und Schleppangeln gefangen. Carnivor: Fische.
L *Thunnus alalunga,* Weißer Thunfisch, 80 cm (bis zu 100 cm). Weltweit in tropischen und gemäßigten Meeren. Pelagische, ozeanische Art. Wichtiger Speisefisch; wird mit Handleinen und Langleinen gefangen.

A *Thunnus albacares*
Gelbflossen-Thunfisch

B *Thunnus obesus*
Großaugen-Thunfisch

C *Thunnus thynnus*
Gewöhnlicher Thunfisch

D *Promethichthys prometheus*

G *Psenopsis anomala*

E *Trichiurus lepturus*
Degenfisch

F *Hyperoglyphe japonica*

H *Pampus echinogaster*

A *Thunnus albacares,* Gelbflossen-Thunfisch, 120 cm (bis zu 200 cm). Weltweit in tropischen und gemäßigten Meeren. Wichtiger Speisefisch; wird mit Angeln, stehenden Netzen und Langleinen gefangen. Carnivor: Fische.
B *Thunnus obesus,* Großaugen-Thunfisch, 120 cm (bis zu 200 cm). Weltweit in tropischen und gemäßigten Meeren. Der am tiefsten lebende Vertreter der Gattung. Wichtiger Speisefisch; wird mit Langleinen gefangen. Carnivor: Fische.
C *Thunnus thynnus,* Gewöhnlicher Thunfisch, 200 cm. Weltweit in tropischen und gemäßigten Meeren. Die Jungen dieser Art wandern von den Küstengewässern Japans an die amerikanische Westküste und kehren ausgewachsen nach Japan zurück. Guter Speisefisch; wird mit Langleinen und stehenden Netzen gefangen. Carnivor: Fische.
D *Promethichthys prometheus* (Gempylidae, Schlangenmakrelen), 50 cm. Indo-Pazifik, Atlantik; lebt in über 200 m Tiefe. Speisefisch. Carnivor: Fische.
E *Trichiurus lepturus,* Degenfisch (Trichiuridae, Haarschwänze), 100 cm. Weltweit in tropischen und gemäßigten Meeren; lebt in großen Tiefen auf Schlammböden. Speisefisch.
Carnivor: Fische, Krebse.
F *Hyperoglyphe japonica* (Centrolophidae, Schwarzfische), 50 cm. Zentral- und Südjapan. Junge leben in treibendem Seetang. Speisefisch.
Carnivor: Krebse, Fische.
G *Psenopsis anomala* Centrolophidae, Schwarzfische), 15 cm. Zentraljapan, Ostchinesisches Meer. Junge unter großen Quallen anzutreffen. Speisefisch.
Carnivor: Krebse.
H *Pampus echinogaster* (Stromateidae, Erntefische), 30 cm. Zentraljapan, Ostchinesisches Meer. Speisefisch. Carnivor: pelagische Hohltiere, Krebse, kleine Fische.

Doktorfische 32

Klasse: Knochenfische

Familie: Acanthuridae, Doktorfische · **Familie:** Zanclidae, Halfterfische

A *Naso brevirostris,* der Gefleckte Einhornfisch.

Doktorfische

Doktorfische oder Seebader (Fam. Acanthuridae) sind in tropischen und subtropischen Meeren weit verbreitet. Die meisten der schätzungsweise 75 Arten leben in der indo-westpazifischen Region. Sie treten solitär auf oder bilden auch Schulen, in denen sich gelegentlich mehrere Arten zusammenfinden und die aus einigen Hundert Individuen bestehen können. Die größte Gattung, Acanthurus, umfaßt hauptsächlich Pflanzenfresser, die überall in ihren Heimatriffen Algen abweiden. Die meisten Vertreter der Gattung Naso (Einhornfische) und einige Mitglieder der Gattung Acanthurus ernähren sich von Zooplankton. Die Gattung Prionurus ist auf subtropische und warme gemäßigte Meereszonen beschränkt. Doktorfische verdanken ihren umgangssprachlichen Namen einem skalpellähnlichen Stachel beiderseits der Schwanzbasis. Acanthurus, Ctenochaetus und Zebrasoma verfügen über einen einzigen beweglichen Stachel, wohingegen Naso und Prionurus zwei oder mehr feststehende Stacheln besitzen. Die eng verwandten Halfterfische (Zanclidae, 1 Art) sind in indopazifischen Riffen häufig anzutreffen.

A *Naso unicornis,* Nashornfisch.

B *Naso lituratus,* Kuhkopf.

C *Naso brachycentron.*

Acanthuridae, Doktorfische (ganzes Kapitel außer S. 405 D)

◄ (S. 391) **A** *Naso brevirostris,* Gefleckter Einhornfisch, 40 cm. Korallenriffe des Indo-Pazifik. Omnivor: Zooplankton, benthische Algen.

A *Naso unicornis,* Nashornfisch, 40 cm. Korallenriffe des Indo-Pazifik. Herbivor: benthische Algen.

B *Naso lituratus,* Kuhkopf, 30 cm. Korallenriffe des Indo-Pazifik. Herbivor: benthische Algen.

C *Naso brachycentron,* 45 cm. Korallenriffe des Indo-Pazifik. Omnivor: benthische Algen, Zooplankton.

D *Naso thynnoides,* Einmesser-Nasendoktorfisch, 20 cm. Indo-Westpazifik; lebt in Schulen an Korallenriffen. Carnivor: Zooplankton.

E *Naso hexacanthus,* 45 cm. Indo-Pazifik; lebt in Schulen an Außenhängen von Korallenriffen. Carnivor: Zooplankton.

D Ein Schwarm Einmesser-Nasendoktorfische, *Naso thynnoides.*

E *Naso hexacanthus.*

A Ein Männchen des Langnasen-Doktorfisches, *Naso vlamingii, in Hochzeitsfärbung.*

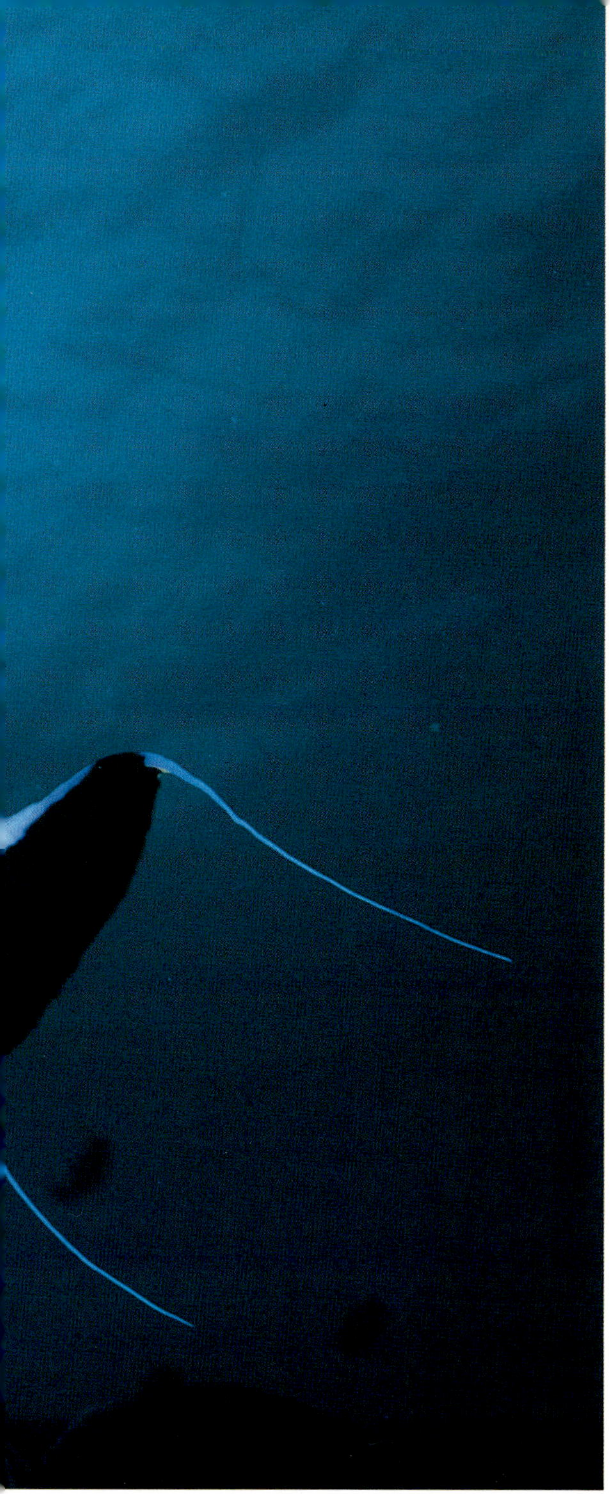

B *Naso vlamingii,* Langnasen-Doktorfisch (♀).

C *Naso annulatus,* Riesennasen-Doktorfisch.

D *Naso maculatus.*

A, B *Naso vlamingii, Langnasen-Doktorfisch,* ♂ 48 cm, ♀ 45 cm. Indo-Pazifik; lebt in Schulen an Außenhängen von Korallenriffen. Carnivor: Zooplankton.
C *Naso annulatus,* Riesennasen-Doktorfisch, 50 cm. Indo-Pazifik. Omnivor: Zooplankton, benthische Algen.
D *Naso maculatus,* 30 cm. Korallenriffe des Indo-Pazifik. Carnivor: Zooplankton.

A *Paracanthurus hepatus,* Paletten-Doktorfisch.

B *Zebrasoma xanthurus,* Rotmeer-Segelflosser.

C *Zebrasoma scopas,* Weißdorn-Segelflossen-Doktorfisch.

D *Zebrasoma flavescens,* Gelber Segel-Doktorfisch.

E *Zebrasoma gemmatum,* Mauritius-Segelflossen-Doktorfisch.

A *Paracanthurus hepatus,* Paletten-Doktorfisch, 20 cm. Korallenriffe des Indo-Pazifik. Aquarienfisch. Omnivor: Zooplankton, benthische Algen.
B *Zebrasoma xanthurus,* Rotmeer-Segelflosser, 10 cm. Korallenriffe des Roten Meeres. Aquarienfisch. Omnivor: benthische Algen, Krebse.
C *Zebrasoma scopas,* Weißdorn-Segelflossen-Doktorfisch, 10 cm. Korallenriffe des Indo-Pazifik. Omnivor: benthische Algen, benthische Wirbellose.
D *Zebrasoma flavescens,* Gelber Segel-Doktorfisch, 10 cm. Korallenriffe im westlichen Indo-Pazifik. Omnivor: benthische Algen, benthische Wirbellose.
E *Zebrasoma gemmatum,* Mauritius-Segelflossen-Doktorfisch, 5 cm. Mauritius, Madagaskar, Südafrika. Omnivor: benthische Algen, benthische Wirbellose.
F *Acanthurus triostegus,* Sträflings-Doktorfisch, 13 cm. Indo-Pazifik einschließlich Ostpazifik; bewohnt Korallenriffe; bildet oft große Schulen. Herbivor: benthische Algen.
G, H *Zebrasoma veliferum,* Segel-Seebader, G 20 cm, H 25 cm. Korallenriffe des Indo-Pazifik. Omnivor: benthische Algen, benthische Wirbellose.

F Ein Schwarm Sträflings-Doktorfische, *Acanthurus triostegus*.

G *Zebrasoma veliferum*, Segel-Seebader.

H Eine *Zebrasoma-veliferum*-Varietät.

A Zwei schöne Exemplare des Achilles-Doktorfisches, *Acanthurus achilles.*

B *Acanthurus nigricans,* Samt-Doktorfisch.

C Eine *Acanthurus nigricans*-Varietät.

A *Acanthurus achilles,* Achilles-Doktorfisch, 20 cm. Hawaii; Felsen- und Korallenriffe. Aquarienfisch. Herbivor: benthische Algen.
B *Acanthurus nigricans,* Samt-Doktorfisch, 13 cm. Korallenriffe des Indo-Westpazifik. Aquarienfisch. Herbivor: benthische Algen.

C *Acanthurus nigricans* (var.), Samt-Doktorfisch, 15 cm. Korallenriffe des Westpazifik. Herbivor: benthische Algen.

D *Acanthurus guttatus.*

E *Acanthurus lineatus,* Blaustreifen-Doktorfisch.

F *Acanthurus leucopareius.*

D *Acanthurus guttatus,* 20 cm (bis zu 30 cm). Zentral- und Westpazifik; bewohnt flache Brandungsregionen. Herbivor: benthische Algen.
E *Acanthurus lineatus,* Blaustreifen-Doktorfisch, 20 cm. Indo-Pazifik; bewohnt brandungszugewandte äußere Reffregionen. Herbivor: benthische Algen.

F *Acanthurus leucopareius,* 20 cm. Zentral- und Westpazifik; bildet Schulen in flachen Brandungsregionen.
Herbivor: benthische Algen.

A *Acanthurus sohal,* Sohal-Doktorfisch.

B *Acanthurus dussumieri,* Hawaii-Doktorfisch.

A *Acanthurus sohal,* Sohal-Doktorfisch, 30 cm. Rotes Meer; bewohnt Korallenriffe mit gelegentlicher Brandung. Herbivor: benthische Algen.

B *Acanthurus dussumieri,* Hawaii-Doktorfisch, 35 cm. Korallenriffe des Indo-Pazifik. Herbivor: benthische Algen.

C *Acanthurus leucosternon,* Weißkehl-Doktorfisch, 20 cm. Korallenriffe des Indischen Ozeans bildet manchmal große Schulen. Herbivor: benthische Algen.

C Bei einigen dieser Weißkehl-Doktorfische, *Acanthurus leucosternon,* ist die weiße Kehlpartie deutlich zu erkennen.

A *Acanthurus mata,* Schwarzdorn-Doktorfisch.

B *Acanthurus xanthopterus,* Gelbflossiger Doktorfisch.

C *Acanthurus nigrofuscus,* Brauner Doktorfisch.

D *Acanthurus thompsoni,* Thompsons Doktorfisch.

E *Acanthurus pyroferus.*

A *Acanthurus mata,* Schwarzdorn-Doktorfisch, 30 cm. Korallenriffe des Indo-Pazifik. Omnivor: Zooplankton, benthische Algen.
B *Acanthurus xanthopterus,* Gelbflossiger Doktorfisch, 25 cm. Indo-Pazifik einschließlich Ostpazifik; bewohnt Korallenriffe. Omnivor: Zooplankton, benthische Algen.
C *Acanthurus nigrofuscus,* Brauner Doktorfisch, 18 cm. Korallenriffe des Westpazifik. Herbivor: benthische Algen.
D *Acanthurus thompsoni,* Thompsons Doktorfisch, 15 cm. Zentral- und Westpazifik; bildet Schwärme an Riffrändern. Omnivor: Zooplankton, benthische Algen.
E *Acanthurus pyroferus,* 10 cm. Korallenriffe des Indo-Westpazifik. Die Jungen ahmen *Centropyge vroliki* nach. Herbivor: benthische Algen, Detritus.
F *Acanthurus nigricauda,* Achselklappen-Doktorfisch, 30 cm. Korallenriffe des Indo-Pazifik. Herbivor: benthische Algen.
G *Acanthurus nigroris,* 25 cm. Felsen- und Korallenriffe des Indo-Pazifik. Herbivor: benthische Algen.
H *Acanthurus tennenti,* Kreisdorn-Doktorfisch, 25 cm. Korallenriffe des westlichen Indischen Ozeans. Herbivor: benthische Algen.

F *Acanthurus nigricauda,* Achselklappen-Doktorfisch.

G *Acanthurus nigroris.*

H *Acanthurus tennenti,* Kreisdorn-Doktorfisch.

A *Prionurus scalprus,* Vielmesser-Doktorfisch.

B *Ctenochaetus binotatus,* Zweipunkt-Borstenzahn-Doktorfisch.

C *Ctenochaetus striatus,* Gestreifter Borstenzahn-Doktorfisch.

A *Prionurus scalprus,* Vielmesser-Doktorfisch, 35 cm. Südliches Japanisches und Ostchinesisches Meer; bewohnt felsige Regionen von Küstengewässern. Kommt in großen Schulen vor. Omnivor: benthische Tiere, kalkhaltige Algen.
B *Ctenochaetus binotatus,* Zweipunkt-Borstenzahn-Doktorfisch, 12 cm. Korallenriffe des Westpazifik. Herbivor: benthische Algen, Detritus.

C *Ctenochaetus striatus,* Gestreifter Borstenzahn-Doktorfisch, 12 cm. Korallenriffe des Indo-Pazifik. Herbivor: Detritus, benthische Algen..
D *Zanclus cornutus,* Maskenwimpelfisch (ZANCLIDAE, HALFTERFISCHE), 18 cm. Indo-Pazifik einschließlich Ostpazifik; bewohnt Felse- und Korallenriffe. Aquarienfisch. Omnivor: Schwämme und andere benthische Tiere, Algen.

D *Zanclus cornutus,* ein Maskenwimpelfisch.

A *Naso lopezi*
Lopez' Doktorfisch

C *Acanthurus pyroferus* (adult)

B *Acanthurus bariene*
Barienes Doktorfisch

F *Acanthurus olivaceus* (juvenil)
Orangefleck-Doktorfisch

E *Acanthurus olivaceus* (adult)
Orangefleck-Doktorfisch

D *Acanthurus pyroferus* (juvenil)

G *Ctenochaetus strigosus*
Goldring-Borstenzahn-Doktorfisch

A *Naso lopezi,* Lopez' Doktorfisch, 45 cm. Indo-Westpazifik; bildet große Schulen in tiefen Küstengewässern. Carnivor: Zooplankton.
B *Acanthurus bariene,* Barienes Doktorfisch, 40 cm. Korallenriffe des Indo-Westpazifik. Hat einen schwarzen Fleck hinter dem Auge. Herbivor: Algen.
C, D *Acanthurus pyroferus,* C 20 cm, D 6 cm. Korallenriffe des Indo-Pazifik. Manche Jungfische ahmen *Centropyge heraldi* nach. Herbivor: benthische Algen.
E, F *Acanthurus olivaceus,* Orangefleck-Doktorfisch, E 20 cm, F 5 cm. Korallenriffe des Zentral- und Westpazifik; tritt in Schwärmen auf. Herbivor: benthische Algen.
G *Ctenochaetus strigosus,* Goldring-Borstenzahn-Doktorfisch, 12 cm. Felsen- und Korallenriffe des Indo-Pazifik; an den Hawaii-Inseln weitverbreitet. Detritusfresser.

Kaninchenfische 33

Familie: Siganidae, Kaninchenfische

Klasse: Knochenfische

A Ein Schwarm Fuchsgesichter, *Siganus (Lo) vulpinus.*

Kaninchenfische

Die schätzungsweise 15 Arten Kaninchenfische (Fam. Siganidae) sind hauptsächlich im tropischen Indopazifik verbreitet, wenn auch ein oder zwei Arten durch den Suez-Kanal in das östliche Mittelmeer eingewandert sind. Kaninchenfische ernähren sich ausschließlich herbivor (pflanzenfressend) und grasen manchmal in großen Schulen im Riff. Obwohl ihr Fleisch nicht sehr gut schmeckt, sind sie in Teilen Südostasiens und auf einigen melanesischen Inseln beliebte Speisefische; gelegentlich werden sie sogar in Teichen gehalten. Die größte Art erreicht eine Gesamtlänge von ca. 60 cm, die meisten Arten bleiben aber kleiner als 40 cm. Ihr umgangssprachlicher Name leitet sich vom kaninchenähnlichen Aussehen der rundlichen Schnauzenregion ab. Ungewöhnlich sind die Bauchflossen ausgebildet: Zwei Hartstrahlen sind dort durch drei Weichstrahlen getrennt. Eine andere Besonderheit ist die hohe Anzahl von Afterflossenstrahlen; es sind nicht weniger als sieben. Alle Hartstrahlen der Rücken-, After- und Bauchflossen besitzen eine Rinne und enthalten Giftdrüsen. Wenn man die Fische unvorsichtig behandelt, kann man sich sehr schmerzhafte Stichwunden zuziehen.

A *Siganus virgatus,* Gelbe Kaninchenfische.

B *Siganus lineatus,* Linierter Kaninchenfisch.

Siganidae, Kaninchenfische
(ganzes Kapitel)

◄ (S. 407) **A** *Siganus (Lo) vulpinus,* Fuchsgesicht, 20 cm. Korallenriffe des Westpazifik. Lebt gelegentlich in Schwärmen zwischen Hirschhornkorallen. Aquarienfisch. Omnivor: benthische Algen, benthische Tiere.

A *Siganus virgatus,* Gelber Kaninchenfisch, 20 cm. Westpazifik, östlicher Indischer Ozean; bewohnt Korallenriffe. Omnivor: Algen, benthische Tiere.

B *Siganus lineatus,* Linierter Kaninchenfisch, 25 cm. Korallenriffe des Westpazifik. Omnivor: benthische Algen, benthische Tiere.

C *Siganus stellatus,* Pünktchen-Kaninchenfisch, 30 cm. Korallenriffe des Indo-Westpazifik. Omnivor: benthische Algen, benthische Tiere.

C *Siganus stellatus,* Pünktchen-Kaninchenfisch.

A *Siganus puellus,* Masken-Kaninchenfisch.

B *Siganus puelloides.*

C *Siganus corallinus,* Korallen-Kaninchenfisch.

D *Siganus argenteus,* Gabelschwanz-Kaninchenfisch.

A *Siganus puellus,* Masken-Kaninchenfisch, 25 cm. Korallenriffe des Westpazifik. Omnivor: benthische Algen, benthische Tiere.
B *Siganus puelloides,* 25 cm. Korallenriffe des Indischen Ozeans. Omnivor: Algen, benthische Tiere.
C *Siganus corallinus,* Korallen-Kaninchenfisch, 25 cm. Korallenriffe des Westpazifik. Omnivor: Algen, benthische Tiere.
D *Siganus argenteus,* Gelbschwanz-Kaninchenfisch, 20 cm. Korallenriffe des Indo-Pazifik; bildet Schwärme. Omnivor: Algen, benthische Tiere.

A *Siganus guttatus,* Gefleckter Kaninchenfisch.

B *Siganus luridus.*

C *Siganus magnificus,* Andamanen-Fuchsgesicht.

D *Siganus doliatus.*

E *Siganus fuscescens.*

A *Siganus guttatus,* Gefleckter Kaninchenfisch, 25 cm. Indo-Pazifik; bildet Schulen an Korallenriffen. Speisefisch; wird mit Angeln und Wandnetzen gefangen. Omnivor: benthische Algen, benthische Tiere.
B *Siganus luridus,* 20 cm. Westlicher Indischer Ozean, Rotes Meer; bewohnt flache Küstengewässer. Omnivor: benthische Algen, Wirbellose.
C *Siganus magnificus,* Andamanen-Fuchsgesicht, 25 cm. Korallenriffe des östlichen Indischen Ozeans. Omnivor: benthische Algen, Wirbellose.
D *Siganus doliatus,* 25 cm. Korallenriffe des Westpazifik. Omnivor: benthische Algen, Wirbellose.
E *Siganus fuscescens,* 20 cm. Westpazifik; bildet große Schwärme in felsigen Küstenregionen. Omnivor: benthische Algen, Wirbellose.

Meergrundeln 34

Klasse: Knochenfische

Familie: Gobiidae, Grundeln · **Familie:** Microdesmidae, Wurmfische

A *Valenciennea helsdingenii,* Helsdingens Schläfergrundel

Meergrundeln

Meergrundeln (Gobiidae) bilden mit über 1000 Arten (darunter einige noch nicht wissenschaftlich beschriebene) die größte marine Fischfamilie. Sie sind im allgemeinen kleine (unter 10 cm lange), bodenbewohnende Meeresfische, die man in den meisten tropischen und warmen gemäßigten benthischen Habitaten antrifft. Auch in vielen Ästuarien und Süßwassergebieten, besonders auf ozeanischen Inseln, leben Meergrundeln. Zusammen mit den Clinidae, den Dreiflossen-Schleimfischen und den Schleimfischen bilden sie das dominante bodenbewohnende Element in der kleinen Fischfauna tropischer und gemäßigter Riffe. Zu der Familie gehören die kleinsten bekannten Wirbeltiere. Mitglieder der indomalayischen Gattung Pandaka werden nur 12 mm lang und werden schon mit 6 mm geschlechtsreif. Einige Arten leben mit anderen Tieren, wie Garnelen, Schwämmen, Gorgonien, Korallen und Seeigeln zusammen. Viele Meergrundeln bewohnen sandige Gebiete längs des Riffrandes und graben sich dort ein. Sie ernähren sich von einer breiten Palette kleiner benthischer Wirbelloser, Algen und Planktonorganismen.

Die Wurmfische (Microdesmidae; ca. 20 Arten) sind eng mit den Meergrundeln verwandt und leben in tropischen Meeresregionen in Sandhöhlen.

A *Ptereleotris hanae,* Blumen-Torpedogrundel.

B *Pterogobius virgo.*

C *Pterogobius zacalles.*

◄ (S. 413) **A** *Valenciennea helsdingenii,* Helsdingens Schläfergrundel (Gobiidae, Grundeln), Schläfergrundel, 12 cm. Indo-Westpazifik. Sucht Zuflucht in Löchern in sandigem Untergrund. Carnivor: benthische Tiere.

A *Ptereleotris hanae,* Blumen-Torpedogrundel, (Microdesmidae, Wurmfische), 12 cm. Westpazifik; auf sandigen Böden in Küstengewässern anzutreffen. Carnivor: Zooplankton.

B *Pterogobius virgo* (Gobiidae, Grundeln), 16 cm. Westliches Korea; in der Nähe von Felsbrocken auf Sandböden in 10 bis 30 m Tiefe anzutreffen. Carnivor: benthische Tiere.

C *Pterogobius zacalles* (Gobiidae, Grundeln), 12 cm. Nord- und Zentraljapan; lebt auf felsigen Böden in flachen Küstengewässern. Carnivor: benthische Tiere.

D *Nemateleotris decora,* Dekor-Schwertgrundel.

E *Nemateleotris magnifica,* Pracht-Flügelgrundel.

F *Amblygobius hectori,* Hectors Grundel.

G *Amblygobius nocturnus,* Nachtgrundel.

H *Amblygobius semicinctus.*

I *Amblygobius rainfordi.*

D *Nemateleotris decora,* Dekor-Schwertgrundel (MICRODESMIDAE, WURMFISCHE), 5 cm. Westpazifik; auf sandigen Böden äußerer Riffhänge zu finden. Carnivor: Zooplankton.
E *Nemateleotris magnifica,* Pracht-Flügelgrundel (MICRODESMIDAE, WURMFISCHE), 5 cm. Korallenriffe des Indo-Pazifik. Carnivor: Zooplankton.
F *Amblygobius hectori,* Hektors Grundel (GOBIIDAE, GRUNDELN), 5 cm. Korallenriffe des Indo-Pazifik. Carnivor: benthische Tiere.
G *Amblygobius nocturnus,* Nachtgrundel (GOBIIDAE, GRUNDELN), 5 cm. Westpazifik; bewohnt Schlammböden in flachen Gewässern. Carnivor.
H *Amblygobius semicinctus* (GOBIIDAE, GRUNDELN), 10 cm. Korallenriffe des Indischen Ozeans.
Carnivor: benthische Tiere.
I *Amblygobius rainfordi* (GOBIIDAE, GRUNDELN), 5 cm. Korallenriffe des Westpazifik. Carnivor: benthische Tiere.

A *Vanderhorstia mertensi,* Mertens' Symbiosegrundel.

B *Amblyeleotris diagonalis.*

C *Amblyeleotris randalli,* Randalls Schläfergrundel.

D *Amblyeleotris aurora,* Rosastreifen-Partnergrundel.

E *Lotilia graciliosa.*

F *Stonogobiops* sp.

GOBIIDAE, GRUNDELN (Doppelseite)

A *Vanderhorstia mertensi,* Mertens' Symbiosegrundel, 8 cm. Indo-Westpazifik. Symbiotisch mit Knallkrebschen (Familie ALPHEIDAE). Carnivor: benthische Tiere.

B *Amblyeleotris diagonalis,* 10 cm. Indo-Westpazifik. Symbiotisch mit Knallkrebschen. Carnivor: benthische Tiere.

C *Amblyeleotris randalli,* Randalls Schläfergrundel, 8 cm. Westpazifik; auf Sandböden in Klippenhöhlen zu finden. Carnivor: benthische Tiere.

D *Amblyeleotris aurora,* Rosastreifen-Partnergrundel, 8 cm. Indischer Ozean. Symbiotisch mit Knallkrebschen. Carnivor: benthische Tiere.

E *Lotilia graciliosa,* 3 cm. Indo-Westpazifik. Symbiotisch mit Knallkrebschen. Carnivor: benthische Tiere.

F *Stonogobiops* sp., 5 cm. Okinawa, Japan. Symbiotisch mit Knallkrebschen. Carnivor: benthische Tiere.

G *Pleurosicya* sp., 2,5 cm. Izu-Halbinsel, Japan; auf weichen Korallen in tiefgelegenen felsigen Regionen anzutreffen. Carnivor: Zooplankton.

G Ein in 25 m Tiefe aufgenommenes Exemplar von *Pleurosicya* sp.

A *Ptereleotris evides*
Scherenschwanz-Torpedogrundel

B *Ptereleotris microlepis*
Zarte Torpedogrundel

C *Ptereleotris heteroptera*
Schwarzschwanz-Torpedogrundel

D *Ptereleotris grammica grammica*
Mauritius-Torpedogrundel

E *Ptereleotris monoptera*

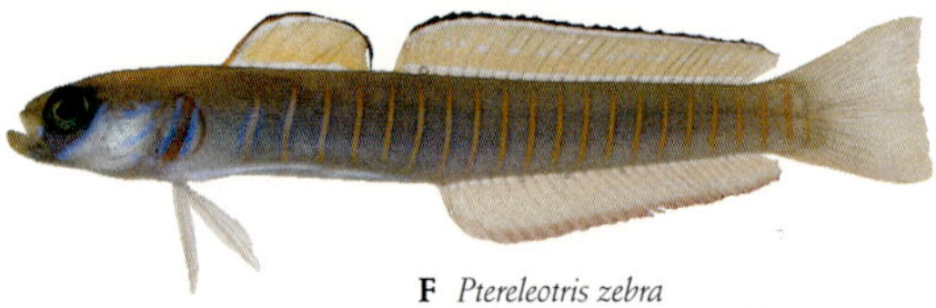

F *Ptereleotris zebra*
Zebra-Torpedogrundel

G *Valenciennea longipinnis*

Microdesmidae, Wurmfische (bis F)

A *Ptereleotris evides,* Scherenschwanz-Torpedogrundel, 12 cm. Indo-Westpazifik; bewohnt Sandböden an Korallenriffen. Carnivor: Zooplankton.

B *Ptereleotris microlepis,* Zarte Torpedogrundel, 12 cm. Indo-Westpazifik; bewohnt Sandböden an Korallenriffen. Carnivor: Zooplankton.

C *Ptereleotris heteroptera,* Blumen-Torpedogrundel, 12 cm. Westpazifik; bewohnt Sandböden an Korallenriffen. Carnivor: Zooplankton.

D *Ptereleotris grammica grammica,* Mauritius-Torpedogrundel, 12 cm. Westpazifik; bewohnt äußere Riffhänge in über 40 m Tiefe. Carnivor: Zooplankton.

E *Ptereleotris monoptera,* 10 cm. Indo-Westpazifik; in großen Schwärmen an Felsen- und Korallenriffen anzutreffen. Carnivor: Zooplankton.

F *Ptereleotris zebra,* Zebra-Torpedogrundel, 8 cm. Indo-Westpazifik; lebt an äußeren Riffhängen in 2 bis 10 m Tiefe. Carnivor: Zooplankton.

Gobiidae, Grundeln (bis Kapitelende)

G *Valenciennea longipinnis,* 14 cm. Westpazifik; bewohnt Sandböden an Korallenriffen. Carnivor: benthische Tiere.

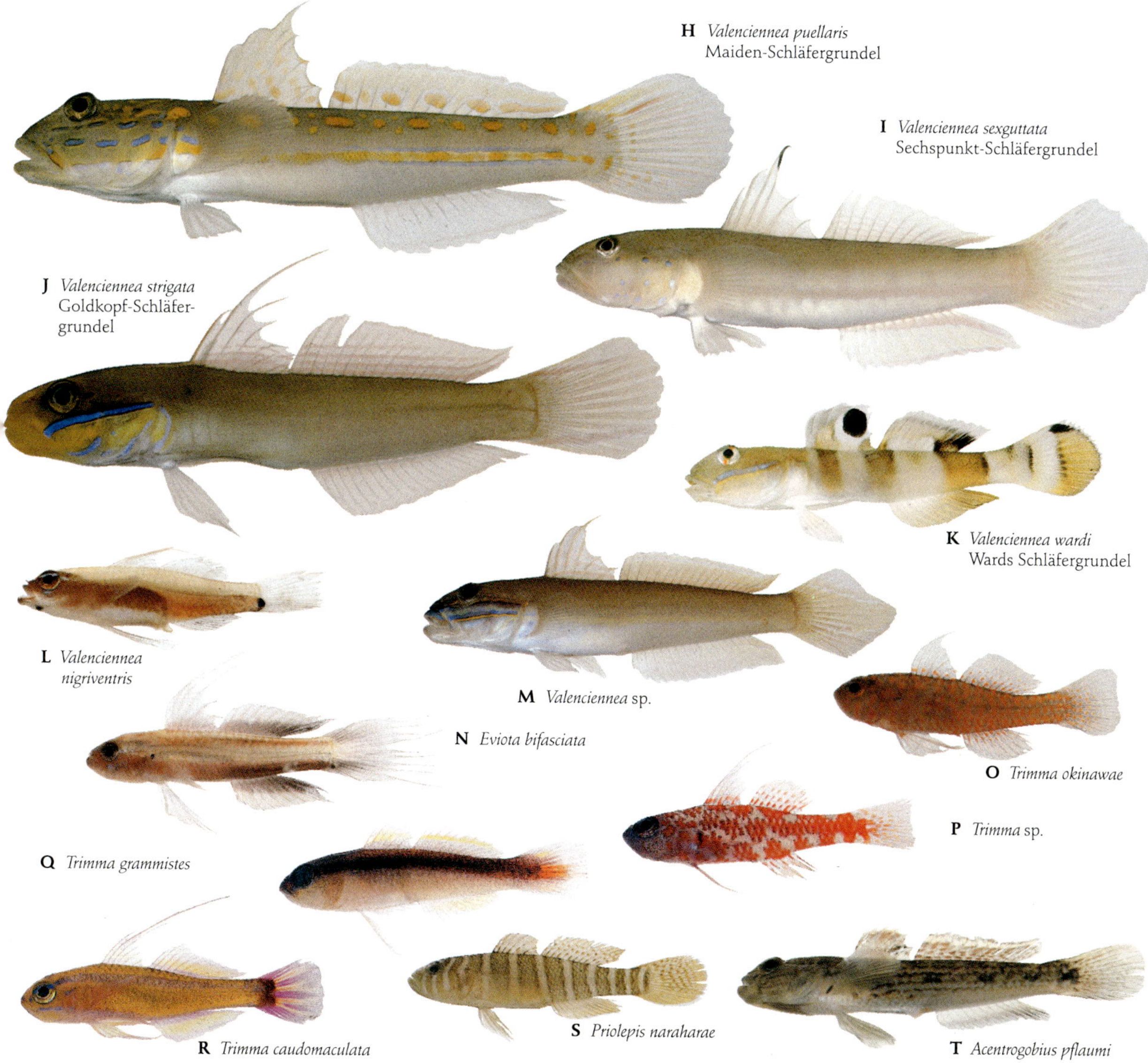

H *Valenciennea puellaris,* Maiden-Schläfergrundel, 14 cm. Indo-Westpazifik; bewohnt Sandböden an Korallenriffen. Carnivor: benthische Tiere.

I *Valenciennea sexguttata,* Sechspunkt-Schläfergrundel, 10 cm. Indo-Westpazifik; bewohnt Sandböden an Korallenriffen. Häufig in Meeresarmen anzutreffen. Carnivor: benthische Tiere.

J *Valenciennea strigata,* Goldkopf-Schläfergrundel, 12 cm. Westpazifik; bewohnt Sandböden an Korallenriffen.
Carnivor: benthische Tiere.

K *Valenciennea wardi,* Wards Schläfergrundel, 6 cm. Indo-Westpazifik; bewohnt Sand- und Schlammböden. Carnivor: benthische Tiere.

L *Valenciennea nigriventris,* 3 cm. Westpazifik; zwischen verzweigten Korallen zu finden. Carnivor.

M *Valenciennea* sp., 8 cm. Okinawa, Japan, Philippinen; bewohnt Sandböden an Korallenriffen. Carnivor: benthische Tiere.

N *Eviota bifasciata,* 3 cm. Westpazifik; bildet Schwärme zwischen verzweigten Korallen. Carnivor: Zooplankton.

O *Trimma okinawae,* 3 cm. Okinawa, Japan; verkehr herum in Höhlen an Korallenriffen zu finden. Carnivor: benthische Tiere.

P *Trimma* sp., 3 cm. Okinawa, Japan; lebt in Höhlen an Korallenriffen. Carnivor: benthische Tiere.

Q *Trimma grammistes,* 3 cm. Zentraljapan; bewohnt Höhlen und Spalten in Felsenriffen. Carnivor: benthische Tiere.

R *Trimma caudomaculata,* 3,5 cm. Südjapan; in der Nähe von Höhlen in vertikal stehenden Schulen anzutreffen. Carnivor: Zooplankton.

S *Priolepis naraharae,* 4 cm. Indo-Westpazifik; bewohnt Höhlen und Spalten in Felsenriffen. Carnivor: benthische Tiere.

T *Acentrogobius pflaumi,* 7 cm. Südjapan, Korea; bewohnt Sand- und Schlammböden in Küstengewässern. Carnivor: benthische Tiere.

A *Exyrias puntang*

B *Istigobius campbelli*

C *Exyrias bellissimus*

D *Istigobius decoratus*
Dekorgrundel

E *Istigobius goldmanni*

F *Istigobius hoshinonis*

G *Istigobius rigilius*

H *Oplopomus oplopomus*
Stachelwangengrundel

I *Yongeichthys criniger*

J *Amblyeleotris fasciata*

A *Exyrias puntang,* 12 cm. Westpazifik; bewohnt küstennahe Mangrovengewässer und Brackwasser.
Carnivor: benthische Tiere.
B *Istigobius campbelli,* 7 cm. Westpazifik; bewohnt Sandböden in felsigen Regionen. Carnivor: benthische Tiere.
C *Exyrias bellissimus,* 13 cm. Indo-Westpazifik; bewohnt geschützte Korallenriff-Regionen. Carnivor: benthische Tiere.
D *Istigobius decoratus,* Dekorgrundel, 7 cm. Westpazifik; lebt auf Sandböden an Korallenriffen in 5 bis 15 m Tiefe.
Carnivor: benthische Tiere.
E *Istigobius goldmanni,* 5 cm. Indo-Westpazifik; lebt auf Sandböden an Korallenriffen in 3 bis 10 m Tiefe. Carnivor: benthische Tiere.
F *Istigobius hoshinonis,* 12 cm. Zentraljapan; bewohnt Sandböden in felsigen Regionen. Carnivor: benthische Tiere.
G *Istigobius rigilius,* 7 cm. Westpazifik; lebt auf Sandböden an Korallenriffen in 3 bis 10 m Tiefe. Carnivor: benthische Tiere.
H *Oplopomus oplopomus,* Stachelwangengrundel, 7 cm. Okinawa, Japan bis Philippinen; bewohnt Sand- und Schlammböden an Korallenriffen. Carnivor: benthische Tiere.
I *Yongeichthys criniger,* 7 cm. Indo-Westpazifik; in flachen Küstengewässern und Brackwasser anzutreffen. Um Okinawa herum giftig. Carnivor: benthische Tiere.
J *Amblyeleotris fasciata,* 7 cm. Korallenriffe des Westpazifik. Symbiotisch mit Knallkrebschen. Carnivor: benthische Tiere.

K *Amblyeleotris guttata*
Gepunktete Partnergrundel

L *Amblyeleotris japonica*
Japanische Schläfergrundel

M *Amblyeleotris maculata*

O *Amblyeleotris steinitzi*
Steinitz' Schläfergrundel

N *Amblyeleotris ogasawaraensis*

P *Amblyeleotris albimaculatus*
Schmetterlingsgrundel

Q *Amblyeleotris decussatus*
Querstreifengrundel

R *Amblyeleotris linki*

S *Cryptocentroides insignis*

T *Cryptocentrus koumansi*

U *Cryptocentris nigrocellatus*

K *Amblyeleotris guttata,* Gepunktete Partnergrundel, 8 cm. Korallenriffe des Westpazifik. Symbiotisch mit Knallkrebschen. Carnivor: benthische Tiere.
L *Amblyeleotris japonica,* Japanische Schläfergrundel, 9 cm. Südjapan; bewohnt Sandböden. Symbiotisch mit Knallkrebschen. Carnivor: benthische Tiere.
M *Amblyeleotris maculata,* 8 cm. Korallenriffe Südjapans. Symbiotisch mit Knallkrebschen. Carnivor: benthische Tiere.
N *Amblyeleotris ogasawaraensis,* 9 cm. Korallenriffe des Westpazifik. Symbiotisch mit Knallkrebschen. Carnivor: benthische Tiere.
O *Amblyeleotris steinitzi,* Steinitz' Schläfergrundel, 7 cm. Korallenriffe des Indo-Pazifik. Symbiotisch mit Knallkrebschen. Carnivor: benthische Tiere.
P *Amblyeleotris albimaculatus,* Schmetterlingsgrundel, 8 cm. Indo-Pazifik; bewohnt flache Gewässer an Korallenriffen. Carnivor: benthische Tiere.
Q *Amblyeleotris decussatus,* Querstreifen-Grundel, 6 cm. Westpazifik; bewohnt Schlammböden an Korallenriffen. Carnivor: benthische Tiere.
R *Amblyeleotris linki,* 4 cm. Yaeyama-Inseln, Westpazifik; bewohnt Schlammböden entlang der Küste von Buchten.
Carnivor: benthische Tiere.
S *Cryptocentroides insignis,* 6 cm. Okinawa, Westpazifik; bewohnt küstennahe Regionen und Brackwasser. Symbiotisch mit Knallkrebschen.
Carnivor: benthische Tiere.
T *Cryptocentrus koumansi,* 6 cm. Westpazifik; bewohnt Schlamm- und Sandböden. Symbiotisch mit Knallkrebschen. Carnivor: benthische Tiere.
U *Cryptocentris nigrocellatus,* 7 cm. Südjapan; bewohnt Korallenriffe. Symbiotisch mit Knallkrebschen. Carnivor: benthische Tiere.

A *Cryptocentrus octafasciatus,* Achtstreifen-Grundel, 5 cm. Südjapan; bewohnt Sand- und Schlammböden. Carnivor: benthische Tiere.

B, C *Cryptocentrus cinctus,* Gebänderte Symbiosegrundel, B und C 6 cm. Westpazifik; bewohnt flache, sandige Regionen. Färbung wechselhaft; zwei häufige Varianten sind hier abgebildet. Symbiotisch mit Knallkrebschen. Carnivor: benthische Tiere.

D *Cryptocentrus filifer,* 10 cm. Zentraljapan; bewohnt flache Meeresarme. Symbiotisch mit Knallkrebschen. Carnivor: benthische Tiere.

E *Cryptocentrus singapurensis,* 8 cm. Westpazifik; in Mangroven-Regionen und Meeresarmen anzutreffen. Symbiotisch mit Knallkrebschen. Carnivor: benthische Tiere.

F *Myersina nigrivirgata,* 6 cm. Yaeyama-Inseln, Japan; bewohnt sandige und schlammige Böden von Meeresarmen. Carnivor: benthische Tiere.

G *Myersina* sp., 5 cm. Shigaki-Insel, Japan; bewohnt Sandböden in mehr als 30 m Tiefe. Carnivor: benthische Tiere.

H *Stonogobiops xanthorhinica,* Gelbschnauzengrundel, 5 cm. Westpazifik; bewohnt Sandböden. Symbiotisch mit Knallkrebschen.
Carnivor: benthische Tiere.

I *Tomiyamichthys oni,* 10 cm. Südjapan; bewohnt Sandböden. Symbiotisch mit Knallkrebschen. Carnivor: benthische Tiere.

J *Vanderhorstia lanceolata,* 4 cm. Südjapan; bewohnt Sandböden. Symbiotisch mit Knallkrebschen. Carnivor: benthische Tiere.

K *Vanderhorstia ornatissima,* Schmuck-Symbiosegrundel, 4 cm. Indo-Westpazifik; bewohnt Sandböden. Symbiotisch mit Knallkrebschen.
Carnivor: benthische Tiere.

L *Vanderhorstia fasciaventris,* 8 cm. Indo-Westpazifik; bewohnt Sandböden. Symbiotisch mit Knallkrebschen. Carnivor: benthische Tiere.

M *Ctenogobiops aurocingulus,* 6 cm. Westpazifik; bewohnt Sandböden. Symbiotisch mit Knallkrebschen. Carnivor: benthische Tiere.

N *Ctenogobiops feroculus*

O *Ctenogobiops pomastictus*

P *Ctenogobiops crocineus*

Q *Ctenogobiops tangaroai*
Tangarosa-Symbiosegrundel

S *Chasmichthys gulosus*

R *Chasmichthys dolichognathus*

T *Acanthogobius hasta*

U *Chaenogobius uchidai*

V *Sagamia geneionema*

W *Pterogobius elapoides*

X *Pterogobius elapoides* (var.)

N *Ctenogobiops feroculus,* 6 cm. Indo-Westpazifik; bewohnt Sandböden. Symbiotisch mit Knallkrebschen. Carnivor: benthische Tiere.

O *Ctenogobiops pomastictus,* 6 cm. Westpazifik; bewohnt Sandböden. Symbiotisch mit Knallkrebschen. Carnivor: benthische Tiere.

P *Ctenogobiops crocineus,* 5 cm. Indo-Westpazifik; bewohnt Sandböden. Symbiotisch mit Knallkrebschen. Carnivor: benthische Tiere.

Q *Ctenogobiops tangaroai,* Tangarosa-Symbiosegrundel, 5 cm. Westpazifik; bewohnt Sand- und Kiesböden. Symbiotisch mit Knallkrebschen. Carnivor: benthische Tiere.

R *Chasmichthys dolichognathus,* 6 cm. Japan, Korea; an felsigen Küsten und in Flutbecken weitverbreitet. Carnivor: benthische Tiere.

S *Chasmichthys gulosus,* 6 cm. Japan, Korea; an felsigen Küsten und in Flutbekken weitverbreitet. Carnivor: benthische Tiere.

T *Acanthogobius hasta,* 20 cm. Kyushu, Japan, Korea, China. Bewohnt Sand- und Schlammböden. Speisefisch. Carnivor: benthische Tiere.

U *Chaenogobius uchidai,* 12 cm. Zentraljapan, Korea, China; bewohnt sandige Böden in Küstengewässern. Carnivor: benthische Tiere.

V *Sagamia geneionema,* Zentraljapan, Korea; bewohnt sandige Böden in Küstengewässern. Carnivor: benthische Tiere.

W, X *Pterogobius elapoides,* W und X 10 cm. Zentraljapan, Korea; bewohnt Seetangwälder und flache, felsige Küstengewässer. Jungfische bilden Schwärme, ausgewachsene Fische leben solitär. Carnivor: benthische Tiere.

A *Pterogobius zonoleucus*

B *Astrabe lactisella*

C *Astrabe flarimaculata*

D *Astrabe flavimaculata*

E *Tenacigobius yongei*

F *Periophthalmus cantonensis*

G *Periophthalmus argentilineatus*

H *Boleophthalmus pectinirostris*

I *Signigobius biocellatus*
Krabbenaugengrundel

J *Oxymetopon compressus*

K *Oxymetopon cyanoctenosum*
Blaustreifen-Torpedogrundel

A *Pterogobius zonoleucus,* 6 cm. Südjapan, Korea; lebt in Schwärmen in Seetang. Carnivor: Zooplankton.
B *Astrabe lactisella,* 4 cm. Zentraljapan; in felsigen Flutbecken und auf flachen Felsenböden anzutreffen. Carnivor: benthische Tiere.
C, D *Astrabe flarimaculata,* C 4 cm, D 4,5 cm. Izu-Halbinsel, Japan; bewohnt felsige Böden in flachen Küstengewässern. Carnivor: benthische Tiere.
E *Tenacigobius yongei,* 3 cm. Westpazifik; lebt auf der Koralle *Cirrhipates anguina,* gewöhnlich in Paaren. Carnivor.
F *Periophthalmus cantonensis,* 8 cm. Südjapan, Korea, China; lebt in Brackwasser. Kann längere Zeit außerhalb des Wassers überleben. Carnivor.
G *Periophthalmus argentilineatus,* 8 cm. Westpazifik; in Mangroven und Brackwasser anzutreffen. Kann längere Zeit außerhalb des Wassers überleben. Carnivor.
H *Boleophthalmus pectinirostris,* Kyushu, Japan, Korea, China, Taiwan; lebt in schlammigen Löchern. Herbivor: Kieselalgen (Diatomeen).
I *Signigobius biocellatus,* Krabbenaugengrundel, 6 cm. Westpazifik; lebt auf sandigen Böden an Korallenriffen. Carnivor: benthische Tiere.
J *Oxymetopon compressus,* 10 cm. Philippinen; bewohnt Sandböden, gräbt sich ein. Aquarienfisch. Carnivor: Zooplankton.
K *Oxymetopon cyanoctenosum,* Blaustreifen-Torpedogrundel, 10 cm. Philippinen; bewohnt Sandböden, gräbt sich ein. Aquarienfisch. Carnivor: Zooplankton.

Meeräschen und Sternseher 35

Klasse: Knochenfische

Familie: Mugilidae, Meeräschen · **Familie:** Uranoscopidae, Sternseher
Familie: Trichonotidae

A Zwei Exemplare von *Parapercis hexophthalma*.

Meeräschen, Sandtaucher und Sternseher

Meeräschen (Fam. Mugilidae) sind bodenbewohnende Fische, die in tropischen und gemäßigten Meeren weit verbreitet sind. Die meisten der geschätzten 45 Arten bewohnen die indopazifische Region, wo man sie an Felsen oder Geröllboden, an Sandflächen in der Nähe von Korallenriffen oder in ähnlichen Biotopen finden kann. Sie ernähren sich von kleinen Fischen, Krebsen, Muscheln und Würmern. Die meisten sind relativ klein (unter 25 cm).

Sandtaucher (Trichonotidae) sind in der indopazifischen Region nur durch einige wenige Arten vertreten. Es sind lange, schlanke Fische, die meist etwas über dem Sandboden schweben. Wenn sie gestört werden, graben sie sich, den Kopf voran, ein, so daß nur noch die Augen und die Schnauze zu sehen sind. Sie bleiben im allgemeinen unter 30 cm Gesamtlänge.

Sternseher (Uranoscopidae; ca. 25 Arten) sind schuppenlose Sandbewohner mit einem riesigen „Falltürmaul" und nach oben gerichteten Augen. Man findet sie in tropischen und gemäßigten Meeren von 15 m Tiefe bis zu tieferen Abschnitten des Kontinentalshelfs. Sie fressen vorwiegend Fische und werden etwa 40 cm lang.

A *Parapercis polyophthalma,* Vielaugen-Krokodilfisch.

B *Parapercis tetracantha.*

C *Parapercis* sp.

◄ (S. 425) MUGILIDAE, MEERÄSCHEN (bis S. 427 H)

A *Parapercis hexophthalma,* ♂ 18 cm, ♀ 16 cm. Indo-Westpazifik; bewohnt Sandböden an Korallenriffen. Carnivor: Krebse, Fische.

A *Parapercis polyophthalma,* Vielaugen-Krokodilfisch, 18 cm. Indo-Westpazifik; bewohnt sandige Böden an Korallenriffen. Carnivor: Krebse, Fische.

B *Parapercis tetracantha,* 18 cm. Indo-Westpazifik; bewohnt sandige Böden an Korallenriffen. Carnivor: Krebse, Fische.

C *Parapercis* sp., 17 cm. Westpazifik; bewohnt sandige Böden an Korallenriffen. Carnivor: Krebse, Fische.

D *Parapercis signata.*

E *Parapercis punctulata* (♀).

F *Parapercis punctulata* (♂).

G *Parapercis* sp.

H *Parapercis multiplicata.*

I *Trichonotus setigerus.*

D *Parapercis signata,* 18 cm. Korallenriffe des Zentralen Indischen Ozeans. Carnivor: Krebse, Fische.
E, F *Parapercis punctulata,* ♂ und ♀ 12 cm. Mauritius, Ostafrika; bewohnt Korallenriffe. Carnivor: Krebse, Fische.
G *Parapercis* sp., 13 cm. Korallenriffe des Westpazifik. Carnivor: Krebse, Fische.

H *Parapercis multiplicata,* 13 cm. Westpazifik, östlicher Indischer Ozean; bewohnt Korallenriffe. Carnivor: Krebse, Fische.
I *Trichonotus setigerus* (TRICHONOTIDAE), 15 cm. Okinawa, Japan; lebt auf Sandböden an Korallenriffen.
Carnivor: Zooplankton.

A *Uranoscopus tosae.*

B *Uranoscopus flavipinnis.*

C *Uranoscopus japonicus.*

A *Uranoscopus tosae* (URANOSCOPIDAE, STERNSEHER), 25 cm. Südliches Japanisches und Ostchinesisches Meer; bewohnt Sandböden in Küstengewässern. Carnivor: Fische, Krebse.

B *Uranoscopus flavipinnis* (URANOSCOPIDAE, STERNSEHER), 22 cm. Südliches Japanisches und Ostchinesisches Meer. Carnivor: Fische, Krebse.
C *Uranoscopus japonicus* (URANOSCOPIDAE, STERNSEHER), 25 cm. Südliches Japanisches und Ostchinesisches Meer. Carnivor: Fische, Krebse.

D *Parapercis sexfasciata*

E *Parapercis aurantica*

F *Parapercis multifasciata*

G *Parapercis kamoharai*

H *Parapercis cephalopunctata*

I *Parapercis cylindrica*
Binden-Krokodilfisch

J *Parapercis snyderi*
Snyders Krokodilfisch

K *Parapercis pulchella*

Mugilidae, Meeräschen (bis S. 430 B)

D *Parapercis sexfasciata,* 15 cm. Westpazifik; bewohnt Sand- und Schlammböden. Wird mit Schleppnetzen gefangen. Carnivor: Fische, Krebse.

E *Parapercis aurantica,* 13 cm. Südjapan, Taiwan; bewohnt Sandböden in felsigen Regionen. Carnivor: Krebse, Fische.

F *Parapercis multifasciata,* 12 cm. Südjapan, Taiwan; bewohnt Sandböden in felsigen Regionen. Carnivor: Krebse, Fische.

G *Parapercis kamoharai,* 12 cm. Zentraljapan; bewohnt Sandböden in felsigen Regionen. Carnivor: Krebse, Fische.

H *Parapercis cephalopunctata,* 15 cm. Korallenriffe des Westpazifik. Carnivor: Krebse, Fische.

I *Parapercis cylindrica,* Binden-Krokodilfisch, 13 cm. Korallenriffe des Westpazifik. Carnivor: Krebse, Fische.

J *Parapercis snyderi,* Snyders Krokodilfisch, 15 cm. Südjapan, Korea; bewohnt Sandböden in felsigen Regionen. Carnivor: Krebse, Fische.

K *Parapercis pulchella,* 18 cm. Indo-Westpazifik; bewohnt Sandböden in felsigen Regionen. Carnivor: Krebse, Fische.

A *Parapercis gushikeni*

B *Parapercis schauinslandi*
Schauinslands Krokodilfisch

C *Trichonotus setigerus* (♂)

E *Trichonotus filamentosus* (♂)

D *Trichonotus setigerus* (♀)

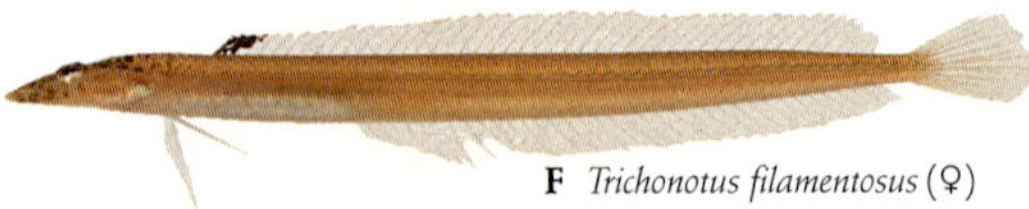

F *Trichonotus filamentosus* (♀)

G *Gnathagnus elongatus*

H *Uranoscopus bicinctus*

A *Parapercis gushikeni,* 25 cm. Westpazifik. Wird gelegentlich aus über 100 m Tiefe mit Handleinen gefangen. Carnivor: Krebse, Fische.
B *Parapercis schauinslandi,* Schauinslands Krokodilfisch, 13 cm. Indo-Pazifik; bewohnt Sand- und Kiesböden an Korallenriffen. Carnivor: Krebse, Fische.
C, D *Trichonotus setigerus* (Trichonotidae), ♂ 15 cm, ♀ 14 cm. Indo-Pazifik; steht oft über sandigen Böden.
Carnivor: Zooplankton.
E *Trichonotus filamentosus* (Trichonotidae), ♂ 13 cm, ♀ 12 cm. Südjapan, China; steht oft über Sandböden. Carnivor: Zooplankton.
G *Gnathagnus elongatus* (Uranoscopidae, Sternseher), 20 cm. Südliches Japanisches und Ostchinesisches Meer; kommt in Tiefen von 200 bis 300 m vor. Carnivor Fische, Krebse.
H *Uranoscopus bicinctus* (Uranoscopidae, Sternseher), 22 cm. Südjapan, Ostindien; lebt auf Sandböden. Carnivor Fische, Krebse.

Schleimfische 36

Klasse: Knochenfische

Familie: Blenniidae, Schleimfische
Familie: Tripterygiidae, Dreiflossen-Schleimfische
Familie: Chaenopsidae, Hechtschleimfische

A *Helcogramma striata.*

Schleimfische und verwandte Familien

Schleimfische (Fam. Blenniidae) sind kleine, langgestreckte, schuppenlose Fische, die in seichten Riffzonen – besonders in tropischen Meeren – recht häufig sind. Die meisten Arten sind Bodenbewohner, und man findet sie in Gezeitentümpeln oft in großer Menge. Wenn sie gestört werden, benutzen sie ihre gliedmaßenähnlichen Bauchflossen, um über Land von einem Tümpel zum anderen zu gelangen. Die meisten der rund 300 Arten messen weniger als 10–15 cm. Sie ernähren sich von kleinen Wirbellosen, Algen und Detritus. Dreiflossen-Schleimfische (Tripterygiidae; ca. 100 Arten) sind eng mit Schleimfischen verwandt und gut an ihren drei Rückenflossen zu erkennen. Sie werden maximal ca. 20 cm lang, doch die meisten Arten erreichen keine 4 cm Gesamtlänge.

Es gibt verschiedene aalähnliche Fische, die mit den Schleimfischen verwandt sind und auf die kalten Meeresgewässer der Nordhalbkugel, besonders den Nordpazifik, beschränkt sind. Dazu gehören die Stachelrükken (Stichaeidae, 9 Arten), die Butterfische (Pholidae; 15 Arten), die Seewölfe (Anarhichadidae; 9 Arten, die Vertreter der Familie Zaproidae (1 Art) und die Gebärfische oder Aalmütter (Zoarcidae, ca. 225 Arten). Es handelt sich dabei meist um kleine bodenbewohnende Fische; nur die Seewölfe können beinahe 3 m lang werden. Die Stachelrücken und die Butterfische leben im Flachwasser, die anderen Gruppen findet man in größeren Tiefen.

A *Enneapterygius etheostomus.*

B *Tripterygion bapturum.*

C *Ecsenius lineatus,* Gestreifter Lippenzahnschleimfisch.

◄ (S. 431) **A** *Helcogramma striata* (Tripterygiidae, Dreiflossen-Schleimfische), 4 cm. Korallenriffe des Westpazifik. Herbivor: Algen.

A *Enneapterygius etheostomus* (Tripterygiidae, Dreiflossen-Schleimfische), 4 cm. Südjapan; bewohnt Felsenküsten. Herbivor: Algen.

B *Tripterygion bapturum* (Tripterygiidae, Dreiflossen-Schleimfische), 5 cm. Felsenküsten Südjapans. Herbivor: Algen.

C *Ecsenius lineatus,* Gestreifter Lippenzahnschleimfisch (Blenniidae, Schleimfische), 8 cm. Korallenriffe des Indo-Westpazifik. Omnivor: Algen, Wirbellose.

D *Ecsenius schroederi,* Schroeders Lippenzahnschleimfisch.

E *Atrosalarias fuscus,* Brauner Felsenspringer.

F *Ecsenius midas* (♂), Midas-Lippenzahnschleimfisch.

G *Ecsenius midas* (♀), Midas-Lippenzahnschleimfisch.

H *Meiacanthus vittatus.*

I *Meiacanthus smithi.*

Blenniidae, Schleimfische (ganze Seite)

D *Ecsenius schroederi,* Schroeders Lippenzahnschleimfisch, 7 cm. Indo-Australischer Archipel, östlicher Indischer Ozean. Omnivor: Algen, Wirbellose.

E *Atrosalarias fuscus,* Brauner Felsenspringer, 6 cm. Korallenriffe des Indo-Pazifik. Herbivor: Algen.

F, G *Ecsenius midas,* Midas-Lippenzahnschleimfisch, ♂ und ♀ 6 cm. Indo-Pazifik. Es gibt zwei farblich unterschiedliche Hauptformen: die eine ist überwiegend orange-gelb, die andere bläulich-grau. Die gelbe Form kann oft in Schulen über Korallenriffen zusammen mit *Anthias squamipinnis* beobachtet werden. Carnivor: Zooplankton.

H *Meiacanthus vittatus,* 5 cm. Indo-Australischer Archipel. Omnivor: Algen, benthische Wirbellose.

I *Meiacanthus smithi,* 6 cm. Westlicher Indischer Ozean. Omnivor: Algen, benthische Wirbellose.

A *Meiacanthus ditrema.*

B *Neoclinus bryope*

C *Neoclinus toshimaensis*

D *Meiacanthus atrodorsalis atrodorsalis*

E *Meiacanthus grammistes*

F *Meiacanthus kamoharai*

G *Petroscirtes mitratus*

H *Petroscirtes breviceps*

I *Petroscirtes springeri*

J *Aspidontus dussumieri*

L *Plagiotremus rhinorhynchos*
Orangefarbener Schleimfisch

K *Aspidontus taeniatus taeniatus*

M *Plagiotremus tapainosoma*

A *Meiacanthus ditrema* (BLENNIIDAE, SCHLEIMFISCHE), 5 cm. Westpazifik; bewohnt geschützte Korallenriffe. Bildet oft Schwärme. Omnivor: Algen, Zooplankton, benthische Wirbellose.
B *Neoclinus bryope* (CHAENOPSIDAE, HECHTSCHLEIMFISCHE), 6 cm. Zentraljapan, Kalifornien; bewohnt Felsenküsten. Herbivor: Algen.
C *Neoclinus toshimaensis* (CHAENOPSIDAE, HECHTSCHLEIMFISCHE), 6 cm. Wakayama-Präfektur, Japan; bewohnt felsige Küsten. Herbivor: Algen.

BLENNIIDAE, SCHLEIMFISCHE (bis Kapitelende)
D *Meiacanthus atrodorsalis atrodorsalis,* 6 cm. Korallenriffe des Westpazifik. Omnivor: Algen, Zooplankton, benthische Wirbellose.
E *Meiacanthus grammistes,* 7 cm. Korallenriffe des Westpazifik. Aktive Schwimmer. Omnivor: Algen, Zooplankton, benthische Wirbellose.
F *Meiacanthus kamoharai,* 6 cm. Südjapan; bewohnt felsige Küsten und Korallenriffe. Aktive Schwimmer. Omnivor: Algen, Zooplankton, benthische Wirbellose.
G *Petroscirtes mitratus,* 4 cm. Indo-Westpazifik; lebt in Seegraswiesen in Küstengewässern. Omnivor: Algen, benthische Wirbellose.
H *Petroscirtes breviceps,* 6 cm. Westpazifik; zwischen Sargassum und anderen Seetangarten zu finden. Omnivor: Algen, benthische Wirbellose.
I *Petroscirtes springeri,* 6 cm. Südjapan, Taiwan; in flachen felsigen Regionen enzutreffen. Omnivor: Algen, benthische Wirbellose.
J *Aspidontus dussumieri,* 6 cm. Korallenriffe des Indo-Westpazifik. Carnivor: Fischeier, Ruderfußkrebse, benthische Wirbellose, Fischschuppen und Flossen.
K *Aspidontus taeniatus taeniatus,* 8 cm. Korallenriffe des Indo-Pazifik. Greift Fische an und frißt deren Hautgewebe, Schuppen und Schleim.
L *Plagiotremus rhinorhynchos,* Orangefarbener Schleimfisch, 6 cm. Korallenriffe des Indo-Pazifik. Greift Fische an und frißt deren Hautgewebe, Schuppen und Schleim.
M *Plagiotremus tapainosoma,* 7 cm. Korallenriffe des Indo-Pazifik. Greift Fische an und frißt deren Hautgewebe, Schuppen und Schleim.

B *Omobranchus elegans*

C *Scartella cristata*

A *Pictiblennius yatabei*

D *Salarias fasciatus*
Gebänderter Schleimfisch

E *Atrosalarias fuscus holomelas*

F *Crossosalarias macrospilus*

G *Entomacrodus stellifer stellifer*

I *Istiblennius enoshimae*

H *Exallias blevis*

L *Ecsenius lineatus* (var.)
Gestreifter Lippenzahnschleimfisch

J *Alticus saliens*

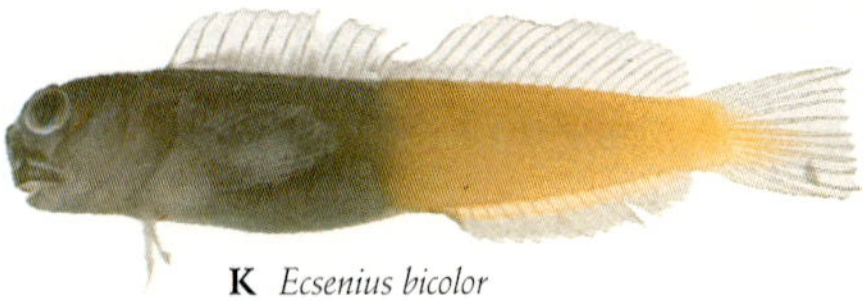

K *Ecsenius bicolor*
Rotschwanz-Schleimfisch

A *Pictiblennius yatabei,* 7 cm. Südjapan, Korea; bewohnt felsige Küsten. Omnivor: Algen, Detritus.
B *Omobranchus elegans,* 6 cm. Südliches Japanisches und Ostchinesisches Meer; bewohnt felsige Küsten. Omnivor: Algen, Detritus.
C *Scartella cristata,* 6 cm. Weltweit in gemäßigten Meeren; bewohnt felsige Regionen. Omnivor: Algen, Detritus.
D *Salarias fasciatus,* Gebänderter Schleimfisch, 10 cm. Korallenriffe des Indo-Westpazifik. Omnivor: Algen, Detritus.
E *Atrosalarias fuscus holomelas,* 8 cm. Indo-Pazifik; in großen Mengen in Hirschhornkorallen anzutreffen. Herbivor: Algen.
F *Crossosalarias macrospilus,* 8 cm. Korallenriffe des Westpazifik. Omnivor: Algen, Detritus.
G *Entomacrodus stellifer stellifer,* 6 cm. Südjapan, Saipan-Inseln; bewohnt felsige Küsten. Omnivor: Algen, Detritus.
H *Exallias blevis,* 8 cm. Korallenriffe des Indo-Westpazifik. Carnivor: Korallenpolypen.
I *Istiblennius enoshimae,* 10 cm. Felsige Küsten Südjapans. Omnivor: Algen, Detritus.
J *Alticus saliens,* 10 cm. Indo-Pazifik; bewohnt Stromlinien, die regelmäßig von Gischt und Brechern durchspült werden. Omnivor: Algen, Detritus.
K *Ecsenius bicolor,* Rotschwanz-Schleimfisch, 7 cm. Korallenriffe des Indo-Westpazifik. Omnivor: Algen, Wirbellose.
L *Ecsenius lineatus* (var.), Gestreifter Lippenzahnschleimfisch, 7 cm. Korallenriffe des Indo-Westpazifik. Omnivor: Algen, Wirbellose.

Drachenköpfe 37

Familie: Scorpaenidae, Drachenköpfe

Klasse: Knochenfische

A *Sebastes joyneri.*

Drachenköpfe und verwandte Familien

Die in diesem Abschnitt behandelten Familien gehören zur Ordnung Scorpaeniformes. Sie sind durch eine Knochenbrücke in der Wangenregion („Panzerwangen") gekennzeichnet, und der Kopf ist oft mit Stacheln und Auswüchsen bedeckt. Alle diese Fische sind Bodenbewohner, die in verschiedenen Tiefen und Habitaten vorkommen. Sie sind oft bunt gezeichnet, ihrem Hintergrund aber so perfekt angepaßt, daß sie von kleinen Fischen, Krebsen etc., von denen sie sich ernähren, nicht entdeckt werden, bevor es zur Flucht zu spät ist. Drachenköpfe (auch als Skorpion- oder Feuerfische bekannt; Fam. Scorpaenidae; ca. 330 Arten) findet man in allen tropischen und gemäßigten Meeren; in einigen Gebieten sind sie von wirtschaftlicher Bedeutung. Sie besitzen giftige Flossenstrahlen, die bei manchen Arten den Tod von Menschen verursachen können. Einige Arten verfügen über eine innere Befruchtung und sind lebendgebärend, andere geben gelatinöse Eimassen ab, die leichter als Wasser sind und an der Oberfläche flottieren. Verwandte Familien umfassen die Samtfische (Aploactinidae; ca. 40 Arten) von der Südhalbkugel, die Säbelfische (Anoplopomatidae; 2 Arten) und die Grünlinge (Hexagrammidae; 11 Arten) aus dem kühleren nördlichen Pazifik, und die winzigen Pelzbarsche (Caracanthidae; ca. 4 Arten), die zwischen Korallenästen im Indopazifik leben.

A *Sebastes trivittatus.*

B *Sebastes taczanowskii,* Taczanowskis Rotbarsch.

C *Sebastes nebulosus.*

◄ (S. 437) Scorpaenidae, Drachenköpfe (ganzes Kapitel)

A *Sebastes joyneri,* 15 cm. Zentraljapan, Südkorea; in felsigen Regionen in 20 bis 100 m Tiefe anzutreffen. Carnivor: Fische, Krebse.

A *Sebastes trivittatus,* 25 cm. Nordjapan; lebt in felsigen Regionen. Carnivor: Fische, Krebse.

B *Sebastes taczanowskii,* Taczanowskis Rotbarsch, 20 cm. Nordjapan bis Primorskii Krai; bewohnt felsige Böden in Küstengewässern. Carnivor: Fische, Krebse.

C *Sebastes nebulosus,* 20 cm. Felsige Regionen des Ostpazifik. Carnivor: Krebse, Fische.

D *Sebastes chrysomelas.*

E *Sebastes serriceps.*

F *Sebastes atrovirens.*

G *Sebastes caurinus.*

D *Sebastes chrysomelas,* 20 cm. Ostpazifik; bewohnt felsige Regionen an der kalifornischen Küste. Carnivor: Fische, Krebse.
E *Sebastes serriceps,* 20 cm. Ostpazifik; bewohnt felsige Regionen an der kalifornischen Küste. Carnivor: Fische, Krebse.
F *Sebastes atrovirens,* 20 cm. Ostpazifik; bewohnt felsige Regionen an der kalifornischen Küste. Carnivor: Fische, Krebse.
G *Sebastes caurinus,* 20 cm. Ostpazifik; bewohnt felsige Regionen an der kalifornischen Küste. Carnivor: Fische, Krebse.
H *Sebastes maliger,* 20 cm. Ostpazifik; bewohnt felsige Regionen an der kalifornischen Küste. Carnivor: Fische, Krebse.

H *Sebastes maliger.*

A *Pterois antennata,* ein Antennen-Feuerfisch.

B *Dendrochirus zebra,* Gestreifter Zwergfeuerfisch.

C *Pterois radiata,* Strahlen-Feuerfisch.

A *Pterois antennata,* Antennen-Feuerfisch, 15 cm. Korallenriffe des Indo-Pazifik. Carnivor: Krebse, Fische.
B *Dendrochirus zebra,* Gestreifter Zwergfeuerfisch, 20 cm. Korallenriffe des Indo-Pazifik. Carnivor: Krebse, Fische.
C *Pterois radiata,* Strahlen-Feuerfisch, 15 cm. Indo-Pazifik; in Höhlen an Korallenriffen anzutreffen. Carnivor: Fische, Krebse.
D *Pterois lunulata,* 25 cm. Indo-Pazifik; bewohnt Felsenböden in subtropischen Gewässern. Carnivor: Fische, Krebse.

D *Pterois lunulata.*

A *Sebasticus albofasciatus.*

B *Scorpaenodes littoralis.*

C *Scorpaenodes steenei.*

D *Maxillacosta scabriceps.*

E *Gymnapistes marmorata.*

F *Dampierosa erosa.*

A *Sebasticus albofasciatus,* 20 cm. Zentraljapan und Ostchinesisches Meer. Carnivor: Fische, Krebse.
B *Scorpaenodes littoralis,* 10 cm. Südjapan; bewohnt felsige Küsten. Carnivor: Fische, Krebse.
C *Scorpaenodes steenei,* 10 cm. Südwestaustralien. Carnivor: Fische, Krebse.
D *Maxillacosta scabriceps,* 8 cm. Südaustralien. Carnivor: Fische, Krebse.
E *Gymnapistes marmorata,* 8 cm. Südaustralien. Carnivor: Fische, Krebse.
F *Dampierosa erosa,* 10 cm. Norwestaustralien. Carnivor: Fische, Krebse.

G *Sebastes inermis*

H *Sebastes thompsoni*
Thompsons Rotbarsch

I *Sebastes steindachneri*
Steindachners Rotbarsch

J *Sebastes matsubarae*

K *Sebastes baramenuke*

L *Sebastes flammeus*

G *Sebastes inermis,* 20 cm. Zentraljapan, Korea; bewohnt Felsenböden. Speise- und Sportfisch. Carnivor: Fische, Krebse.
H *Sebastes thompsoni,* Thompsons Rotbarsch, 18 cm. Nordjapan; bewohnt tiefgelegene Felsenböden. Speisefisch. Carnivor: Fische, Krebse.
I *Sebastes steindachneri,* Steindachners Rotbarsch, 17 cm. Nordjapan; lebt in Schulen auf Felsen- und Sandböden. Speisefisch; wird mit Schleppnetzen und Wandnetzen gefangen.
Carnivor: Fische, Krebse.

J *Sebastes matsubarae,* 45 cm. Nordjapan; lebt in großen Tiefen auf Felsenböden. Guter Speisefisch; wird mit tief ausgelegten Langleinen und Wandnetzen gefangen. Carnivor: Fische, Krebse.
K *Sebastes baramenuke,* 45 cm. Nordjapan; auf Felsenböden in über 100 m Tiefe anzutreffen. Speisefisch; wird mit Schleppnetzen und Langleinen gefangen. Carnivor: Fische, Krebse.
L *Sebastes flammeus,* 45 cm. Nordjapan. Speisefisch; wird aus 300 bis 500 m Tiefe mit Langleinen und Schleppnetzen gefangen. Carnivor: Fische, Krebse.

A *Sebastes iracundus*

B *Sebastes oblongus*

C *Sebastes schlegeli*
Schlegels Rotbarsch

D *Sebastes vulpes*

F *Sebastes nivosus*

E *Sebastes pachycephalus*

G *Sebastes rosaceus*

A *Sebastes iracundus,* 45 cm. Nordpazifik. Speisefisch; wird mit Langleinen aus 450 bis 1000 m Tiefe gefangen. Carnivor: Fische, Krebse.
B *Sebastes oblongus,* 20 cm. Japan und Südkorea; bewohnt felsige Böden in Küstengewässern. Carnivor: Fische, Krebse.
C *Sebastes schlegeli,* Schlegels Rotbarsch, 30 cm (bis zu 40 cm). Japan, Korea, China; bewohnt Felsenböden. Carnivor: Fische, Krebse.
D *Sebastes vulpes,* 25 cm. Japan, Korea; bewohnt Felsenböden in Küstengewässern. Carnivor: Fische, Krebse.
E *Sebastes pachycephalus,* 20 cm. Küstengewässer Japans und Südkoreas. Farbe variabel. Carnivor: Fische, Krebse.
F *Sebastes nivosus,* 20 cm. Nordjapan; bewohnt Felsenböden in Küstengewässern. Carnivor: Krebse, Fische.
G *Sebastes rosaceus,* 20 cm. Ostpazifik; lebt in 30 bis 50 m Tiefe auf Korallenriffen an der kalifornischen Küste.
Speisefisch. Carnivor: Fische, Krebse.

H *Sebastes miniatus*

I *Sebastes pinniger*

J *Sebastes paucispinis*

K *Sebasticus marmoratus*

L *Helicolenus hilgendorfi*

N *Scorpaena onaria*

M *Scorpaena neglecta*

O *Scorpaenopsis cirrhosa*
Verzierter Drachenkopf

H *Sebastes miniatus,* 30 cm (bis zu 76 cm). Ostpazifik; bewohnt flache und tiefgelegene Korallenriffe an der kalifornischen Küste. Ausgezeichneter Speisefisch. Carnivor: Fische, Krebse.
I *Sebastes pinniger,* 17 cm. Ostpazifik; lebt in 90 bis 250 m Tiefe auf Felsenriffen an der kalifornischen Küste und nordwärts. Speisefisch. Carnivor: Fische, Krebse.
J *Sebastes paucispinis,* 40 cm (bis zu 90 cm). Ostpazifik, Kodiakinseln bis mittleres Niederkalifornien; bewohnt Felsenriffe in 20 bis 300 m Tiefe. Wichtiger Speisefisch. Carnivor: Fische, Krebse.
K *Sebasticus marmoratus,* 15 cm (bis zu 30 cm). Japan, Philippinen; bewohnt Korallenriffe. Sport- und Speisefisch. Carnivor: Fische, Krebse.
L *Helicolenus hilgendorfi,* 18 cm. Südjapan, Südkores; lebt in 100 bis 300 m Tiefe auf Sand- und Schlammböden. Speisefisch; wird mit Schleppnetzen gefangen. Carnivor: Fische, Krebse.
M *Scorpaena neglecta,* 22 cm. Südliches Japanisches und Ostchinesisches Meer; bewohnt Sand- und Kieselböden in 100 bis 150 m Tiefe. Speisefisch. Carnivor: Fische, Krebse.
N *Scorpaena onaria,* 15 cm. entraljapan, Südkorea; lebt auf Sand- und Kieselböden an Korallenriffen. Carnivor: Fische, Krebse.
O *Scorpaenopsis cirrhosa,* Verzierter Drachenkopf, 23 cm. Felsen- und Korallenriffe des Indo-Pazifik. Farbschema variabel, reicht von rot bis braun. Carnivor: Fische, Krebse.

A *Scorpaenopsis diabolus,* 16 cm. Felsen- und Korallenriffe des Indo-Pazifik. Carnivor: Fische, Krebse.
B *Rhinopias argoliba,* 15 cm. Izu-Halbinsel, Japan. Eine seltene Art, die in über 50 m Tiefe auf felsigen Böden lebt. Carnivor: Fische, Krebse.
C *Sebastolobus macrochir,* 20 cm. Nordjapan. Speisefisch; wird aus 100 bis 500 m Tiefe mit Schleppnetzen gefangen. Carnivor: Fische, Krebse.
D *Pterois volitans,* Rotfeuerfisch, 25 cm. Felsen- und Korallenriffe des Indo-Pazifik. Carnivor: Fische, Krebse.
E *Dendrochirus biocellatus,* Pfauenaugen-Drachenkopf, 10 cm. Indo-Pazifik; lebt an Korallenriffen in Höhlen oder unter Vorsprüngen. Carnivor: Fische, Krebse.
F *Apistus carinatus,* 11 cm. Indo-Pazifik; bewohnt Sandböden in Küstengewässern. Carnivor: Fische, Krebse.
G *Taenianotus triacanthus,* Pergament-Stirnflosser, 7 cm. Indo-Pazifik; lebt an Korallenriffen in 5 bis 20 m Tiefe. Carnivor: Fische, Krebse.
H *Inimicus japonicus,* 15 cm. Japan und Ostchinesisches Meer; lebt auf Sandböden in 10 bis 200 m Tiefe. Carnivor: Fische, Krebse.
I *Inimicus didactylus,* 12 cm. Korallenriffe des Indo-Westpazifik. Carnivor: Fische, Krebse.
J *Synanceia verrucosa,* Steinfisch, 25 cm. Felsen- und Korallenriffe des Indo-Pazifik. Das Gift der Rückenstacheln kann tödlich sein. Carnivor: Fische, Krebse.
K *Hypodytes rubripinnis,* 5 cm. Südjapan, Korea; in Seegraswiesen von Meeresarmen anzutreffen.
Carnivor: Krebse, Fische.

Groppen und Knurrhähne 38

Klasse: Knochenfische

A *Hemilepidotus hemilepidotus.*

Groppen, Flachköpfe, Knurrhähne und Seehasen

Die meisten der schätzungsweise 300 Groppen-Arten (Fam. Cottidae) leben in der nördlichen Hemisphäre, besonders vor Nordamerika und den japanischen Inseln. Sie ähneln im allgemeinen Habitus und in ihrem Verhalten den Drachenköpfen.

Flachköpfe (Platycephalidae; ca. 50 Arten) sind gut getarnte Bewohner sandiger Flächen und schlammiger Ästuarien im tropischen Indopazifik. Viele Arten sind gute Speisefische.

Knurrhähne (Triglidae; ca. 100 Arten) zeichnen sich durch einen massigen, mit Hautknochen gepanzerten Kopf aus, der z.T. bestachelt ist. Sie sind in allen tropischen und gemäßigten Meeren verbeitet und werden oft mit Schleppnetzen gefangen. Seehasen oder Lumpfische (Cyclopteridae; ca. 30 Arten) haben einen typischen runden Körper, der mit Knochendornen besetzt ist. Ihre Verbreitung ist auf die kalten Meere der nördlichen Hemisphäre beschränkt.

Panzergroppen (Agonidae; ca. 50 Arten) sind langgestreckte Fische, die mit Knochenplatten bedeckt sind; sie bewohnen kühle Meere in der nördlichen Hemisphäre und vor Südamerika.

Die vier Arten Flughähne (Dactylopteridae) leben in der Nachbarschaft von Riffen in seichten tropischen Meereszonen. Ihr stark verknöcherter Kopf und die vergrößerten, flügelähnlichen Brustflossen sind typische Kennzeichen.

◄ (S. 447) **A** *Hemilepidotus hemilepidotus* (Cottidae, Groppen), 20 cm. Nordpazifik, von Kamtschatka bis Kalifornien; in Alaska weitverbreitet. Bewohnt felsige Regionen in Küstennähe. Guter Speisefisch; wird mit Haken und Ködern gefangen. Carnivor: Krebse, Fische.

A *Rhamphocottus richardsoni* (Cottidae, Groppen), 7 cm. Nordpazifik, von Japan bis Kalifornien; bewohnt Flutbecken und felsige Regionen. Carnivor: Krebse.

B *Lethotremus awae* (Cyclopteridae, Scheibenbäuche), 2 cm. lache Regionen Nordjapans. Carnivor: Krebse.

C *Eumicrotremus taranetzi* (Cyclopteridae, Scheibenbäuche), 5 cm. Flache, felsige Regionen des Nordpazifik. Carnivor: Krebse.

D *Dactylopteny orientalis,* Purpur-Flughahn (Dactylopteridae), 20 cm. Indo-Pazifik; bewohnt Sandböden an Felsenriffen. Carnivor: Krebse.

A *Rhamphocottus richardsoni.*

B *Lethotremus awae.*

C *Eumicrotremus taranetzi.*

D Ein prachtvolles Exemplar des Purpur-Flughahns, *Dactylopteny orientalis.*

A *Chelidonichthys spinosus.*

B *Ophiodon elongatus.*

C *Erilepis zonifer*

D *Hexagrammos agrammus*

E *Hexagrammos otakii*

F *Hexagrammos octogrammus*

G *Hexagrammos lagocephalus*

H *Pleurogrammus azonus*
Terpug

I *Pleurogrammus monopterygius*

A *Chelidonichthys spinosus* (TRIGLIDAE, KNURRHÄHNE), 25 cm. Südliches Japanisches und Ostchinesisches Meer; lebt auf Sandböden. Speisefisch. Carnivor: benthische Tiere.
B *Ophiodon elongatus* (HEXAGRAMMIDAE, GRÜNLINGE), 100 cm. Kodiakinseln bis nördliches Niederkalifornien; bewohnt felsige Regionen. Sport- und Speisefisch. Carnivor: Krebse, Würmer.
C *Erilepis zonifer,* (ANOPLOPOMATIDAE, SCHWARZFISCHE), 100 cm. Nordpazifik; bewohnt küstenferne, tiefgelegene Felsenböden. Speisefisch; wird mit Langleinen gefangen. Carnivor.

HEXAGRAMMIDAE, GRÜNLINGE (bis Ende der Seite)
D *Hexagrammos agrammus,* 15 cm (bis zu 30 cm). Japan, Korea; bewohnt Seetang-Regionen in Küstengewässern. Carnivor.
E *Hexagrammos otakii,* 30 cm. Felsige Küstengewässer Japans und Koreas. Sport- und Speisefisch. Carnivor.
F *Hexagrammos octogrammus,* 25 cm. Felsige Küstengewässer des Nordpazifik. Speisefisch. Carnivor: Krebse.
G *Hexagrammos lagocephalus,* 35 cm (bis zu 60 cm). Felsige Küstengewässer des Nordpazifik. Speisefisch. Carnivor: Krebse.
H *Pleurogrammus azonus,* Terpug, 30 cm. Nordpazifik; in Hokkaido, Japan, weitverbreitet. Speisefisch; wird mit Wandnetzen und stehenden Netzen gefangen. Carnivor.
I *Pleurogrammus monopterygius,* 35 cm. Nordpazifik. Speisefisch; wird mit Schleppnetzen und Wandnetzen gefangen. Carnivor.

A *Platycephalus indicus*
Sandflachkopf

B *Myoxocephalus stelleri*

C *Myoxocephalus polyacanthocephalus*

D *Scorpaenichthys marmoratus*

E *Pseudoblennius percoides*

F *Agonomalus proboscidalis*

G *Podothecus sachi* (♂)

A *Platycephalus indicus*, Sandflachkopf (Platycephalidae, Flachköpfe), 30 cm (bis zu 100 cm). Sand- und Schlammböden im Indo-Pazifik. Speisefisch. Carnivor: Fische, Krebse.
B *Myoxocephalus stelleri* (Cottidae, Groppen), 35 cm. Felsige Küstengewässer des Nordpazifik. Guter Speisefisch. Carnivor: Krebse.
C *Myoxocephalus polyacanthocephalus* (Cattidae, Groppen), 35 cm. Felsige Küstengewässer des Nordpazifik. Guter Speisefisch. Carnivor: Krebse.
D *Scorpaenichthys marmoratus* (Cottidae, Groppen), 45 cm (bis zu 90 cm). Alaska bis mittleres Niederkalifornien; bewohnt felsige Küstengewässer. Carnivor: Krebse.
E *Pseudoblennius percoides* (Cottidae, Groppen), 13 cm. Felsige Küstengewässer Südjapans.
Carnivor: Fische, Krebse.
F *Agonomalus proboscidalis* (Agonidae, Panzergroppen), 10 cm. Nordpazifik. Aquarienfisch; wird in großen Tiefen mit Schleppnetzen gefangen. Carnivor: Krebse.
G *Podothecus sachi* (Agonidae, Panzergroppen), 30 cm. Nordpazifik; bewohnt weiche Böden in großen Tiefen.
Carnivor: Krebse.

Schildfische und Leierfische 39

Klasse: Knochenfische

Familie: Gobiesocidae, Schildfische · **Familie:** Callionymidae, Leierfische

A *Discotrema crinophila.*

Schildfische und Leierfische

Die Schildfische (Fam. Gobiesocidae) kommen hauptsächlich in tropischen und warmen gemäßigten Meeren vor; einige wenige mittelamerikanische Arten sind auch ins Süßwasser vorgedrungen. Es sind kleine, gewöhnlich weniger als 10 cm lange Fische, die man meistens im Riff oder in von Gezeiten geprägten Lebensräumen antrifft. Ihr Körper ist schuppenlos, der Kopf oft abgeflacht, und die Bauchflossen sind zu Saugscheiben umgewandelt, die es den Fischen ermöglichen, sich am Boden festzuheften. Etwa 125 Arten sind bekannt. Einige leben in Symbiose mit Haarsternen, Schwämmen und Seeigeln, und einige wenige sind eine Beziehung mit größeren Fischen eingegangen, fressen von deren Schleim und befreien sie von Außenparasiten.

Leierfische (Callionymidae) leben in tropischen und gemäßigten Meeren; meist findet man sie auf Sand- oder Schlammböden in der Nachbarschaft von Riffen. Einige Arten bewohnen den Kontinentalschelf und die sich daran anschließenden Abhänge bis in eine Tiefe von etwa 900 m. Fast alle der geschätzten 135 Arten sind klein (gewöhnlich unter 20 cm Gesamtlänge), und die meisten leben in der indopazifischen Region. Bei vielen Leierfischen sind die Männchen bunter gefärbt als die Weibchen und tragen oft lange Rückenflossenstrahlen.

A Eine *Discotrema crinophila*-Varietät.

B *Diademichthys lineatus.*

C *Gobiesocidae* sp., ein Schildfisch.

◄ (S. 453) **A** (S. 453), **A** *Discotrema crinophila* (Gobiesocidae, Schildfische), beide 3 cm. Westlicher Pazifischer und östlicher Indischer Ozean; zwischen den Armen von Haarsternen anzutreffen. Carnivor: Zooplankton.

B *Diademichthys lineatus* (Gobiesocidae, Schildfische), 5 cm.Indo-Westpazifik; gewöhnlich zwischen den Stacheln von Seeigeln zu finden. Carnivor: Zooplankton.

C *Gobiesocidae* sp. (Gobiesocidae, Schildfische), 3 cm. Izu-Halbinsel, Japan; bewohnt Felsenküsten. Carnivor: Krebse.

D *Calliurichthys japonicus* (Callionymidae, Leierfische), 25 cm. Japan, Australien, Indien; bewohnt Sandböden. Carnivor: Krebse.

D *Calliurichthys japonicus.*

A *Conidens laticephalus*

B *Conidens laticephalus* (dv.)

C *Aspasma minima*

D *Foetorepus altivelis*

E *Foeturepus masudai*

F *Neosynchiropus ocellatus* (♂)

H *Neosyuchiropus ijimai* (♂)

G *Neosynchiropus ocellatus* (♀)

I *Neosynchiropus ijimai* (♀)

A, B *Conidens laticephalus* (Gobiesocidae, Schildfische), 4 cm. Südjapan, Taiwan; an Felsenküsten unter Steinblöcken zu finden. Carnivor: Krebse.
C *Aspasma minima* (Gobiesocidae, Schildfische), 4 cm. An felsigen Küsten Südjapans, besonders auf Braunalgen, anzutreffen. Carnivor: Krebse.

Callionymidae, Leierfische (bis Kapitelende)
D *Foetorepus altivelis,* 15 cm. Südliches Japanisches und Südchinesisches Meer; lebt auf tiefgelegenen Sand- und Schlammböden. Wird mit Schleppnetzen gefangen. Carnivor: benthische Tiere.

E *Foeturepus masudai,* 18 cm. Pazifikküste Südjapans; lebt auf tiefgelegenen Sand- und Schlammböden. Wird mit Schleppnetzen gefangen. Carnivor: benthische Tiere.
F, G *Neosynchiropus ocellatus,* ♂ 6 cm, ♀ 5 cm. Westpazifik; bewohnt flache Gewässer im Grenzbereich zwischen Sand- und Felsenböden. Farbe je nach Lebensraum unterschiedlich. Carnivor: benthische Tiere.
H, I *Neosynchiropus ijimai,* ♂ 6 cm, ♀ 5 cm. Gemäßigte Gewässer des Westpazifik; lebt auf Sand in der Nähe felsiger Regionen. An der Izu-Halbinsel in Japan weitverbreitet. Carnivor: benthische Tiere.

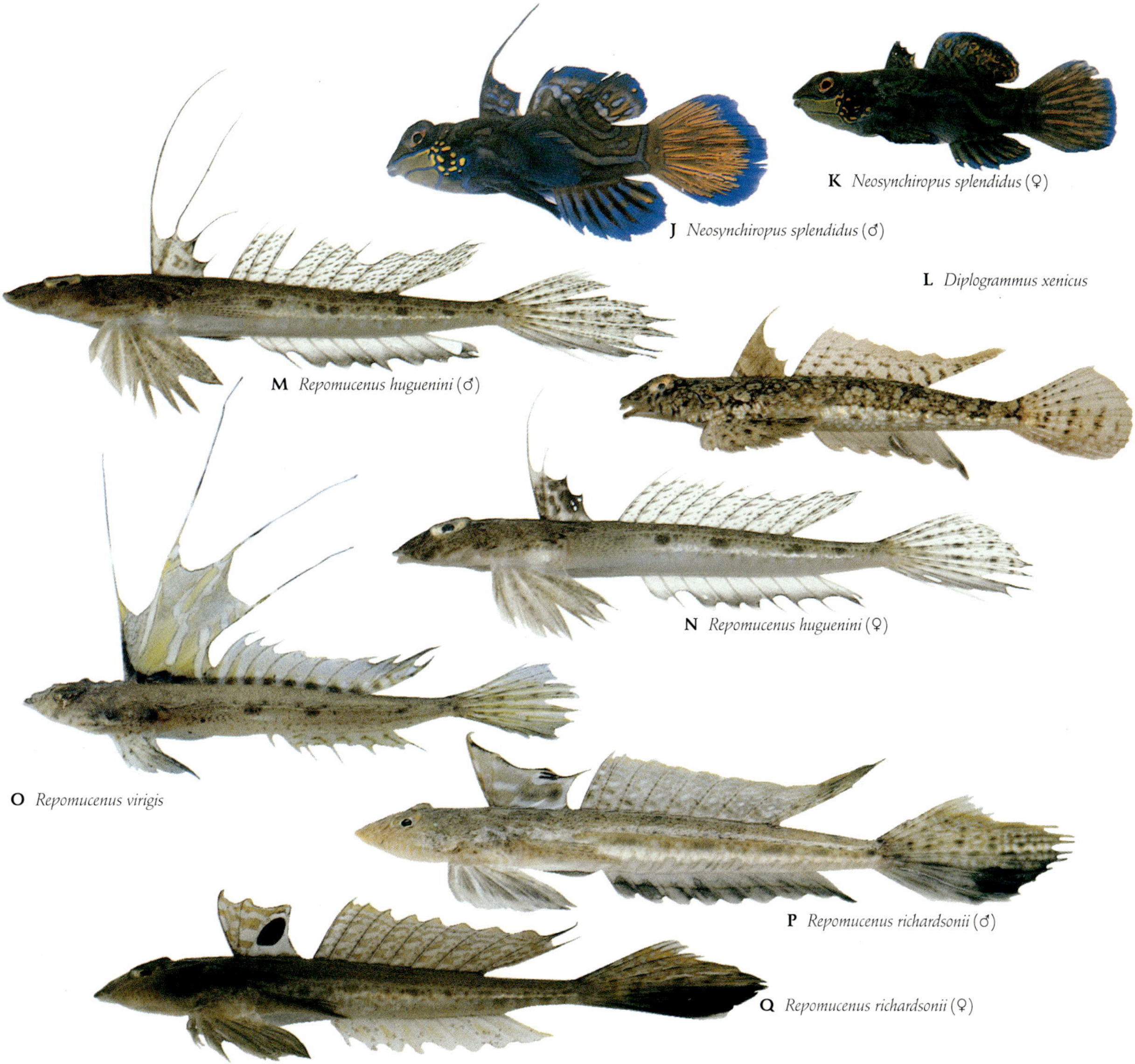

J *Neosynchiropus splendidus* (♂)

K *Neosynchiropus splendidus* (♀)

L *Diplogrammus xenicus*

M *Repomucenus huguenini* (♂)

N *Repomucenus huguenini* (♀)

O *Repomucenus virigis*

P *Repomucenus richardsonii* (♂)

Q *Repomucenus richardsonii* (♀)

J, K *Neosynchiropus splendidus,* ♂ 6 cm, ♀ 5 cm. Korallenriffe des Westpazifik. Carnivor: benthische Tiere.
L *Diplogrammus xenicus,* 9 cm. Südjapan; bewohnt Sand- und Schlammböden in Küstengewässern. Carnivor: benthische Tiere.
M, N *Repomucenus huguenini,* ♂ 15 cm, ♀ 14 cm. Japanisches und Ostchinesisches Meer; bewohnt Sand- und Schlammböden in Küstengewässern. Speisefisch. Carnivor: benthische Tiere.
O *Repomucenus virigis,* 10 cm. Zentraljapan, Ostchinesisches Meer; bewohnt Sand- und Schlammböden.
Carnivor: benthische Tiere.
P, Q *Repomucenus richardsonii,* ♂ 16 cm, ♀ 14 cm. Zentraljapan, Ostchinesisches Meer; bewohnt Sand- und Schlammböden in Küstengewässern. Speisefisch. Carnivor: benthische Tiere.

A *Repomucenus beniteguri* (♂)

B *Repomucenus beniteguri* (♀)

C *Repomucenus ornatipinnis* (♂)

D *Repomucenus ornatipinnis* (♀)

E *Repomucenus lunatus* (♂)

F *Repomucenus lunatus* (♀)

A, B *Repomucenus beniteguri,* ♂ 15 cm, ♀ 14 cm. Zentraljapan, Ostchinesisches Meer; bewohnt Sand- und Schlammböden in Küstengewässern. Speisefisch. Carnivor: benthische Tiere.

C, D *Repomucenus ornatipinnis,* ♂ und ♀ 13 cm. Zentraljapan, Ostchinesisches Meer; bewohnt Sand- und Schlammböden in Küstengewässern. Carnivor: benthische Tiere.

E, F *Repomucenus lunatus,* ♂ und ♀ 10 cm. Zentraljapan, Westen der koreanischen Halbinsel; bewohnt Sand- und Schlammböden in Küstengewässern. Carnivor: benthische Tiere.

Plattfische 40

Klasse: Knochenfische

A *Limanda schrenki,* Schrenks Kliesche.

Plattfische

Plattfische sind weltweit in tropischen und kalten Meeren verbreitet; sie bewohnen die seichten Küstenzonen ebenso wie die tieferen Abschnitte des Kontinentalschelfs. Ein paar indopazifische Arten dringen sogar ins Süßwasser ein. Plattfische haben eine charakteristische, dorsoventral abgeflachte Form, mit beiden Augen auf einer Körperseite. Ihre Larven ähneln jedoch denen anderer Fische; ihre typischen anatomischen Veränderungen erfolgen erst im Lauf ihrer frühen Entwicklung. Einige Arten können ihre Färbung und Musterung ihrer Umgebung perfekt anpassen. Die Fähigkeit zur Tarnung ist offensichtlich von optischen Reizen abhängig, denn experimentell geblendete Fische verlieren diese Fähigkeit. Bekannte Plattfische sind Flunder, Seezunge, Scholle, Butt und Steinbutt. Einige Flundern können bis zu 3 m lang werden, doch die meisten Plattfische sind viel kleiner – oft weniger als 30 cm lang. Einige Arten spielen als Speisefische eine wichtige ökonomische Rolle und werden in großem Umfang mit Schleppnetzen gefangen. Es gibt mehr als 500 Plattfischarten, die in mehreren Familien zusammengefaßt werden, darunter die Buttverwandten oder Linksaugenflundern (Bothidae), Schollen (Pleuronectidae), Seezungen (Soleidae), Hundszungen (Cynoglossidae) und Scheinbutte (Paralichthydae).

A *Pardachirus parvoninus.*

B *Zebrias zebra.*

C *Cynoglossus bilineatus.*

◄ (S. 459) **A** *Limanda schrenki,* Schrenks Kliesche (PLEURONECTIDAE, SCHOLLEN), 25 cm. Sand- und Felsenböden des Nordpazifik. Speisefisch. Carnivor: benthische Tiere.

A *Pardachirus parvoninus* (SOLEIDAE, EIGENTLICHE ZUNGEN), 18 cm. Korallenriffe des Indo-Westpazifik. Giftdrüsen an der Rücken-, After- und Schwanzflosse. Carnivor: benthische Tiere.

B *Zebrias zebra* (SOLEIDAE, EIGENTLICHE ZUNGEN), 15 cm. Sandböden des Indo-Westpazifik. Carnivor: benthische Tiere.

C *Cynoglossus bilineatus* (CYNOGLOSSIDAE, HUNDSZUNGEN), 27 cm. Japanisches und Ostchinesisches Meer. Guter Speisefisch. Carnivor: benthische Tiere.

D *Paralichthys olivaceus* (PARALICHTHIDAE, STEINBUTTE), 45 cm. Sandböden im Japanischen und Ostchinesischen Meer. Guter Speisefisch. Carnivor: Fische, Krebse.

D Ein *Paralichthys olivaceus,* in 30 m Tiefe fotografiert.

A *Bothus mancus.*

B *Pseudorhombus oligodon*

C *Pseudorhombus arsius*

D *Pseudorhombus cinnamoneus*

E *Asterorhombus intermedius*

F *Hippoglossus stenolepis*
Pazifischer Heilbutt

G *Cleisthenes pinetorum herzensteini*

A *Bothus mancus* (BOTHIDAE, BUTTVERWANDTE), 40 cm. Korallenriffe des Indo-Pazifik. Carnivor: Fische, Krebse.
B *Pseudorhombus oligodon* (PARALICHTHIDAE, STEINBUTTE), 20 cm. Südliches Japanisches und Ostchinesisches Meer; lebt auf Sandböden in Küstengewässern. Speisefisch. Carnivor: Fische, Krebse.
C *Pseudorhombus arsius* (PARALICHTHIDAE, STEINBUTTE), 20 cm. Sand- und Schlammböden des Indo-Pazifik.
Carnivor: Fische, Krebse.
D *Pseudorhombus cinnamoneus* (PARALICHTHIDAE, STEINBUTTE), 18 cm. Südliches Japanisches und Ostchinesisches Meer; lebt auf Schlamm- und Sandböden in Küstengewässern. Carnivor: Fische, Krebse.
E *Asterorhombus intermedius* (BOTHIDAE, BUTTVERWANDTE), 12 cm. Westpazifik; bewohnt sandige Böden in Küstengewässern. Eine seltene Art.
Carnivor: Fische, Krebse.
F *Hippoglossus stenolepis*, Pazifischer Heilbutt (PLEURONECTIDAE, SCHOLLEN), 50 cm (Weibchen erreichen mehr als 250 cm Gesamtlänge, Männchen 140 cm). Nordpazifik; bewohnt verschiedene Typen von Böden. Die Jungen leben in Küstennähe, ausgewachsene Fische in größeren Tiefen - bis zu 100 m. Ein kommerziell wichtiger Speisefisch. Carnivor: Krebse, Fische.
G *Cleisthenes pinetorum herzensteini* (PLEURONECTIDAE, SCHOLLEN), 20 cm. Nordjapan, Ostchinesisches Meer; bewohnt Sand- und Schlammböden. Speisefisch. Carnivor: Krebse.

A *Verasper variegatus*

C *Pleuronichthys cornutus*

B *Verasper moseri*

D *Limanda punctatissima*

E *Limanda herzensteini*
Herzensteins Kliesche

F *Limanda yokohamae*

G *Dexistes rikuzenius*

PLEURONECTIDAE, SCHOLLEN (S. 464/65)
A *Verasper variegatus,* 30 cm (bis zu 60 cm). Japanisches und Ostchinesisches Meer; bewohnt Sand- und Schlammböden in Küstengewässern. Speisefisch. Carnivor: benthische Tiere.
B *Verasper moseri,* 35 cm (bis zu 80 cm). Bewohnt Sand- und Schlammböden in tiefen Regionen des Nordpazifik. Guter Speisefisch.
Carnivor: benthische Tiere.
C *Pleuronichthys cornutus,* 15 cm (bis zu 30 cm). Japanisches und Ostchinesisches Meer. Bewohnt Sand- und Schlammböden in Küstengewässern. Guter Speisefisch.
Carnivor: benthische Tiere.
D *Limanda punctatissima,* 20 cm (bis zu 30 cm). Bewohnt Sand- und Schlammböden in Küstengewässern des Nordpazifik. Speisefisch. Carnivor: benthische Tiere.
E *Limanda herzensteini,* Herzensteins Kliesche, 20 cm (bis zu 50 cm). Japanisches und Ostchinesisches Meer. Bewohnt Sand- und Schlammböden in Küstengewässern. Speisefisch. Carnivor: benthische Tiere.
F *Limanda yokohamae,* 25 cm (bis zu 45 cm). Japanisches und Ostchinesisches Meer; bewohnt Sand- und Schlammböden in Küstengewässern. Speisefisch. Carnivor: benthische Tiere.
G *Dexistes rikuzenius,* 18 cm (bis zu 25 cm). Japan und Korea; bewohnt Sand- und Schlammböden in Küstengewässern. Speisefisch. Carnivor: benthische Tiere.

H *Liopsetta pinnifasciata*

I *Platichthys stellatus*

J *Kareius bicoloratus*

K *Clidoderma asperrimum*

L *Tanakius kitaharai*

M *Microstomus achne*

H *Liopsetta pinnifasciata,* 20 cm. Nordpazifik; bewohnt sandige und schlammige Böden von Meeresarmen. Speisefisch. Carnivor: benthische Tiere.
I *Platichthys stellatus,* 22 cm. Nordpazifik; bewohnt Sand- und Schlammböden von Meeresarmen, angrenzende Flüsse, Seen und Marschen. Die japanische Form hat beide Augen auf der linken Körperseite. Speisefisch. Carnivor: benthische Tiere.
J *Kareius bicoloratus,* 35 cm (bis zu 50 cm). Japanisches und Ostchinesisches Meer. Bewohnt Sand- und Schlammböden in Küstengewässern. Guter Speisefisch. Carnivor: benthische Tiere.
K *Clidoderma asperrimum,* 30 cm (bis zu 55 cm). Nordpazifik; bewohnt Sand- und Schlammböden in 150 bis 1000 m Tiefe. Speisefisch. Carnivor: benthische Tiere.
L *Tanakius kitaharai,* 25 cm. Japanisches und Ostchinesisches Meer; bewohnt Sand- und Schlammböden bis zu 200 m Tiefe. Guter Speisefisch. Carnivor: benthische Tiere.
M *Microstomus achne,* 40 cm (bis zu 60 cm). Japanisches und Ostchinesisches Meer; bewohnt Sand- und Schlammböden in 50 bis 450 m Tiefe. Guter Speisefisch. Carnivor: benthische Tiere.

A *Synaptura marginata*

C *Paraplagusia blochi*

B *Aesopia cornuta*

D *Cynoglossus interruptus*

E *Cynoglossus joyneri*

F *Cynoglossus abbreviatus*

G *Cynoglossus robustus*

A *Synaptura marginata* (Soleidae, Eigentliche Zungen), 30 cm (bis zu 50 cm). Indo-Westpazifik; bewohnt flache Gewässer in Küstennähe. Größter Vertreter der Familie in Japan. Carnivor: benthische Tiere.
B *Aesopia cornuta* (Soleidae, Eigentliche Zungen), 18 cm (bis zu 22 cm). Indo-Westpazifik; lebt in bis zu 100 m Tiefe auf Sand- und Schlammböden. Carnivor: benthische Tiere.

Cynoglossidae, Hundszungen

C *Paraplagusia blochi,* 16 cm (bis zu 20 cm). Indo-Westpazifik; bewohnt Sand- und Schlammböden in Tiefen bis zu 80 m. Carnivor: benthische Tiere.
D *Cynoglossus interruptus,* 20 cm. Japanisches und Ostchinesisches Meer; lebt in Tiefen bis zu 100 m auf Sand- und Schlammböden in Küstengewässern. Carnivor: benthische Tiere.
E *Cynoglossus joyneri,* 30 cm. Südliches Japanisches und Südchinesisches Meer; bewohnt Sand- und Schlammböden in flachen Küstengewässern. Carnivor: benthische Tiere.
F *Cynoglossus abbreviatus,* 25 cm (bis zu 30 cm). Südliches Japanisches und Ostchinesisches Meer; bewohnt Sand- und Schlammböden in, Küstengewässern. Carnivor: benthische Tiere.
G *Cynoglossus robustus,* 30 cm (bis zu 40 cm). Südliches Japanisches und Südchinesisches Meer; lebt auf Sand- und Schlammböden in großen Tiefen. Guter Speisefisch; wird mit Schleppnetzen gefangen. Carnivor: benthische Tiere.

Drückerfische und Feilenfische 41

Klasse: Knochenfische

Familie: Balistidae, Drückerfische · **Familie:** Monacanthidae, Feilenfische
Familie: Triacanthidae, Dreistachler

A Ein Leoparden-Drückerfisch, *Balistoides conspicillum*.

Drückerfische und Feilenfische

Drückerfische (Fam. Balistidae) und die verwandten Feilenfische (Monacanthidae) sind hauptsächlich Bewohner der indopazifischen Region, kommen aber auch in wärmeren Meeren vor. Sie weisen im allgemeinen eine mehr oder minder ovale Körperform und eine ledrige Haut auf; der Mund ist klein und mit starken Mahlzähnen ausgestattet. Die Fische ernähren sich von Wirbellosen wie Schwämmen, Gorgonarien, Hydroidpolypen, Korallen, Krabben, Garnelen, Weichtieren und Stachelhäutern. Die meisten Arten bewohnen Fels- oder Korallenriffe sowie nahegelegene Algenteppiche und Sandbänke. Viele Arten sind gute Speisefische und spielen in Japan und Australien eine bedeutende wirtschaftliche Rolle. Es gibt etwa 35 Drückerfischarten; die größten Arten erreichen eine Gesamtlänge von etwa 60 cm. Die Eier werden in einem Nest am Boden abgelegt und bei einigen Arten vom Männchen heftig verteidigt. Selbst Taucher, die sich zu nahe heranwagen, werden angegriffen! In Australien findet man mehr Feilenfische als in irgendeiner anderen Weltregion: Etwa 60 der 85 geschätzten Arten sind hier vertreten. Die meisten Arten messen weniger als 40 cm Gesamtlänge, doch eine wird über 1 m lang, andere erreichen keine 5 cm.

A *Pseudobalistes fuscus,* Blaustreifen-Drückerfisch.

B *Pseudobalistes flavimarginatus.*

BALISTIDAE, DRÜCKERFISCHE (bis S. 471)

◄ (S. 467) **A** *Balistoides conspicillum,* Leoparden-Drückerfisch, 25 cm. Korallenriffe des Indo-Westpazifik. Beliebter Aquarienfisch. Omnivor: benthische Wirbellose, Algen.

A *Pseudobalistes fuscus,* Blaustreifen-Drückerfisch, 35 cm. Korallenriffe des Indo-Westpazifik. Omnivor: benthische Wirbellose, Algen.

B *Pseudobalistes flavimarginatus,* 40 cm. Korallenriffe des Indo-Westpazifik. Omnivor: benthische Wirbellose, Algen.

C *Balistoides viridescens,* Riesen-Drückerfisch, 40 cm. Korallenriffe des Indo-Westpazifik. Omnivor: benthische Wirbellose, Algen.

C *Balistoides viridescens,* Riesen-Drückerfisch.

A *Melichthys niger.*

B *Melichthys indicus,* Schwarzer Drückerfisch.

C *Rhinecanthus aculeatus,* Picasso-Drückerfisch.

D *Rhinecanthus assasi,* Rotmeer-Picasso.

E *Xanthichthys mento.*

A *Melichthys niger,* 25 cm. Korallenriffe des Pazifischen Ozeans und der Karibik. Omnivor: Zooplankton, Algen.
B *Melichthys indicus,* Schwarzer Drückerfisch, 25 cm. Korallenriffe des Indischen Ozeans. Omnivor: Zooplankton, Algen.
C *Rhinecanthus aculeatus,* Picasso-Drückerfisch, 20 cm. Korallenriffe des Indo-Pazifik; gewöhnlich in Lagunen anzutreffen. Omnivor: benthische Wirbellose, Algen.
D *Rhinecanthus assasi,* Rotmeer-Picasso, 20 cm. Endemisch im Roten Meer; bewohnt Korallenriffe. Omnivor: benthische Wirbellose, Algen.
E *Xanthichthys mento,* 22 cm. Bildet Schwärme an Korallenriffen des Pazifischen Ozeans. Carnivor: Zooplankton.
F, G *Balistapus undulatus,* Orangestreifen-Drückerfisch, F 18 cm, G 17 cm. Korallenriffe des Indo-Westpazifik. Omnivor: benthische Wirbellose, Algen.

F *Balistapus undulatus,* ein Orangestreifen-Drückerfisch.

G Eine *Balistapus undulatus*-Varietät.

A Ein adultes Exemplar von *Cantherhines dumerilii.*

B *Cantherhines dumerilii* (Jugendform).

C *Paraluteres prionurus,* Falscher Kugelfisch.

D *Paramonacanthus japonicus.*

E *Oxymonacanthus longirostris,* Rotpunkt-Feilenfisch.

F *Amanses scopas.*

G *Cantheschenia grandisquamis.*

Monacanthidae, Feilenfische (bis S. 476)

A, B *Cantherhines dumerilii,* A 25 cm, B 12 cm. Indo-Pazifik; bewohnt äußere Riffbereiche. Omnivor: benthische Wirbellose, Algen.

C *Paraluteres prionurus,* Falscher Kugelfisch, 8 cm. Indo-Westpazifik. Omnivor: benthische Wirbellose, Algen.

D *Paramonacanthus japonicus,* 10 cm. Indo-Westpazifik. Omnivor: Krebsplankton, Algen.

E *Oxymonacanthus longirostris,* Rotpunkt-Feilenfisch, 8 cm. Indo-Westpazifik; zwischen verzweigten Korallen zu finden. Carnivor: Korallenpolypen.

F *Amanses scopas,* 15 cm. Korallenriffe des Indo-Westpazifik. Omnivor: benthische Wirbellose, Algen.

G *Cantheschenia grandisquamis,* 15 cm. Ostaustralien. Omnivor: benthische Tiere, Algen.

A Ein Langschwanz-Feilenfisch, *Aluterus scriptus,* im Roten Meer.

A *Pervagor spilosoma.*

B *Meuschenia galii.*

C *Penicipelta vittiger.*

D *Meuschenia flavolineata.*

E *Chaetodermis penicilligerus.*

F *Scobinichthys granulatus.*

◀◀ (S. 474/475) **A** *Aluterus scriptus,* Langschwanz-Feilenfisch, 40 cm. Weltweit in tropischen und subtropischen Gewässern; oft an Korallenriffen anzutreffen. Omnivor: benthische Wirbellose, Algen.

A *Pervagor spilosoma,* 10 cm. Endemisch in Hawaii; bewohnt Korallen- und Felsenriffe. Omnivor: benthische Wirbellose, Algen.

B *Meuschenia galii,* 23 cm. Südaustralien. Carnivor: Krebse, Würmer, Weichtiere.

C *Penicipelta vittiger,* 8 cm. Südaustralien. Omnivor: benthische Tiere, Algen.

D *Meuschenia flavolineata,* 20 cm. Südaustralien. Carnivor: Krebse, Würmer, Weichtiere.

E *Chaetodermis penicilligerus,* 10 cm. Westpazifik. Omnivor: benthische Tiere, Algen.

F *Scobinichthys granulatus,* 7 cm. Südaustralien. Omnivor: benthische Tiere, Algen.

G *Triacanthus biaculeatus*

H *Sufflamen fraenatus*

I *Sufflamen chrysopterus*
Blaubrust-Drückerfisch

J *Sufflamen bursa*
Weißlinien-Drückerfisch

K *Abalistes stellaris*

G *Triacanthus biaculeatus* (Triacanthidae, Dreistachler), 23 cm. Indo-Westpazifik; bewohnt sandige und schlammige Regionen in großen Tiefen. Juvenile Fische unter 15 cm Länge sind in Meeresarmen anzutreffen. Speisefisch. Omnivor: benthische Tiere, Algen.

Balistidae, Drückerfische (bis S 479 H)
H *Sufflamen fraenatus,* 22 cm. Felsen- und Korallenriffe des Indo-Westpazifik. Omnivor: benthische Wirbellose, Algen.

I *Sufflamen chrysopterus,* Blaubrust-Drückerfisch, 18 cm. Korallenriffe des Indo-Westpazifik. Omnivor: benthische Wirbellose, Algen.
J *Sufflamen bursa,* Weißlinien-Drückerfisch, 15 cm. Korallenriffe des Indo-Pazifik. Omnivor: benthische Wirbellose, Algen.
K *Abalistes stellaris,* 30 cm. ndo- und Westpazifik; pelagisch, lebt in Schwärmen. Carnivor: Zooplankton.

A *Melichthys vidua*

B *Odonus niger*
Rotzahn-Drückerfisch

C *Rhinecanthus rectangulus*

D *Rhinecanthus verrucosus*

E *Canthidermis maculatus*

A *Melichthys vidua,* 17 cm. Korallenriffe des Indo-Pazifik. Omnivor: Zooplankton, Algen.
B *Odonus niger,* Rotzahn-Drückerfisch, 18 cm. Bewohnt äußere Riffregionen im Indo-Pazifik; kommt gelegentlich in großen Schwärmen vor. Carnivor: Zooplankton.
C *Rhinecanthus rectangulus,* 15 cm. Korallenriffe des Indo-Pazifik. Omnivor: benthische Wirbellose, Algen.
D *Rhinecanthus verrucosus,* 18 cm. Indo-Westpazifik; bewohnt äußere Regionen von Korallenriffen. Omnivor: benthische Wirbellose, Algen.
E *Canthidermis maculatus,* 20 cm. Weltweit in tropischen Meeren; pelagisch, tritt in Schwärmen auf. Carnivor: Zooplankton.

F *Xanthichthys lineopunctatus,* 22 cm. Felsen- und Korallenriffe des Indo-Westpazifik. Carnivor: Zooplankton.
G *Xanthichthys auromarginatus,* 15 cm. Korallenriffe des Indo-Pazifik. Carnivor: Zooplankton.
H *Xanthichthys caeruleolineatus,* 25 cm. Indo-Westpazifik; pelagisch, tritt in Schwärmen auf.
Carnivor: Zooplankton.

MONACANTHIDAE, FEILENFISCHE (bis Kapitelende)
I *Stephanolepis cirrhifer,* 18 cm. Südliches Japanisches und Ostchinesisches Meer. Juvenile Fische leben in treibendem Seetang, wo sie sich von Zooplankton ernähren; mit Erreichen einer Länge von ca. 5 cm steigen sie zum Grund hinab. Omnivor: benthische Wirbellose, Algen.
K *Pervagor melanocephalus,* 10 cm. Korallenriffe des Westpazifik. Omnivor: Algen, Korallenpolypen, benthische Wirbellose.

A *Cantherines pardalis*

B *Cantherines fronticinctus*

C *Aluterus monoceros* Einhorn-Feilenfisch

D *Thamnaconus tessellatus*

E *Thamnaconus modestus*

F *Rudarius ercodes*

G *Brachaluteres ulvarum*

A *Cantherines pardalis,* 17 cm. Felsen- und Korallenriffe des Indo-Westpazifik. Omnivor: benthische Tiere, Algen.
B *Cantherines fronticinctus,* 18 cm. Felsen- und Korallenriffe des Indo-Westpazifik. Omnivor: benthische Tiere, Algen.
C *Aluterus monoceros,* Einhorn-Feilenfisch, 40 cm. Weltweit in tropischen und gemäßigten Meeren. Omnivor: benthische Tiere, Algen.
D *Thamnaconus tessellatus,* 23 cm. Südliches Japanisches und Südchinesisches Meer; bewohnt tiefgelegene, felsige Regionen. Omnivor: benthische Tiere, Algen.
E *Thamnaconus modestus,* 25 cm. Indo-Pazifik. Juvenile Fische leben in treibendem Seetang, wo sie sich von Zooplankton ernähren; mit Erreichen einer Länge von ca. 6 cm steigen sie zum Grund hinab. Omnivor: Krebse, Würmer, Weichtiere, Algen.
F *Rudarius ercodes,* 5 cm. Südjapan, Südkorea; bewohnt Seetang-Regionen. Omnivor: Krebse, Algen.
G *Brachaluteres ulvarum,* 5 cm. Bewohnt felsige Küstengewässer Südjapans. Omnivor: Krebse, Algen.

Kofferfische 42

Familie: Ostraciidae, Kofferfische

Klasse: Knochenfische

A Ein Männchen des Geperlten Kofferfisches, *Ostracion meleagris meleagris*.

Kofferfische

Kofferfische sind sonderbar aussehende Geschöpfe, die man vorwiegend in tropischen und subtropischen Riffen findet. Ihr Körper wird von einem Knochenpanzer umhüllt, und sie haben relativ kleine Flossen, so daß sie im Vergleich zu anderen Fischen recht unbeweglich wirken. Sie schwimmen gewöhnlich sehr langsam, können aber – hauptsächlich mit Hilfe der Schwanzflosse – kurze, schnelle Sprints einlegen. Es gibt zwei Kofferfisch-Familien, die Aracanidae mit etwa 10 Arten, und die Ostraciidae mit ca. 15 Arten. Sie sehen einander sehr ähnlich. Die erste Familie ist in der australischen Region weit verbreitet, die letztere ist kosmopolitischer. Auf der Nahrungssuche wirbeln Kofferfische den Sand gelegentlich mit einem scharfen Wasserstrahl auf; dadurch werden kleine Pflanzen und Tiere freigelegt und dann aufgesogen. Einige Kofferfische erzeugen einen giftigen Schleim, der andere Fische oder sogar sie selbst töten kann, wenn das Aquarium zu klein ist. Kofferfische erreichen eine maximale Größe von 60 cm, doch die meisten Arten bleiben unter 30 cm Gesamtlänge. Sie sind zum Verzehr ungeeignet.

A *Ostracion immaculatus.*

B *Ostracion cubicus,* Gelber Kofferfisch.

C *Ostracion nasus.*

Ostraciidae, Kofferfische (ganzes Kapitel)
◄ (S. 481) **A** *Ostracion meleagris meleagris,* Geperlter Kofferfisch, 15 cm. Felsen- und Korallenriffe des Indo-Pazifik. Weibchen sind schwarz mit weißen Punkten. Carnivor: benthische Wirbellose.

A *Ostracion immaculatus,* 20 cm. Zentraljapan. Carnivor: benthische Wirbellose.

B *Ostracion cubicus,* Gelber Kofferfisch, 25 cm. Korallenriffe des Indo-Pazifik. Jungfische sind gelb mit schwarzen Punkten. Carnivor: benthische Wirbellose.

C *Ostracion nasus,* 25 cm. Eine Varietät von *O. cubicus,* die im Roten Meer lebt und anders gefärbt ist.

D, E *Ostracion solorensis,* 10 cm. Korallen- und Felsenriffe des Indo-Australischen Archipels. Omnivor: benthische Wirbellose, Algen.

F *Ostracion cylanurus,* Blauer Kofferfisch, 10 cm. Endemisch an Korallenriffen des Roten Meeres. Omnivor: benthische Wirbellose, Algen.

D *Ostracion solorensis* (♂).

E Ein *Ostracion solorensis*-Weibchen.

F *Ostracion cylanurus,* Blauer Kofferfisch.

A *Lactoria fornasini.*

B *Lactoria diaphana.*

C *Tetrosomus concatenatus.*

D *Lactoria cornuta,* Gehörnter Kofferfisch.

E *Anoplocapros lenticularis.*

F *Arcana aurita.*

A *Lactoria fornasini,* 13 cm. Indo-Pazifik; bewohnt Tangbetten und felsige Regionen. Carnivor: benthische Wirbellose.
B *Lactoria diaphana,* 15 cm. Felsige Regionen im Indo-Westpazifik. Carnivor: benthische Wirbellose.
C *Tetrosomus concatenatus,* 13 cm. Indo-Westpazifik. Carnivor: benthische Tiere.
D *Lactoria cornuta,* Gehörnter Kofferfisch, 14 cm. Korallenriffe des Indo-Westpazifik. Carnivor: benthische Tiere.
E *Anoplocapros lenticularis,* 5 cm. üdwestaustralien. Omnivor: Wirbellose, Algen.
F *Arcana aurita,* 16 cm. Südaustralien. Omnivor: Wirbellose, Algen.

Kugelfische und Mondfische 43

Klasse: Knochenfische

Familie: Tetraodontidae, Kugelfische · **Familie:** Diodontidae, Igelfische
Familie: Molidae, Mondfische

A *Arothron firmamentum.*

Kugelfische und Mondfische

Die Kugelfische (Fam. Tetraodontidae) besitzen die Fähigkeit, ihren Körper durch das Schlucken von Wasser oder auch Luft gewaltig aufzublähen. Die schätzungsweise 150 Arten sind weltweit in tropischen und warmen gemäßigten Meeren sowie Ästuarien verbreitet. Einige Arten dringen sogar bis ins Süßwasser vor. Das Fleisch und besonders die Eingeweide enthalten ein wirksames Gift, das schon vielen Menschen das Leben gekostet hat. In Japan gelten diese Fische, die nur von besonders geschulten und lizenzierten Köchen zubereitet werden dürfen, als große Delikatesse. Die größten Arten erreichen eine Gesamtlänge von ca. 1 m, doch die meisten Arten werden nicht einmal halb so groß.

Igelfische (Diodontidae; ca. 15 Arten) sehen ähnlich wie Kugelfische aus, verhalten sich ähnlich und haben eine ähnliche Verteilung. Charakteristisch und namengebend sind die gut entwickelten Stacheln, die ihren Körper bedecken. Die bizarren Mondfische (Molidae; 3 Arten) sind ebenfalls mit den Kugelfischen verwandt und teilen mit ihnen gewisse Merkmale, wie zu Platten verschmolzene Zähne oder das Fehlen von Bauchflossen und von Flossenstrahlen. Sie sind Bewohner des offenen Meeres und leben nahe der Wasseroberfläche; eine Art kann eine Gesamtlänge von 3,5 m und ein Gewicht von über 900 kg erreichen.

A *Arothron meleagris,* Weißtüpfel-Kugelfisch.

B *Arothron diadematus,* Masken-Kugelfisch.

C *Arothron nigropunctatus,* Schwarzgefleckter Kugelfisch.

TETRAODONTIDAE, KUGELFISCHE (bis S. 491)
◄ (S. 485) **A** *Arothron firmamentum,* 25 cm. Südjapan, Südchinesisches Meer, Neuseeland, Australien. Omnivor: benthische Wirbellose, Algen, Detritus.

A *Arothron meleagris,* Weißtüpfel-Kugelfisch, 25 cm. Korallenriffe des Indo-Pazifik. Omnivor: benthische Wirbellose, Algen, Detritus.

B *Arothron diadematus,* Masken-Kugelfisch, 20 cm. Endemisch an Korallenriffen des Roten Meeres. Omnivor: benthische Wirbellose, Algen, Detritus.

C *Arothron nigropunctatus,* Schwarzgefleckter Kugelfisch, 20 cm. Korallenriffe des Indo-Pazifik. Farbe variabel. Omnivor: benthische Wirbellose, Algen, Detritus.

D *Arothron nigropunctatus* (var.), Schwarzgefleckter Kugelfisch, 20 cm. Korallenriffe des Indo-Pazifik. Omnivor: benthische Wirbellose, Algen, Detritus.

E *Arothron hispidus,* Blautupfen-Kugelfisch, 35 cm. Korallenriffe des Indo-Pazifik. Omnivor: benthische Wirbellose, Algen, Detritus.

D *Arothron nigropunctatus* (var.), Schwarzgefleckter Kugelfisch.

E *Arothron hispidus,* Blautupfen-Kugelfisch.

A *Arothron mappa,* Streifen-Kugelfisch.

B *Arothron stellatus,* Großer Kugelfisch.

A *Arothron mappa,* Streifen-Kugelfisch, 50 cm. Korallenriffe des Indo-Pazifik. Carnivor: benthische Wirbellose.

B *Arothron stellatus,* Großer Kugelfisch, 50 cm. Korallenriffe des Indo-Pazifik. Carnivor: benthische Wirbellose.

A *Canthigaster valentini,* Echter Sattel-Krugfisch.

B *Canthigaster coronata.*

C *Canthigaster compressa.*

D *Canthigaster solandri,* Augenfleck-Kugelfisch.

E *Canthigaster jactatot,* Spitzkopf-Kugelfisch.

F *Canthigaster rivulata.*

A *Canthigaster valentini,* Echter Sattel-Krugfisch, 8 cm. Indo-Pazifik. Omnivor: benthische Wirbellose, Algen.

B *Canthigaster coronata,* 8 cm. Indo-Pazifik. Omnivor: benthische Wirbellose, Algen.

C *Canthigaster compressa,* 7 cm. Indo-Australischer Archipel. Omnivor: benthische Wirbellose, Algen.

D *Canthigaster solandri,* Augenfleck-Kugelfisch, 8 cm. Indo-Pazifik. Omnivor: benthische Wirbellose, Algen.

E *Canthigaster jactatot,* Spitzkopf-Kugelfisch, 6 cm. Endemisch in Hawaii; bewohnt Felsenküsten. Omnivor: benthische Wirbellose, Algen.

F *Canthigaster rivulata,* 9 cm. Indo-Westpazifik. Omnivor: benthische Wirbellose, Algen.

G *Canthigaster epilampra.*

H *Canthigaster smithae,* Smiths Kugelfisch.

I *Canthigaster natalensis.*

J *Canthigaster amboinensis.*

K *Omegophora cyanopunctata.*

G *Canthigaster epilampra,* 8 cm. Indo-Pazifik. Omnivor: benthische Wirbellose, Algen.
H *Canthigaster smithae,* Smiths Kugelfisch, 8 cm. Westlicher Indischer Ozean. Omnivor: benthische Wirbellose, Algen.
I *Canthigaster natalensis,* 10 cm. Südafrika. Omnivor: benthische Wirbellose, Algen.
J *Canthigaster amboinensis,* 9 cm. Indo-Pazifik. Omnivor: benthische Wirbellose, Algen.
K *Omegophora cyanopunctata,* 12 cm. Südwestaustralien. Carnivor: benthische Tiere.

A *Diodon hystrix,* Gewöhnlicher Igelfisch.

B *Chilomycterus affinis.*

C *Diodon liturosus,* Masken-Igelfisch.

D *Diodon holacanthus,* Brauner Igelfisch.

DIODONTIDAE, IGELFISCHE (bis D)

A *Diodon hystrix,* Gewöhnlicher Igelfisch, 30 cm. Weltweit in tropischen Meeren. Carnivor: benthische Wirbellose.

B *Chilomycterus affinis,* 35 cm. Pazifischer Ozean, tropische und subtropische Meere. Carnivor: benthische Wirbellose.

C *Diodon liturosus,* Masken-Igelfisch, 32 cm. West- und Zentralpazifik. Carnivor: benthische Wirbellose.

D *Diodon holacanthus,* Brauner Igelfisch, 20 cm. Weltweit in tropischen und subtropischen Meeren. Carnivor: benthische Tiere.

E *Mola mola,* Mondfisch (MOLIDAE, MONDFISCHE), 50 cm. Weltweit in tropischen und subtropischen Meeren. Pelagisch. Omnivor: Quellen, kleine Fische, Algen.

E Der Mondfisch, *Mola mola,* erreicht bis zu 300 cm Gesamtlänge.

A *Takifugu xanthopterus*

B *Takifugu rubripes*

C *Takifugu chinensis*

D *Takifugu radiatus*

E *Takifugu porphyreus*

TETRAODONTIDAE, KUGELFISCHE (bis Kapitelende)

A *Takifugu xanthopterus,* 23 cm. Südliches Japanisches und Ostchinesisches Meer; lebt in großen Tiefen. Viele Vertreter dieser Familie produzieren ein starkes Gift, besonders in der Leber und den Gonaden. Carnivor: benthische Tiere.

B *Takifugu rubripes,* 40 cm (bis zu 70 cm). Japanisches und Ostchinesisches Meer. Juvenile Fische bewohnen Meeresarme und dringen oft in Brackwasser vor. Mit zunehmender Größe entfernen sie sich von der Küste. In Japan ein hochgeschätzter Speisefisch. Giftig. Carnivor: benthische Tiere.

C *Takifugu chinensis,* 35 cm (bis zu 60 cm). Tsushima, Japan, Ostchinesisches Meer, Gelbes Meer. Giftig. Carnivor: benthische Tiere.

D *Takifugu radiatus,* 22 cm. Kyushu, Japan, Ostchinesisches Meer, Gelbes Meer; in Küstengewässern weitverbreitet. Giftig. Carnivor: benthische Tiere.

E *Takifugu porphyreus,* 30 cm. Japanisches und Ostchinesisches Meer; bewohnt Sandböden in Küstengewässern. Giftig.
Carnivor: benthische Tiere.

F *Takifugu vermicularis*

G *Takifugu niphobles*

H *Takifugu exascurus*

I *Takifugu strictonotus*

J *Takifugu pardalis*

K *Sphoeroides pachygaster*

F *Takifugu vermicularis,* 20 cm. Japanisches und Ostchinesisches Meer; in Küstengewässern weitverbreitet. Giftig. Carnivor: benthische Tiere.
G *Takifugu niphobles,* 15 cm. Japan, Südkorea; bewohnt Meeresarme. Dringt gelegentlich in Brackwasser vor. Giftig.
Carnivor: benthische Tiere.
H *Takifugu exascurus,* 16 cm. Südjapan; von der Sagami-Buchtan der Westküste von Kyushu her bekannt. Giftig. Carnivor: benthische Tiere.

I *Takifugu strictonotus,* 25 cm (bis zu 35 cm). Japan, Ostchinesisches Meer, Gelbes Meer. Giftig. Carnivor: benthische Tiere.
J *Takifugu pardalis,* 20 cm (bis zu 30 cm). Japan, Ostchinesisches Meer, Gelbes Meer; bewohnt Felsenböden in flachen Gewässern. Giftig. Carnivor: benthische Tiere.
K *Sphoeroides pachygaster,* 20 cm (bis zu 30 cm). Weltweit in gemäßigten Meeren; lebt in großen Tiefen. Carnivor: benthische Tiere.

A *Lagocephalus wheeleri*

B *Lagocephalus gloveri*

C *Lagocephalus sceleratus*

D *Amblyrhynchotes hypselogeneion*

E *Arothron manillensis*

F *Arothron immaculatus*

A *Lagocephalus wheeleri,* 30 cm. In japanischen Küstengewässern weitverbreitet. Pelagisch. Ungiftig. Carnivor: benthische Tiere.
B *Lagocephalus gloveri,* 30 cm. Westpazifik; in Küstengewässern weitverbreitet. Die Schwanzflosse ist schwarz und hat oben und unten weiße Spitzen. Giftig. Carnivor: benthische Tiere.
C *Lagocephalus sceleratus,* 30 cm. Indo-Pazifik. Pelagisch. Wird aus großen Tiefen mit Handleinen gefangen. Giftig. Carnivor: benthische Tiere.
D *Amblyrhynchotes hypselogeneion,* 17 cm. Indo-Westpazifik; lebt auf Sandböden. Carnivor: benthische Tiere.
E *Arothron manillensis,* 25 cm. Indo-Westpazifik; bewohnt Lagunen und flache Meeresarme.
Omnivor: benthische Tiere, Algen, Detritus.
F *Arothron immaculatus,* 18 cm. Indo-Westpazifik; bewohnt Lagunen und flache Meeresarme. Omnivor: benthische Tiere, Algen, Detritus.

Index (deutsche Namen)

C

D

H

I

J

K

L

T

Index (wissenschaftliche Namen)

B

M

N

O

P

GLOSSAR

adulte Fische	sind erwachsen
benthische Fische	sind Bodenbewohner
carnivore Fische	sind Fleischfresser
ciguatoxische Fische	erwerben ein Gift (Ciguatoxin) über die Nahrungskette und bewirken eine typische Vergiftung (Ciguatera)
Detritusfresser	ernähren sich von organischen Schwebe- und Sinkstoffen
endemische Fische	kommen nur in einer bestimmten, eng begrenzten Region vor
epipelagische Fische	kommen in den oberen 100 m des freien Wassers der Ozeane vor
herbivore Fische	sind Pflanzenfresser
juvenile Fisch	sind noch nicht erwachsen; es sind Jugendformen
Kommensalismus	herrscht in einer Lebensgemeinschaft, aus der ein Partner Nutzen zieht, ohne daß der andere dabei geschädigt wird
omnivore Fische	sind Allesfresser
pelagische Fische	leben im freien Wasser, meist auf hoher See
Symbiosen	sind Lebensgemeinschaften zum beiderseitigen Nutzen

LITERATURVERZEICHNIS

Allen, Gerald R., Falter- und Kaiserfische Band 2, Mergus, Melle 1979

ders.: Riffbarsche der Welt, Mergus, Melle 1991

Baensch, Hans A., Neue Meerwasser-Praxis, 7. Auflage, Tetra, Melle 1992

Eschmeyer, W. N., Catalogue of the genera of recent fishes, California Academy of Sciences, San Francisco 1991

Frische, Joachim, Das Riff-Aquarium, Tetra, Melle 1992

Graaf, Frank de, Das tropische Meerwasseraquarium, Neumann-Neudamm, Melsungen 1971

Grzimeks Tierleben, Bd. 4: Fische 1, Kindler, Zürich 1970

Grzimeks Tierleben, Bd. 5: Fische 2/Lurche, Kindler, Zürich 1970

Holliday, Les, Korallenriffe der Welt, Tetra, Melle 1992

Klausewitz, Wolfgang, Handbuch der Meeres-Aquaristik, Seewasserfische, Engelbert-Pfriem-Verlag, Wuppertal 1975

Knaurs Tierreich in Farben, Knaur, München/Zürich 1970

Lythgoe, J. und G., Meeresfische – Nordatlantik und Mittelmeer, BLV Verlagsgesellschaft, München, Bern, Wien 1974

Maleck, W. und Faisser, G. (Hrsg.), Literaturnachweis Aquarienfische, Aquarienpflanzen, Meerwassertiere, Terrarientiere, Ausgabe 1988

Meulengracht-Madsen, Jens, Aquarienfische in Farben, Universitas, Berlin 1974

Mietz, C. und Ippen, W., Tropische Meeresfische – Ein Bestimmungsbuch für Taucher, Natur Verlag, Augsburg 1991

Mills, Dick, Das Meerwasser-Aquarium, Tetra, Melle 1991

Neugebauer, Wilbert, Korallenfische im Aquarium, Kosmos, Stuttgart 1973

Smith, M. M. und Heemstra, P. C. (Hrsg.), Smith's sea fishes. 6. Auflage, Springer Verlag, Berlin, Heidelberg, New York 1986

Stafford-Deitsch, Jeremy, Haie, Tetra, Melle 1991

ders., Riffe, Tetra, Melle 1992

Steene, Roger C., Falter- und Kaiserfische Band 1, Mergus, Melle 1977

IMPRESSUM

Tetra Verlag
Tetra-Werke Dr. rer. nat. U. Baensch GmbH
Herrenteich 78
49324 Melle

Japanische Originalausgabe:
© 1987 Hajime Masuda und Gerald R. Allen
veröffentlicht bei YAMA-KEI
Publishers Co, Ltd.
1-1-33 Shiba-daimon,
Minato-Ku, Tokyo
ISBN 4-635-59603-6

Gesetzt aus der Schneidler Mediaeval
Satz (Fremddatenübernahme): Fotosatz Hoffmann, Hennef
Printed in Singapore

ISBN 3-89356-170-6